大数据新兴领域
"十四五"高等教育教材

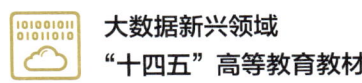

数据科学与工程导论

□ 主　编　骆　斌　申富饶　郝亚东
□ 副主编　袁创鑫　戴鑫俊　李　涛

中国教育出版传媒集团
高等教育出版社·北京

内容简介

　　本书是大数据新兴领域"十四五"高等教育教材。本书系统而深入地介绍了数据科学与工程的基本概念、核心理论、关键技术及其实践应用，旨在为读者构建从理论到实践的全方位知识体系。本书内容涵盖了对数据概述以及大数据全生命周期(数据采集与预处理、数据存储、数据分析、数据可视化)的介绍。在数据安全与治理方面，强调了数据时代下的安全挑战与治理策略。最后通过社交媒体、机场航班等实践案例，帮助读者将所学知识融会贯通，提升解决实际问题的能力。

　　此外，本书提供了丰富的配套教学资源，包括教学课件、关键概念与技术讲解视频、程序源代码等，读者借助这些资源可以巩固课堂所学，同时通过动手实践提升技能水平。

　　本书可作为数据科学与大数据技术、计算机科学与技术等专业相关课程的教材，也可供对数据科学与工程相关知识感兴趣的读者阅读。

图书在版编目（CIP）数据

　　数据科学与工程导论／骆斌，申富饶，郝亚东主编；袁创鑫，戴鑫俊，李涛副主编．--北京：高等教育出版社，2025．8．-- ISBN 978-7-04-064883-6

　　Ⅰ．TP274

　　中国国家版本馆 CIP 数据核字第 2025B6V544 号

Shuju Kexue yu Gongcheng Daolun

策划编辑　倪文慧	责任编辑　倪文慧	封面设计　张申申	版式设计　李彩丽
责任绘图　于　博	责任校对　高　歌	责任印制　存　怡	

出版发行　高等教育出版社	网　　址　http://www.hep.edu.cn	
社　　址　北京市西城区德外大街 4 号	http://www.hep.com.cn	
邮政编码　100120	网上订购　http://www.hepmall.com.cn	
印　　刷　保定市中画美凯印刷有限公司	http://www.hepmall.com	
开　　本　787mm×1092mm　1/16	http://www.hepmall.cn	
印　　张　13.25		
字　　数　260 千字	版　　次　2025 年 8 月第 1 版	
购书热线　010-58581118	印　　次　2025 年 8 月第 1 次印刷	
咨询电话　400-810-0598	定　　价　39.00 元	

本书如有缺页、倒页、脱页等质量问题，请到所购图书销售部门联系调换
版权所有　侵权必究
物　料　号　64883-00

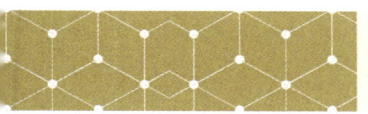

新形态教材网使用说明

数据科学与工程导论

主　编　骆　斌　申富饶
　　　　郝亚东
副主编　袁创鑫　戴鑫俊
　　　　李　涛

1　计算机访问 https://abooks.hep.com.cn/188263，或手机扫描二维码，访问新形态教材网小程序。

2　注册并登录，进入"个人中心"，点击"绑定防伪码"。

3　输入教材封底的防伪码（20位密码，刮开涂层可见），或通过新形态教材网小程序扫描封底防伪码，完成课程绑定。

4　点击"我的学习"找到相应课程即可"开始学习"。

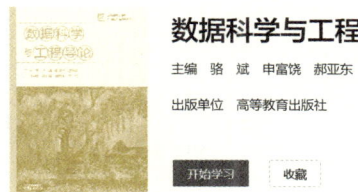

数据科学与工程导论

主编　骆　斌　申富饶　郝亚东　　副主编　袁创鑫　戴鑫俊　李　涛

出版单位　高等教育出版社

开始学习　　收藏

　　受硬件限制，部分内容可能无法在手机端显示，请按照提示通过计算机访问学习。如有使用问题，请直接在页面点击答疑图标进行咨询。

https://abooks.hep.com.cn/188263

前　言

　　本书是大数据新兴领域"十四五"高等教育教材，内容涉及数据科学与工程的理论知识与应用实践。其中，理论部分包含第1~6章。具体如下：

　　第1章"数据概述"介绍了数据科学的定义、发展、基本概念及特征，为读者提供数据科学的基础框架；探讨了数据的工作流程，包括数据理解、数据准备、模型建立、模型评估和模型发布，并展示了数据在航天、教育、医疗和政务等领域的应用案例。

　　第2章"数据采集与预处理"详细讲解了数据类型、数据清洗、数据集成和数据规约等方面的内容。通过对结构化、半结构化和非结构化数据的分析，以及对异常值处理、缺失值处理、数据转换、数据类型转换等步骤的讲解，帮助读者掌握数据采集与预处理的核心技术。同时，通过录井、测井、完井数据采集与处理的案例，使读者能够将理论知识应用于实际场景，提高数据处理能力。

　　第3章"数据存储"介绍了数据存储的基本概念和技术，包括数据库系统的分类，MySQL、SQL Server、Redis、MongoDB等关系数据库系统与非关系数据库系统的管理和应用；分布式系统，如Hadoop、Apache Spark、Apache Kafka的核心技术，以及HBase和GaussDB的存储应用。通过石油钻井数据湖构建的案例，展示了如何利用现代数据存储技术进行大规模数据管理。

　　第4章"数据分析"深入探讨了探索性数据分析、描述性数据分析和预测性数据分析的方法与技术，介绍了统计特征、计算数据特征量、统计工具、可视化分析、相关性分析与可视化分析的方法，并详细讲解了机器学习、深度学习和强化学习的主要算法，帮助读者掌握数据分析的核心技能。

　　第5章"数据可视化"介绍了数据可视化的原理和应用，涵盖数据关系与模式识别、图形真实性与完整性、多样性与包容性等基础知识；详细讲解了多种数据可视化工具，包含Tableau、Power BI、Pandas、NumPy、ECharts和阿里云（DataV）等。通过石油钻井可视化大屏案例，展示了如何在实际项目中进行数据可视化，提升数据展示效果。

　　第6章"数据安全与治理"介绍了数据质量和数据安全的内容，包含数据质量评估与优化的方法、数据安全组成与相关法规，以及数据安全面临的挑战和隐私保护措施；探讨了数据资产分类、数据监控与审计，以及数据工作流与跨部门协作的基本概念，为数据治理提供了全面的指导。此外，还介绍了数据治理框架及其实践路径。

实践部分包含第 7 章"数据综合应用案例分析"。这一章通过微博大数据存储、航班大数据分析、异构数据压缩存证和互联网舆情分析系统多个实际应用案例，展示了大数据技术在不同领域的应用。每个案例都详细介绍了项目背景、技术应用、实现步骤和案例总结，帮助读者将理论知识与实际操作结合起来（本书内容架构如图 1 所示）。

本书相应课程建议在大学本科一年级开课，教学周期建议为 32~48 学时（约 8 周），每周安排 4 学时课堂讲授。教师也可根据实际情况做出适当调整。在课程讲授过程中，建议适当安排学生进行上机编程练习，以增强学生的动手操作能力。

本书在编写过程中得到常州大学阿里云大数据学院、慧科教育科技集团、阿里云计算有限公司的大力支持。主编骆斌负责全书内容的组织和编写，申富饶进行内容设计并参与第 1—2 章的编写，郝亚东参与第 3—4 章的编写，袁创鑫参与第 5—6 章的编写，李涛参与第 7 章的编写；副主编袁创鑫、戴鑫俊、李涛提供了大量素材和案例，袁创鑫、戴鑫俊完成了全书程序的调试以及教材策划、配套课件的制作与校对工作。此外，本书还配套了丰富的数字资源，包括教学课件、核心知识点讲解微视频、实践项目及源代码等，供读者学习。

限于水平，本书内容难免存在疏漏之处，欢迎各位读者与学界同仁通过电子邮件与我们交流探讨（作者邮箱：haoyadong@ cczu. edu. cn）。愿本书成为学术研究与实践的桥梁，为读者开启数据科学的大门，引领大家在数据世界中不断探索与创新。期待读者在本书的学习过程中苗壮成长，在探索数据科学原理与实践的旅程中感受快乐、收获力量！

编写组

2025 年 8 月

案例：采井、测井、完井数据采集与处理

案例：石油钻井数据湖构建

案例：石油钻井可视化大屏

数据科学基础理论
- 数据概述
  - 基本概念
  - 数据定义
  - 数据格式
  - 数据特征
- 工作流程
  - 数据理解
  - 数据准备
  - 模型建立与评估、发布
- 实践领域

数据采集与预处理
- 数据类型
  - 结构化数据
  - 半结构化数据
  - 非结构化数据
- 数据预处理
  - 数据清洗
  - 数据集成
  - 数据规约

数据存储
- 数据库系统
  - MySQL
  - SQL Server
  - Redis
  - MongoDB
- 分布式系统
  - Hadoop
  - Apache Spark
  - Apache Kafka
- 分布式存储
  - HBase
  - GaussDB

数据分析
- 描述性数据分析
  - 统计特征
  - 计算数据特征量
  - 统计工具
- 探索性数据分析
  - 相关性分析
  - 可视化分析
- 预测性数据分析
  - 机器学习
  - 深度学习
  - 强化学习

数据可视化
- 数据可视化原理
  - 可视化关系与模式识别
  - 图形真实性与完整性
  - 包容性与多样性
- 数据可视化工具
  - Tableau
  - Power BI
  - Pandas
  - NumPy
  - ECharts
  - 阿里云（DataV）

数据安全与治理
- 数据质量
  - 数据质量内容与评估
  - 数据质量改进与优化
- 数据安全
  - 数据安全法规
  - 面临挑战
  - 隐私保护
- 数据资产
  - 数据资产分类
  - 监控与审计
  - 数据工作流与跨部门协作
  - 数据治理

数据综合应用案例分析
- 微博大数据存储
- 航班大数据分析
- 异构数据压缩存证
- 互联网舆情分析系统

大数据全生命周期：数据科学基础理论 → 数据采集与预处理 → 数据存储 → 数据分析 → 数据可视化 → 数据安全与治理 → 数据综合应用案例分析

图 1　本书内容架构

目　录

第 1 章　数据概述

　　数据科学是一门综合了统计学、计算机科学、数学以及领域专业知识的交叉学科，主要用于从数据中提取信息。另外，它还涉及收集、清洗、分析和解释数据，以揭示隐藏在数据背后的模式、关系和趋势，从而为决策制定、问题解决和预测提供支持。

1.1　问题导入

　　随着信息时代的快速发展，数据已成为推动社会进步和科技创新的关键因素。从传统的数据存储和处理方法，到现代大数据技术的崛起，管理和利用数据的方式正在经历深刻的变革。面对大数据、高效率和多样化应用的需求，有必要首先对数据进行深入的了解。具体包含以下几方面问题：

　　① 数据的发展历程是如何演绎的，其背后有哪些重要的转折点？

　　② 数据的基本概念和特征是什么，它们如何影响数据的处理和利用？

　　③ 数据处理的工作流程是怎样的，每一步的重要性如何？

　　④ 数据在不同实践领域中的应用情况如何，有哪些成功的案例和趋势？

　　本章将围绕以上问题展开介绍。具体包含如下内容：

　　① 介绍数据概述的背景和意义。

　　② 回顾数据的发展历程，从数据的起源开始，逐步阐述数据技术的演进和变革；重点关注大数据的发展历程，以及它如何成为当今数据处理和应用的热点。

　　③ 深入探讨数据的基本概念，详细解释数据的定义、格式和特征，帮助读者建立对数据的基本认知。

　　④ 介绍数据处理的工作流程。从数据理解开始，逐步介绍数据准备、模型建立、模型评估和模型发布等关键步骤。详细阐述每一步的重要性和具体操作方法，帮助读者掌握数据处理的核心技能。

　　⑤ 探讨数据在不同实践领域中的应用情况，分别介绍数据在航天、教育、医疗和政务等领域中的应用案例及趋势，展示数据如何为各个领域的发展提供有力支持。

　　通过本章的学习，读者将全面了解数据概述的基本概念、技术背景和应用情况，为后续的数据处理和应用打下坚实的基础。

1.2　发展历史

"数据科学"一词最早出现于 20 世纪 70 年代，图灵奖获得者彼得·诺尔（Peter Naur）在其 1974 年出版的《计算机方法的简明调查》（*Concise Survey of Computer Methods*）中，将数据科学定义为"处理数据的科学，一旦数据与其代表事物的关系被建立起来，将为其他领域与科学提供借鉴"。1996 年，在日本召开的"数据科学、分类和相关方法"会议上，"数据科学"成为该届会议的主题词。2001 年，美国统计学教授威廉·S. 克利夫兰（William S. Cleveland）发表了题为《数据科学：拓展统计学的技术领域的行动计划》（*Date Science：an Action Plan for Expanding the Technical Areas of the Field of Satistics*）的论文，首次将数据科学作为一个单独的学科，并把数据科学定义为"统计学领域扩展到以数据作为研究对象，且与信息和计算机科学技术相结合的学科"。这奠定了数据科学的理论基础。

如图 1-1 所示，数据科学的主要内容包含数据采集与预处理、数据存储、数据分析、数据可视化、数据安全与治理。数据科学相关的理论基础包含统计学、机器学习及某个领域的专业知识。

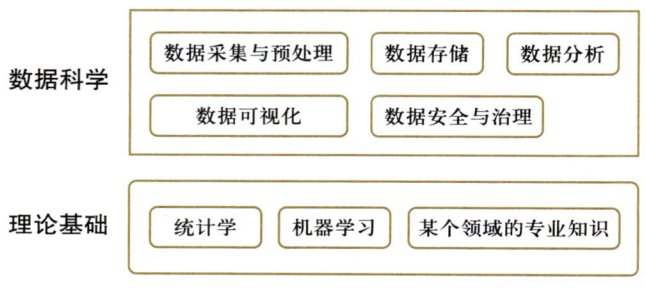

图 1-1　数据科学的内容

1.2.1　大数据发展历程

大数据是当今信息时代的重要产物，是指在一定时间内无法用常规软件工具处理的数据集合。20 世纪 90 年代，由于计算机和通信技术的广泛应用，所有社会信息快速增长，其中包括正式交流过程和非正式交流过程中所产生的电子式和非电子式的信息，这导致了大数据的产生。21 世纪的今天，新型硬件与数据中心、分布式计算、云计算、高性能计算、大容量数据存储与处理技术、社会化网络、移动终端设备、多样化的数据采集方式，使得记录大数据成为可能。互联网的广泛应用，尤其是"互联网+"的出现，又促进了数据洪流的发展。总之，大数据的发展历程可以概括为以下几个阶段（图 1-2）：

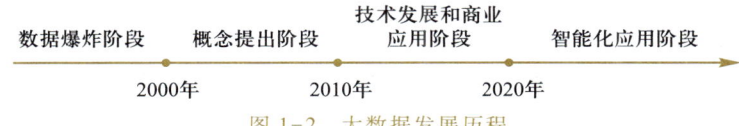

图1-2　大数据发展历程

1. 数据爆炸阶段（2000年前）

互联网技术开始蓬勃发展的早期，乃是信息时代的黎明。随着计算机技术的不断进步和互联网的普及，传统企业系统和新兴的互联网应用成为数据的主要来源。虽然当时的数据规模相对较小，但这一时期的特点是数据增长速度显著加快，呈现出爆炸性增长的态势。企业系统的数据主要包括企业资源规划（ERP）、客户关系管理（CRM）等传统系统中积累的数据。这些数据主要用于企业内部管理和业务运营，虽然数据规模有限，但随着企业规模的扩大和业务的复杂化，数据量也在迅速增长。与此同时，互联网的兴起催生出各种新型的应用和服务，如电子商务、社交网络、搜索引擎等。这些应用产生了大量的用户行为数据、交易数据、内容数据等。尽管单个应用的数据量可能相对较小，但随着互联网用户数量的不断增加和应用功能的不断扩展，整体数据量呈现出爆发式的增长趋势。在这个阶段，数据的价值和潜力开始被人们认识到并得以重视，人们意识到数据不仅是信息的载体，更是企业保持竞争力的重要来源。因此，对数据的采集、存储、处理和分析等方面的需求日益增加，数据管理和数据技术成为当时企业和科技界关注的焦点。这一时期也为大数据时代的到来和数据驱动的发展奠定了重要基础。

2. 概念提出阶段（2000—2010年）

随着互联网应用的普及和信息化建设的深入推进，人们开始意识到数据的重要性，并提出了"大数据"这一概念。它意味着数据量已经超出了传统数据库处理能力的范围。此概念的提出标志着数据处理技术和理念的重大转变——由传统的关系数据库管理系统（RDBMS）转变为面向大规模数据处理和分析的新型技术和架构。在这一时期，互联网的快速发展使数据持续爆发式增长，数据量呈现出指数级的增长趋势。大量的用户行为数据、社交网络数据、传感器数据等涌入系统，传统的数据处理方式已经无法满足快速获取、高效处理和深度分析数据的需求。为此，人们开始寻求新的数据处理技术和方法，以应对不断增长的数据挑战。与此同时，随着计算机硬件技术的不断进步以及云计算、分布式计算等新技术的兴起，大规模数据的存储、处理和分析逐渐变得可行且经济实惠。人们开始尝试利用分布式存储系统（如Hadoop）和分布式计算框架（如MapReduce）等新技术来处理海量数据，并从中挖掘出有价值的信息。因此，"大数据"概念的提出不仅是对数据规模的认知，更是对数据处理方式和技术的革新。它催生出一系列新的数据处理技术和工具，如NoSQL数据库、流处理系统、机器学习算法等，为数据驱动的决策及创新提供了更为广阔的空间和可能性。这一时期的变革，为数据科学和人工智能的发展打下了坚实的基础。

3. 技术发展和商业应用阶段（2010—2020 年）

随着大数据概念的提出，各种与大数据相关的技术和工具开始涌现，包括 Hadoop、Spark、NoSQL 数据库等。这一阶段主要是技术的储备和研究阶段，各种大数据技术开始逐渐成熟，并被应用于一些大型互联网企业和科研机构。随着这些技术的不断发展和完善，大数据处理的能力及效率得到了显著提升，为处理海量数据提供了更加可行的解决方案。同时，大数据技术进入商业化应用阶段。各行各业开始意识到大数据对业务发展的重要性，大数据技术逐渐被广泛应用于金融、电商、医疗、交通等领域。金融行业利用大数据技术进行风险管理和交易分析。电商企业通过大数据技术分析用户行为和偏好，提供个性化的推荐和服务。医疗领域利用大数据技术分析患者数据和疾病模式，以此来辅助医疗决策和疾病预防。交通领域通过大数据技术分析交通流量和出行模式，进而优化交通管理和规划。另外，云计算的兴起为大数据技术的普及提供了便利条件。云端大数据服务提供商（如 Amazon Web Services（AWS）、Microsoft Azure、Google Cloud 等）推出了各种大数据服务和解决方案，为企业提供了灵活、可扩展的大数据处理平台。这使得越来越多的企业能够利用云端大数据服务快速构建和部署大数据应用，降低了大数据处理的成本和复杂度，促进了大数据技术在商业领域中的普及和广泛应用。

4. 智能化应用阶段（2020 年至今）

在数据分析领域，大数据技术可以帮助企业实时采集、存储并分析海量的结构化和非结构化数据，从中发现隐藏的关联和趋势。结合机器学习算法，企业可以利用大数据来分析历史数据，并基于模式识别和预测分析来预测业务未来的发展趋势和行为，进而为业务决策提供更准确的参考。

此外，大数据技术也为深度学习等复杂人工智能技术的发展提供了强大支持。深度学习算法需要运用大量的数据进行训练和优化，而大数据技术可以提供足够大的规模和多样性的数据集，为深度学习模型的训练提供充足的数据基础。通过深度学习，企业可以构建更加智能化的系统，实现语音识别、图像识别、自然语言处理等复杂任务，从而提高产品和服务的智能化水平，满足用户不断增长的需求。因此，大数据与人工智能的结合不仅推动了智能化应用的发展，也为企业在竞争激烈的市场中脱颖而出提供了重要支持。通过充分利用大数据技术和人工智能算法，企业可以更好地理解市场和用户，优化业务流程，提高生产效率，加速创新，从而实现持续增长和可持续发展。

总的来说，大数据的发展历程是一个从数据规模逐渐增大到数据应用逐步普及和商业化的过程，其中经历了技术储备、商业应用和智能化应用等不同阶段。随着技术的不断创新和发展，大数据将继续在各个领域发挥重要作用，推动经济社会的发展和进步。

1.2.2　机遇与挑战

大数据具有重要的战略意义，它是推动经济社会发展、提升生产力和竞争力的关键驱动力之一。通过对大数据的分析和挖掘，可以发现隐藏在数据背后的规律和价值，为企业决策、科学研究和社会管理提供有力的支持。大数据为各行各业带来了巨大的机遇，包括商业机遇、创新机遇、科学研究机遇等。通过充分利用大数据，可以发现新的商业模式和增长点，促进产业升级和创新发展。但与此同时，大数据也面临着诸多挑战，诸如数据隐私与安全、数据质量与真实性、技术发展、法律法规等。应对这些挑战需要多方面的努力和配合。应该以开放的态度对待大数据，不断探索其潜力和可能性，同时也要关注数据的合法合规和可持续发展，促进大数据的健康发展和应用。

1. 机遇

大数据带来的机遇主要体现在以下几方面：

（1）商业价值

大数据可以帮助企业更好地了解市场和客户。通过分析大数据，企业可以深入了解消费者的行为模式、偏好和趋势，从而更加精准地进行市场定位和产品定制。这种深入洞察消费者的能力有助于企业开发出更受市场欢迎的产品和服务，提升产品竞争力。

大数据可以优化企业的运营效率。通过大数据分析，企业可以发现并优化生产、供应链、物流等环节中的瓶颈和低效问题，提高资源利用率，降低成本并加速业务流程。这种效率提升不仅可以增强企业的竞争力，还可以为企业创造更多的利润空间。

此外，大数据还可以提升企业的营销效果和客户满意度。通过对大数据的分析，企业可以实现个性化营销和精准营销，将广告、促销活动等精准地推送给目标客户群体，提高营销的效果和转化率；同时，通过大数据分析，企业可以更好地了解客户的需求和反馈，及时调整产品和服务，提升客户满意度，增强客户忠诚度。

（2）创新发展

大数据技术的快速发展不仅对企业的商业活动产生了深远影响，也给个人生活方式和社会发展带来了显著变革。在各行各业的创新发展中，智能驾驶、智能家居和智慧城市等领域的应用不断涌现，为人们的生活带来了巨大便利和改善。智能驾驶技术的崛起正在重塑汽车行业和交通运输领域。借助大数据技术，汽车制造商和科技公司可以实现车辆之间的智能互联和信息共享，提高道路安全性和交通效率。自动驾驶技术的不断进步使得驾驶变得更加安全、便捷和高效，极大地改善了人们的出行体验。

智能家居技术的普及正在改变着人们的家庭生活方式。通过大数据技术，各种智能设备与家居系统之间可以实现互联互通，从而实现智能化的家居管理和控制。人们可以通过智能手机或语音助手来控制家中的灯光、家电、安防设备等，实现智能化的家居体验，提高生活的舒适性和便利性。

此外，智慧城市的建设也受益于大数据技术的发展。通过收集和分析城市各个领域的数据，如交通、能源、环境、公共服务等，城市管理者可以更加科学地规划城市发展，优化资源配置，提高城市运行效率，从而提升城市的智能化水平，改善居民生活质量，促进城市的可持续发展。

（3）个性化服务

在当今数字化时代，基于大数据的个性化推荐系统和定制化服务扮演着至关重要的角色。它们不仅可以更好地满足用户的个性化需求，提升用户体验，增强用户黏性，还能够推动商业模式的创新和发展。个性化推荐系统利用大数据技术分析用户的历史行为、偏好、兴趣等信息，为用户提供个性化的产品或服务推荐。通过深入了解用户的喜好和需求，系统可以精准地推荐用户感兴趣的商品、内容或活动，提升用户的满意度和购买意愿。这种个性化推荐不仅可以增加销售额和转化率，还可以提高用户留存率和忠诚度。

定制化服务通过大数据分析用户行为和偏好，为用户提供定制化的产品或服务，满足其个性化需求。无论是定制化产品设计、个性化定制的服务方案，还是定制化的营销策略，都能够更好地吸引用户、提升用户满意度，并促使用户更多地与企业进行互动和合作。这种定制化服务不仅能够提高用户体验，还可以为企业带来更多的商机和竞争优势。

此外，基于大数据的个性化推荐系统和定制化服务还能够推动商业模式的创新和转型。传统的商业模式往往是以产品为中心，而个性化推荐和定制化服务则更加关注用户的需求和体验，将用户置于商业活动的核心位置。通过提供个性化的产品和服务，企业可以实现差异化竞争，开拓新的市场空间，创造更多的商业价值。

2. 挑战

大数据的广泛应用带来了诸多机遇，同时也引发了一系列挑战和问题。首先是数据隐私与安全问题。随着大数据的传播和应用，个人隐私和数据安全问题备受关注，必须采取有效措施来加强数据保护和隐私保护。其次是数据质量与真实性问题。大数据的采集和处理可能面临数据质量低下和真实性不足的问题，因此需要加强数据质量管理和验证机制。技术挑战也是一个重要问题，大数据的存储、处理和分析需要大量的计算和存储资源，对技术人才和技术能力提出了更高的要求，同时也需要不断改进和创新技术手段。此外，法律法规方面的问题也不容忽视，大数据应用可能涉及数据监管、流通及合规等问题，需要制定和完善相关法律法规以保障数据的合法使用。最后，大数据的普及和应用也将对社会产生深远影响，包括对就业市场、社会结构以及信息不对称问题的影响，需要引起重视并及时应对。

1.3　基本概念

大数据（big data）是指因数据形式多样、非结构化特征明显而导致数据存储、处理、挖掘困难，无法通过常规软件工具处理的数据集合。它是信息时代重要的信息资产，需要使用新处理模式才能有更强的流程优化能力。

1.3.1 数据定义

大数据不仅和数据的规模和多样性相关，它还涵盖了数据的生成速度、价值以及数据处理的复杂性。首先，大数据的规模通常是巨大的，以至于传统的数据处理工具无法有效处理。这意味着数据量可能是以 PB（petabyte，$1 \, PB \approx 10^{15} \, B$）或 EB（exabyte，$1 \, EB \approx 10^{21} \, B$）为单位，涉及数以亿计甚至更多数量的记录。

其次，大数据的类型也是多样的，包括结构化数据（如数据库记录）、半结构化数据（如日志文件和 XML 文件），以及非结构化数据（如文本、图像、音频和视频）。这些数据类型可能出自各种来源，如传感器、社交媒体、网站点击、移动应用等。

此外，大数据通常具有高速生成和传输的特点，需要在短时间内快速处理和分析，并且实时或近实时地做出决策。数据处理的复杂性体现在数据的清洗、转换、存储、分析和可视化等多个方面，需要使用先进的技术和工具来应对挑战。

因此，大数据是一个综合性的概念，涵盖了数据的规模、多样性、生成速度、价值以及处理的复杂性，对于各个行业和领域都具有重要意义。

1.3.2 数据格式

大数据的数据格式灵活且多样，可适应不同类型和规模的应用。以下是大数据的一些常见的数据格式。

1. 文本格式（text format）

文本格式在大数据领域中扮演着重要的角色，它是一种简单而灵活的数据存储方式，适用于各种类型的数据。CSV（comma separated values，逗号分隔值）和 JSON（JavaScript object notation，JavaScript 对象表示法）是两种常见的文本格式，它们具有各自的特点和优势。CSV 格式通常用于存储结构化的表格数据，如 Excel 表格中的数据。它采用逗号、分号或制表符等字符来分隔不同的字段，每一行代表一条记录，每一列代表一个属性。CSV 格式简单明了，易于理解和处理，因此在数据交换和存储中被广泛应用。CSV 文件通常较小，便于传输和存储，但在处理复杂数据结构时可能会存在局限性。JSON 格式适用于存储半结构化数据，如 Web API 的响应数据、日志文件等。它采用键值对的形式组织数据，具有良好的可读性和灵活性，不仅可以表示简单的数据结构，还可以嵌套表示复杂的数据关系，因此在 Web 开发和移动应用开发中被广泛应用。JSON 格式的数据可以轻松地在不同的应用程序和平台之间进行交换和共享，是一种理想的数据交互格式。

除了 CSV 和 JSON 格式之外，文本格式还包括 XML（extensible markup language，可扩展标记语言）、TSV（tab separated values，制表符分隔值）等格式。这些格式都具有自己的特点和适用场景，用户可以根据实际需求选择合适的文本格式来存储和处理数据。在大数据处理中，文本格式常用于数据的导入/导出、数据清洗和预处理等环节，为后续的数据分析和挖掘提供基础。

2. 序列文件格式（sequence file format）

序列文件格式是 Hadoop 生态系统中一种常用的二进制文件格式，用于优化大规模数据的存储和读写性能。在序列文件格式中，数据以键值对的形式存储并采用二进制编码，因此比文本格式更加紧凑和高效。这种紧凑的存储方式有助于减少存储空间的占用，并提高数据的传输和读写速度。同时，序列文件格式还支持数据的分片存储和压缩，用户可以根据需要对数据进行分区和压缩，以此来提高存储和处理效率。由于序列文件格式是 Hadoop 生态系统的一部分，因此与 Hadoop 框架紧密集成，可以无缝地与 Hadoop 分布式文件系统（Hadoop distributed file system，HDFS）以及 MapReduce 等计算框架配合使用。这使得序列文件格式成为大数据处理和分析的重要工具之一，特别适用于需要高效处理海量键值对数据的场景（如日志分析、机器学习等）。

3. Avro 格式

Avro 格式是一种数据序列化系统，旨在提供一种紧凑、快速和可序列化的数据格式，以支持大规模数据的处理和存储。它的设计目标是在提供高效数据交换的同时保持数据的结构化和可读性，进而为数据处理和分析提供便利。

Avro 格式具有多重优势。它采用的二进制编码形式使数据更为紧凑和高效，能够有效减少存储空间和传输带宽，同时提升数据的读写速度，非常适用于大规模数据处理和存储。Avro 格式支持数据的序列化和反序列化操作，能够将数据对象序列化为字节流进行传输或存储，并在需要时反序列化为数据对象。它支持数据模式定义，使数据的解析和处理更加灵活可靠。此外，Avro 格式具备跨语言和跨平台兼容性，可在多种编程语言和操作系统上运行，为数据处理和交换提供便利。Avro 还支持数据模式的演化，能够对现有的数据模式进行扩展或修改而不会破坏已有的数据兼容性，从而使数据结构的更新和演变更加灵活可控。

4. Parquet 格式

Parquet 格式是一种针对存储结构化数据设计的列式存储格式。与传统的行式存储相比，Parquet 采用列式存储的方式将同一列的数据存储在一起，从而可以极大地提高数据压缩率和查询性能。由于列式存储的特性，Parquet 可以更有效地处理大规模数据，并且可以通过压缩技术减少存储空间的占用。这种高效的存储方式使得 Parquet 常被应用于数据仓库和大数据分析等场景，特别是在需要快速查询和分析大量结构化数据的情况下。Parquet 格式还支持数据分区和数据统计等功能，可以进一步提高数据的查询性能和分析效率。因此，Parquet 格式在大数据生态系统中扮演着重要的角色，为数据存储和分析提供了高效可靠的解决方案。

5. ORC 格式(optimized row columnar format)

ORC 格式是一种优化的列式存储格式,专门用于存储大规模数据集。与 Parquet 格式相似,ORC 格式也将数据按列存储,这种存储方式有助于提高数据的压缩率和查询性能。然而,相较于 Parquet 格式,ORC 格式通常具有更高的压缩率和查询性能,这使得它在大数据处理中备受青睐,并在诸如 Hive 和 Impala 等工具中得到广泛应用。

ORC 格式在实现高性能数据存储和处理方面具有以下优点:支持更高级别的压缩算法,可以更有效地减少存储空间的占用,并在数据传输和处理时提高效率;支持数据统计和索引等功能,可以加速数据的查询和分析过程;具有较好的数据格式版本控制能力,能够保证数据的兼容性和稳定性,从而提高系统的可靠性和稳定性。

6. 二进制格式(binary format)

二进制格式是一种直接将数据以二进制形式存储的数据格式,通常用于实现高效的数据传输和存储。与文本格式相比,二进制格式不包含任何可读的字符或标记,而是以机器可读的二进制编码来表示数据。这使得二进制格式在传输和存储数据时具有更高的效率并占用更小的空间。虽然二进制格式在处理大规模数据时具有明显的优势,但它也存在着一些挑战和限制。例如:由于二进制数据不可读,因此不易于人们直观地理解和解析,这给数据交换和调试带来了一定的困难;由于二进制数据是以特定的编码格式存储的,因此在不同的系统之间进行数据交换时可能存在兼容性和解析问题。

1.3.3 数据特征

大数据的特征一般可归纳为 4 个 V:海量性(volume)、高速性(velocity)、多样性(variety)、价值性(value)。

1. 海量性

第三次工业革命之前,人类所产生的信息总量约为 5 EB,而随着计算机技术的飞快发展,也导致了数据量的迅猛增长,仅 2023 年全年所产生的数据总量就为 110 ZB。

大数据的规模是巨大的,超出了传统数据处理工具所能有效处理的范围。这种巨大规模的数据量可能以 PB 或 EB 为单位计量。这些数据集合可能包含数以亿计甚至更多数量的记录,其中每条记录都可能包含多个字段或属性。这样的规模使得数据处理变得极具挑战性,需要采用高度并行化、分布式计算和存储系统来有效地处理和分析数据。在处理大规模数据时,需要考虑存储空间、计算资源、数据传输速度等方面的因素,并使用适当的技术和工具来应对数据规模的挑战。同时,大规模数据的处理也需要考虑数据的质量、安全性、隐私保护等方面的问题,以确保数据处理过程的可靠性和合规性。因此,对于大规模数据的处理,需要综合考虑技术、资源和管理等多方面因素,以实现高效、可靠且安全的数据处理和分析。

2. 高速性

大数据的生成速度通常非常快，这意味着数据以惊人的速度持续涌现。例如，社交媒体平台（如 Instagram）每天都会产生数以亿计的数据条目。这种快速增长的数据需要实时或近实时地处理和分析，以便及时获取有价值的信息。传统的数据处理技术和工具往往无法满足这种高速存储和分析的需求，因此需要不断研究和开发新的技术和方法。针对这种挑战，出现了一系列针对大数据处理的新技术和工具，如流处理系统（如 Apache Kafka、Apache Flink）、实时数据库（如 Apache Cassandra、MongoDB），以及各种内存数据库和缓存系统（如 Redis、Memcached）。这些技术和工具能够以高效的方式处理大规模数据流，实现实时或近实时地存储、处理和分析数据，从而帮助企业快速做出决策并应对突发事件。

3. 多样性

大数据的多样性体现在不同类型数据的结构和格式上，包括结构化数据、半结构化数据，以及非结构化数据。对这些不同类型数据进行有效的管理和分析，是大数据处理中的重要挑战之一，也是实现数据驱动决策和创新的关键所在。

4. 价值性

大数据的价值密度与数据总量的大小之间存在一种反比关系。在海量数据中，大部分数据可能是重复、无关或低价值的信息，通常将这种现象称为数据价值的稀疏性。以监控视频为例，在 24 小时的连续监控视频中，可能只有极少部分时间段内的数据是真正有用的，而其他时间段则可能是静止或重复的场景，抑或是不包含有意义信息的空白时间。在这种情况下，如何提高数据的价值密度就成为关键问题。强大的算法和技术可以帮助分析人员完成数据的提纯和提炼，从而挖掘出数据中有价值的信息。是大数据处理中的一项重要任务。通过智能数据筛选、压缩、实时处理和挖掘，可以有效地从海量数据中提取出有价值的信息，进而为业务决策和创新提供支持。

1.4　工作流程

微视频：
工作流程

数据科学的研究对象、研究目的和研究方法与计算科学、信息科学有所不同。数据是原始的、未加工的事实和数字，而信息则是经过加工和分析后具有一定意义和价值的数据。数据通过加工和分析变成信息，从而为决策和行动提供支持。数据科学的研究对象是数据，而不是信息。它的工作流程主要分为 5 步：数据理解、数据准备、模型建立、模型评估和模型发布（图 1-3）。

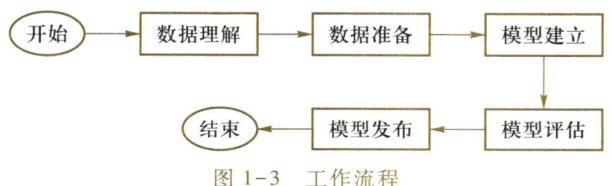

图 1-3　工作流程

1.4.1 数据理解

数据理解是数据科学中的重要步骤，涉及对数据进行探索性分析和理解，以揭示数据的特征、结构、关系和潜在模式。数据理解的主要目标是为后续的建模和分析准备数据，并确保数据质量和可靠性。以下是数据理解的主要内容和步骤。

1. 数据概览

首先要对数据集整体进行概览，包括概览数据的大小、维度、特征类型等基本信息。这有助于对数据集的整体结构有一个初步了解。

2. 数据质量检查

对数据进行质量检查，包括检查缺失值、异常值、重复值等问题。这可以通过统计摘要、可视化和基本的数据处理操作来完成。

3. 探索性数据分析

探索性数据分析（exploratory data analysis，EDA）是一种数据分析方法，旨在通过可视化和统计手段探索数据的基本特征、结构及规律，发现数据中的模式、趋势、异常和关联性。EDA 通常是在数据预处理之前进行的，它有助于分析人员了解数据的基本情况，指导后续分析的方向，发现数据中的潜在问题和价值信息。

4. 特征工程

特征工程是指在机器学习和数据挖掘任务中对原始数据进行转换和加工，以提取、构造和选择对模型建设与预测有意义的特征的过程。特征工程旨在通过对数据进行有效的处理和转换，提取出能够更好地描述数据特点和模式的特征，从而提高模型的性能和预测能力。

特征工程包括以下几个方面的操作：

① 特征提取（feature extraction）：从原始数据中直接提取有意义的特征。这可能涉及基本的统计量计算、文本处理、图像处理、时间序列特征提取等方法，以获得更加高维和丰富的特征表示。

② 特征转换（feature transformation）：对原始特征进行变换和组合，以提高特征的表达能力和模型的拟合性。常见的特征转换方法包括标准化、归一化、对数变换、多项式特征扩展、主成分分析（principal component analysis，PCA）等。

③ 特征选择（feature selection）：选择对目标变量预测有重要影响的特征，剔除对模型预测无意义或冗余的特征。特征选择方法包括过滤法、包装法、嵌入法等。

④ 特征构建（feature construction）：根据业务领域知识或模型需求，构造新的特征来增强模型的表达能力。例如，通过组合已有特征、引入领域知识、创建交叉特征等方式进行特征构建。

⑤ 特征降维（dimensionality reduction）：在特征空间较大或特征之间高度相关的情况下，通过降低特征的维度来简化模型的复杂度和计算量。常见的降维方法包括主成分分析、线性判别分析（linear discriminant analysis，LDA）等。

5. 数据关系分析

数据关系分析旨在探索和理解数据之间的相互关系，揭示数据之间的内在规律和联系。通过数据关系分析可以发现数据之间的相关性、依赖关系、趋势变化等信息，从而帮助分析人员做出数据驱动的决策和预测。数据关系分析通常包含以下几个方面：

① 相关性分析（correlation analysis）：研究不同变量之间的相关性，了解它们之间是否存在线性或非线性关系。常用的相关性分析方法包括皮尔逊相关系数、斯皮尔曼等级相关系数等。

② 因果关系分析（causal relationship analysis）：探究不同变量之间的因果关系，即一个变量的变化是否会导致另一个变量的变化。因果关系分析常用的方法包括因果推断、因果图等。

③ 时间序列分析（time series analysis）：对时间序列数据进行建模和分析，揭示数据随时间变化的趋势、周期性和季节性等特征。时间序列分析常用的方法包括平稳性检验、趋势分析、周期性分析、季节性分析等。

④ 聚类分析（cluster analysis）：将数据样本划分为若干相似的群体或簇，旨在发现数据内部的自然结构和模式。聚类分析常用的方法包括 K 均值聚类、层次聚类、密度聚类等。

⑤ 关联规则分析（association rule analysis）：发现数据之间的关联规则或频繁项集，揭示不同数据项之间的相关性和关联性。关联规则分析常用的方法包括 Apriori 算法、FP-Growth 算法等。

⑥ 网络分析（network analysis）：基于图论的方法，研究数据之间的网络结构和连接关系，发现网络中的重要节点、社区结构和信息传播规律。网络分析常用的方法包括社交网络分析、图形分析等。

⑦ 因子分析（factor analysis）：识别影响数据变化的潜在因子或维度，降低数据维度和复杂度，揭示数据背后真实的潜在结构和关系。因子分析常用的方法包括主成分分析、因子分析等。

通过数据关系分析，可以更好地理解数据集的特点和结构，为后续的建模、分析和预测提供有力支持。

1.4.2　数据准备

数据准备是数据科学中至关重要的一步，包含数据清洗、集成、转换和加载等过程。数据准备的主要目标是确保数据的质量、完整性和适用性，以提升后续分析和建模的效果及准确性。其主要步骤如图 1-4 所示。

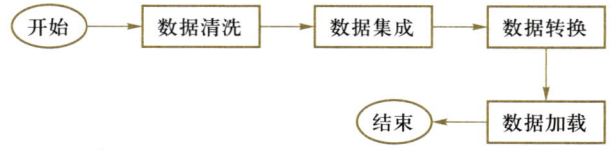

图 1-4　数据准备的主要步骤

1. 数据清洗（data cleaning）

数据清洗是数据准备的第一步，其目的是识别并处理数据中的错误、缺失、异常值等问题。数据清洗通常包括以下操作：

① 处理缺失值：填充缺失值、删除缺失值所在的行或列等。

② 处理异常值：识别并处理数据中的异常值，如使用统计方法或规则来检测异常值，并根据实际情况进行处理。

③ 处理重复值：识别并删除数据中的重复记录，以确保数据的唯一性和一致性。

2. 数据集成（data integration）

数据集成是将多个数据源合并成一个一致的数据集的过程。数据集成通常包括以下操作：

① 数据源选择：确定要使用的数据源，并确保数据源的质量和可靠性。

② 数据匹配：识别不同数据源之间的重复记录，并进行数据匹配与整合。

③ 数据转换：对不同数据源的数据进行格式转换和标准化，以确保数据的一致性和统一性。

3. 数据转换（data transformation）

数据转换是将数据转换成适用于建模和分析的格式及结构的过程。数据转换通常包括以下操作：

① 特征编码：将分类变量转换成数值型变量，如独热编码、标签编码等。

② 特征缩放：对数值型特征进行缩放和归一化，以确保不同特征的尺度一致。

③ 特征衍生：根据已有特征衍生新的特征，如特征组合、多项式特征等。

④ 数据聚合：对数据执行聚合操作，如根据时间、地区等进行汇总和统计。

4. 数据加载（data loading）

数据加载是将处理好的数据加载到分析平台或工具中进行后续分析和建模的过程。数据加载通常包括以下操作：

① 数据导入：将清洗、集成和转换后的数据导入分析平台或工具。

② 数据存储：选择合适的数据存储方式（如关系数据库、NoSQL 数据库、数据湖等），将数据存储起来以备后续使用。

1.4.3　模型建立

模型建立是数据科学中的关键步骤，旨在构建能够解决特定问题的预测模型或分类模型。在模型建立阶段需要选择合适的算法和技术，并进行模型训练、调优和评估。其主要步骤如图 1-5 所示。

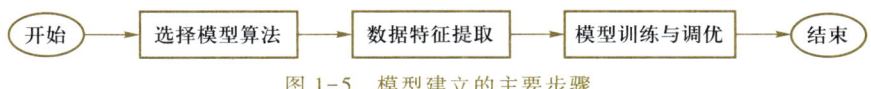

图 1-5　模型建立的主要步骤

1. 选择模型算法

根据任务性质和数据集特点选择合适的模型算法，常见的模型算法包括：

① 线性回归（linear regression）：用于建立连续型变量之间的线性关系模型。

② 逻辑斯谛回归（logistic regression）：用于建立分类模型，预测二元或多元分类结果的概率。

③ 决策树（decision tree）：通过树形结构来表示特征之间的关系，可用于分类和回归任务。

④ 支持向量机（support vector machine，SVM）：用于解决分类和回归问题，通过构建超平面来实现数据的分类或回归。

⑤ 神经网络（neural network）：通过模拟人脑神经元的连接方式来建立复杂的非线性模型。

2. 数据特征提取

在建立模型之前，需要对数据进行特征提取和选择，以减少特征维度并提高模型效果。常见的数据特征提取方法包括：

① 主成分分析：通过线性变换将原始特征转换为新的特征，以减少数据维度并降低冗余信息。

② 特征选择（feature selection）：通过选择具有显著影响的特征、剔除无关紧要的特征，来提高模型的泛化能力。

3. 模型训练与调优

在选择了模型算法并提取数据特征后，需要使用训练数据对模型进行训练，并对模型进行参数调优，以提高模型的性能和泛化能力。常见的模型训练和调优方法包括：

① 交叉验证（cross-validation）：用于评估模型的泛化能力和稳定性，以选择最优的模型参数。

② 网格搜索（grid search）：通过穷举搜索参数组合来找到最优的参数组合，使模型在验证集上表现最好。

③ 学习曲线分析（learning curve analysis）：分析模型在不同训练集大小下的表现，以判断模型是否存在欠拟合或过拟合。

模型建立是数据科学中非常重要的一步，需要有效挖掘数据的内在规律及信息，为解决实际问题提供有效的支持和决策依据。在实际应用中，需要根据具体问题和数据情况来选择合适的模型算法和方法，并结合领域知识及经验进行综合分析和判断。

1.4.4　模型评估

模型评估是数据科学中非常关键的一步，用于评估所构建的预测模型的性能和泛化能力。正确的模型评估有助于了解模型在实际应用中的表现，为调优和改进模型提供指导。以下是模型评估的主要步骤：

1. 选择评估指标

根据问题性质和模型类型，选择合适的评估指标来衡量模型的性能。常见的模型评估指标包括：

① 均方误差(mean squared error，MSE)：用于评估回归模型的预测误差。

② 平均绝对误差(mean absolute error，MAE)：用于评估回归模型的预测误差。

③ 准确率(accuracy)：用于评估分类模型的预测准确率。

④ 召回率(recall)和精确率(precision)：用于评估分类模型的预测效果，尤其是在类别不平衡的情况下。

⑤ F1分数(F1 score)：综合考虑召回率和精确率，用于评估分类模型的综合性能。

⑥ ROC(receiver operating characteristic，受试者工作特征)曲线和AUC(area under curve，ROC曲线下的面积)：用于评估分类模型的二分类性能，尤其是在不同阈值下的表现。

2. 模型评估方法

常用的模型评估方法包括：

① 交叉验证：将训练集划分为多个子集，轮流使用其中一个子集作为验证集，其他子集作为训练集，多次训练模型并计算评估指标的平均值。

② 留出法(holdout method)：将数据集划分为训练集和测试集，使用测试集对模型进行评估。

③ 自助法(bootstrap method)：从原始数据集中有放回地抽取样本，构建多个不同的训练集和测试集，多次训练模型并计算评估指标的平均值。

④ 留一法交叉验证(leave-one-out cross-validation)：将一个样本作为验证集，其他样本作为训练集，多次重复此过程并计算评估指标的平均值。

3. 模型比较

模型比较通常涉及多个方面，包括评估指标选择、模型性能比较，以及最终模型的选择和解释。首先，选择合适的评估指标是模型比较的关键。评估指标应与任务特性和实际需求相匹配，常见的评估指标包括准确率、精确度、召回率、F1分数、AUC、均方误差、平均绝对误差等。例如，在分类问题中，可以使用准确率和AUC来评估模型的分类性能；在回归问题中，可以使用均方误差和平均绝对误差来评估模型的预测准确性。其次，进行模型性能比较是模型比较过程中的关键步骤之一。通常需要对多个模型在相同的数据集上进行训练和评估，然后比较它们在不同评估指标上的表现。这可以通过交叉验证、网格搜索等技术来实现。最后，通过比较不同模型在多个评估指标上的表现，可以更全面地了解它们的优/劣势，进而选择最合适的模型。

1.4.5 模型发布

模型发布是指将训练好的模型部署到生产环境中，以便通过实际应用来进行预测或决策。在模型发布之前，需要确保模型在开发和测试阶段已经通过了验证，并且在生产环境中能够稳定、高效地运行。图 1-6 是模型发布的主要步骤，包括模型打包、确定部署环境、模型接口设计、部署模型、监控和维护、更新和优化。

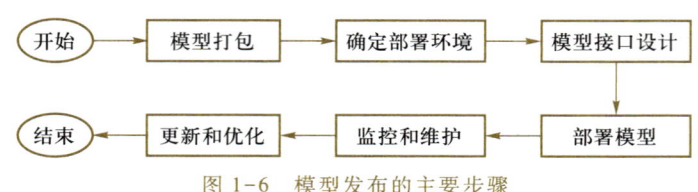

图 1-6　模型发布的主要步骤

1.5　实践领域

微视频：
实践领域

　　新型硬件与数据中心、分布式计算、云计算、高性能计算、大容量数据存储与处理技术、社会化网络、移动终端设备、多样化的数据采集方式等，可以充分挖掘、存储和利用大数据，使大数据在众多领域中发挥了重大作用。

1. 航天领域

　　① 实时监测和控制。在航天器执行任务时，为了保障其安全和任务的顺利进行，航天科学家需要实时监测和控制航天器的状态。大数据技术可以帮助航天科学家实时收集、处理和分析航天器的传感器数据、遥测数据等，及时发现异常情况并进行相应调整，确保航天器处于良好的运行状态。例如，对于太空探测器，通过大数据技术可以实时监测太阳辐射、空间尘埃等数据，及时调整其轨道和姿态，以应对不断变化的太空环境。

　　② 预测和规划。在规划和执行航天任务的过程中，大数据技术可以帮助航天机构进行精准的天气预测、空间天体位置预测等，优化任务的执行计划和轨道设计，提高任务的成功率和效率。通过大数据分析，航天机构可以选择最佳的发射窗口和轨道，避开天气不佳或空间天体位置不利的时段，确保任务的顺利进行。例如，对于火星探测任务，通过大数据技术实现的关于火星大气、表面温度等数据的预测和分析，可以帮助科学家选择合适的着陆地点和着陆时机，提高火星探测任务的成功率。

　　③ 数据存储与管理。航天领域产生的数据量庞大，其中包括图像数据、遥感数据、实验数据等。大数据技术可以提供高效的数据存储和管理方案，包括分布式存储、数据压缩、数据备份等，确保数据的安全性和可靠性。同时，大数据技术还能够实现数据的快速检索和查询，方便科研人员进行数据分析和挖掘。例如，对于卫星遥感数据，通过大数据技术实现的数据存储、索引和检索，可以帮助科学家监测和分析地球表面的变化，进而推动地球科学的发展和研究。

　　④ 科学研究和探索。大数据技术为航天科学家提供了强大的数据分析和挖掘工具，帮助他们探索宇宙空间的奥秘和规律。通过对星系、行星、恒星等天

体的数据分析，可以揭示宇宙的形成和演化过程，推动航天科学的发展。此外，大数据还可以支持航天器对目标天体进行深度观测和探测，拓展人类对宇宙空间的认识。例如，对于深空探测任务，通过大数据技术实现的关于银河系、星团等天体的数据分析，可以帮助科学家了解宇宙的结构和演化规律，进而推动宇宙学的发展和研究。

⑤ 智能决策和自主控制。大数据与人工智能技术相结合，可以实现航天器的智能决策和自主控制。通过对大数据进行深度学习和模式识别，航天器可以实现自主导航、自主避障等功能，提高任务的自主性和智能化水平。这种智能决策和自主控制能力可以帮助航天器应对复杂多变的环境，提高任务的成功率和安全性。例如，对于星载卫星系统，通过大数据技术分析和预测卫星轨道、姿态等数据，可以实现卫星的自主控制和运行，提高卫星系统的灵活性和适应性。

2. 教育领域

① 学习路径优化。大数据分析可以帮助教育机构分析学生的学习路径和学习行为，从而为学生量身定制学习路径和课程安排。通过分析学生的学习历史、兴趣爱好和学习习惯，教育机构可以为学生推荐适合其个性化需求的学习内容和学习资源，提高学习的针对性和效果。

② 学习成绩预测。基于大数据分析的学习成绩预测模型，可以帮助教育机构预测学生的学习成绩和发展趋势，提前发现学生的学习困难和问题。通过分析学生的学习历史数据和学习行为特征，教育机构可以建立学生成绩预测模型，为学校和教师提供科学依据和决策支持，制订个性化的学习计划和辅导方案。

③ 个性化教学辅助。大数据分析可以为个性化教学提供数据支持和智能辅助。通过分析学生的学习数据和行为数据，教育机构可以为教师提供个性化教学建议和辅导方案，指导教师调整教学内容和教学方法，满足不同学生的学习需求和兴趣爱好，提高教学的针对性和效果。

④ 教育资源调配。大数据分析可以帮助教育机构优化教育资源的调配和利用效率。通过分析学校的教学资源利用情况和学生的学习需求，教育机构可以合理分配教学资源，提高资源利用效率，满足不同学生的学习需求，促进教育资源的均衡发展和共享利用。

⑤ 学生行为分析。大数据分析可以实现对学生行为的深度分析和挖掘。通过分析学生的学习行为数据和社交媒体数据，教育机构可以了解学生的学习态度、学习动机和学习习惯，发现学生存在的问题和潜在风险，及时进行干预和辅导，提高学生的学习效果和学习体验。

⑥ 教学管理和监督。大数据分析可以为教学管理和监督提供数据支持和科学依据。通过分析教学过程和教学效果数据，教育机构可以评估教师的教学质量和学生的学习情况，发现教学中存在的问题和改进空间，提供科学的教学管理建议和指导，推动教育事业的不断发展和进步。

3. 医疗领域

① 个性化医疗。大数据技术可以帮助医疗机构实现个性化医疗服务，包括基于患者的遗传信息、疾病历史、生活习惯等数据，为每位患者量身定制个性化的诊疗方案。例如，通过基因组学数据分析，医生可以预测患者对特定药物的反应情况，从而选择最合适的治疗方案。

② 健康管理与预防。大数据分析可以用于监测和预测疾病的流行趋势，帮助医疗机构和政府部门及时制定预防与控制措施。此外，通过对大规模的健康数据进行分析，医疗机构可以为个人提供个性化的健康管理建议，包括定制化的饮食、运动和生活方式建议，以预防慢性疾病的发生。

③ 临床决策支持。大数据技术可以为临床医生提供决策支持，帮助他们更准确地诊断和治疗疾病。通过分析患者的临床数据、医学文献和治疗指南，医疗诊断辅助系统可以提供针对特定疾病的诊断建议和治疗方案，辅助医生做出更科学的决策。

④ 药物研发与临床试验。大数据技术可以加速药物研发的过程，包括药物发现、设计和临床试验等环节。通过分析大量的生物信息学数据和临床试验数据，科研人员可以发现新的药物靶点和治疗方案，加速新药的上市进程，为患者提供更有效的治疗选择。

⑤ 医疗资源优化。大数据分析可以帮助医疗机构优化医疗资源的分配和利用，提高医疗服务的效率和质量。通过分析患者的就诊数据和病历信息，医疗机构可以预测就诊需求和资源利用情况，合理安排医疗资源，提高资源利用效率，缓解医疗资源短缺和医疗服务压力。

4. 政务领域

① 政府决策支持。大数据技术可以为政府机构提供决策支持，帮助其了解社会经济发展的全貌和趋势，及时发现和解决社会问题，制定更科学、合理的政策。通过分析大量的社会经济数据、民生数据和舆情数据，政府机构可以更准确地评估政策效果和社会影响，优化政策制定和执行过程，提高决策的科学性和有效性。

② 城市管理与智慧城市建设。大数据技术可以帮助政府机构实现城市管理的智能化和精细化，推动智慧城市建设。通过监测城市各个领域的数据，如交通流量、环境污染、城市安全等，政府机构可以实时了解城市运行状态和问题状况，及时调整城市管理和公共服务，提高城市运行效率和居民生活质量。

③ 社会治理与安全防控。大数据分析可以帮助政府机构加强社会治理与安全防控，保障公共安全和社会稳定。通过分析社会治安数据、人口流动数据和舆情数据，政府机构可以及时发现并应对社会治安问题和突发事件，加强社会风险评估和应急响应能力，维护社会稳定和安全。

④ 公共服务优化。大数据技术可以优化政府机构的公共服务，提高公共服务的效率和质量，满足人民群众日益增长的多样化需求。通过分析公共服务需

求数据和服务满意度数据，政府机构可以优化公共服务的供给结构和服务流程，提升服务水平和满意度，提高政府形象和民众信任度。

⑤ 数据开放与政务透明。大数据技术可以促进政府信息公开和政务透明，增强政府机构与民众之间的互动和信任。政府机构可以通过开放政府数据平台向社会公开政府部门的数据和信息，提高政府决策的透明度和公信力，加强与民众的沟通和互动，推动政务公开和民主治理。

⑥ 反腐倡廉与监督机制。大数据技术可以加强反腐倡廉工作和监督机制建设，提高政府部门和公职人员的廉洁自律意识和工作效率。通过监测政府部门和公职人员的行为数据及资产数据，政府机构可以及时发现和防范腐败行为及权力滥用，加强监督和问责机制，推动廉政建设和法治政府建设。

本章小结

本章介绍了大数据领域的关键概念、发展历程、工作流程，以及大数据在不同领域的实践应用。首先，追溯了大数据的发展历程，探讨了大数据从概念提出到成为全球性热点的演变过程，以及大数据所带来的机遇和挑战。接着，深入解析了数据的基本概念，包括数据的定义、数据格式和数据特征，帮助读者建立对数据的全面理解。在工作流程方面，系统地介绍了数据科学的工作流程，包括数据理解、数据准备、模型建立、模型评估和模型发布，为读者提供了一套完整的数据处理方法论。最后，以实践领域为切入点，深入探讨了大数据在航天、教育、医疗和政务领域的应用场景及实践案例，展示了大数据技术在不同领域的价值和影响。通过本章的学习，读者不仅对大数据的基本概念和工作流程有了全面了解，还深入了解了大数据在各个领域的实际应用，为其在实际工作中应对复杂的数据挑战提供了重要参考和指导。

习题

一、选择题

1. 在大数据发展的机遇与挑战中，以下哪一项通常不被视为挑战？（   ）

A. 数据安全性问题   B. 数据处理速度

C. 数据量的无限增长   D. 数据来源的单一性

2. 关于大数据的基本概念，以下哪个定义是错误的？（   ）

A. 大数据是指无法在合理时间内用常规软件工具进行捕获、管理和处理的庞大而复杂的数据集合

B. 大数据仅包括结构化数据

C. 大数据具有 4V 特性：volume（大量）、velocity（高速）、variety（多样）、veracity（真实）

D. 大数据对于企业的决策制定具有重要意义

3. 在数据科学与工程的工作流程中，哪个步骤通常不涉及数据的直接操作？（　　　）

    A. 数据理解　　　　　　　　　　B. 数据准备

    C. 模型发布　　　　　　　　　　D. 模型建立

4. 数据准备阶段的主要任务不包括以下哪项？（　　　）

    A. 数据清洗　　　　　　　　　　B. 数据转换

    C. 数据存储　　　　　　　　　　D. 数据可视化

5. 模型评估的目的是什么？（　　　）

    A. 确定模型是否适用于实际场景　B. 评估模型的预测精度

    C. 修正模型中的错误　　　　　　D. 发布模型供其他用户使用

6. 关于大数据的机遇与挑战，下列哪个观点不正确？（　　　）

    A. 大数据提供了更多信息来帮助企业做出决策

    B. 大数据可以解决所有商业问题

    C. 数据安全性是大数据面临的主要挑战之一

    D. 数据量的爆炸式增长要求更高效的数据处理技术

7. 以下哪项不属于大数据的基本特征？（　　　）

    A. 高速性（velocity）　　　　　　B. 准确性（accuracy）

    C. 多样性（variety）　　　　　　D. 大量性（volume）

8. 在数据科学与工程的工作流程中，哪个步骤是建立模型的基础？（　　　）

    A. 数据理解　　　　　　　　　　B. 数据可视化

    C. 数据清洗　　　　　　　　　　D. 数据采集

9. 在模型建立阶段，数据科学家通常使用哪种技术来探索数据中的模式？（　　　）

    A. 数据可视化　　　　　　　　　B. 回归分析

    C. 聚类分析　　　　　　　　　　D. 神经网络

10. 在大数据的机遇与挑战中，以下哪项挑战与数据处理速度相关？（　　　）

    A. 数据存储成本　　　　　　　　B. 数据安全性

    C. 数据实时性　　　　　　　　　D. 数据质量

二、思考题

1. 在大数据环境下，如何确保数据的安全性和隐私性？

2. 在数据准备阶段，如何处理脏数据（dirty data）和异常值（outlier）？

第 2 章 数据采集与预处理

数据采集与预处理是数据科学和机器学习中非常重要的两个环节，它们是数据分析的前置步骤，旨在获取高质量的数据并对其进行清洗、转换和规约，以便在后续的分析和建模过程中得到更准确、可靠的结果。本章将结合实际案例介绍数据采集与预处理的详细步骤。

2.1　问题导入

在油气勘探开发过程中，现有如下任务，要求实现录井、测井、完井数据采集和传输，数据的清洗和校验，数据规约和优化。在此基础上建立一个完整的数据管道——从数据源到数据处理，实现数据的流动和加工，以此来帮助管理者更好地理解和利用数据，为业务决策提供支持。目前需要解决以下问题：

① 如何通过稳定的传输机制将数据传输到集成平台，并确保数据的及时性和完整性？

② 如何对数据进行清洗，处理异常值和缺失值，进行数据转换和类型校验，提升数据的质量和一致性？

③ 如何对数据进行集成和规约，减少数据存储和处理的成本，同时保持数据的代表性和有效性？

为了解决这些问题，采用先进的数据处理技术和工具成为必然选择。为实现项目需求，本章将介绍数据清洗、数据集成、数据规约等数据处理技术。

2.2　数据类型

第 1 章已介绍了大数据中的数据类型主要包括结构化数据、半结构化数据和非结构化数据。面对这些不同数据类型的数据特点，将采取不同的处理方式。

微视频：
数据类型

2.2.1　结构化数据

结构化数据是按照预先定义的数据模式或模板组织和存储的数据，具有明确的数据类型和格式。表 2-1 所示是实际工作中常见的结构化数据，它具有清晰的数据结构，包括列、行和键值等元素。结构化数据具备以下 3 个最主要的特点，满足这 3 个特点的数据都可以称为结构化数据。

表 2-1　常见结构化数据形式示例

钻井转数	孔隙度	页岩体积
1. 314 720 3	0. 086 711 005	0. 071 718 795
1. 328 673 9	0. 095 208 498	0. 116 548 315
1. 420 116 3	0. 061 636 098	0. 104 283 234
1. 593 930 7	0. 043 497 664	0. 110 039 811
1. 653 262	0. 035 252 241	0. 120 807 706
1. 657 45	0. 015 965 128	0. 085 564 925

① 明确定义的数据含义。结构化数据具有明确的含义。即便是对于陌生的数据，由于它已经贴好了"标签"，所以不需要查找资料来了解它的含义。以表 2-1 为例，第一列是钻井转数，第二列是孔隙度，第三列是页岩体积。每一列的含义都已经明确说明了。

② 从始至终保持一致的顺序。数据之间的顺序是固定且一致的。例如表 2-1，每行数据的顺序一定是钻井转数、孔隙度和页岩体积，不可能出现其他顺序。

③ 明确的数据类型和格式。结构化数据的数据类型和格式是预先定义好的，通常包括整数、浮点数、字符型、日期时间等标准数据类型。同一列的数据类型和格式都是一致的，例如表 2-1 的钻井转数一列统一包含小数，不可能出现某个数据是整数的情况。

满足上述 3 个条件的数据都是结构化数据，除了常见的关系数据库数据，Excel 表格中的数据如果有表头的话，也可以认为是结构化数据。

结构化数据易于进行数据交换和集成，可以通过标准化的数据格式（如 CSV、XML、JSON）进行数据共享和交互操作。这使得不同系统之间的数据流动变得更加便捷和可靠，促进了数据的共享与合作。结构化数据广泛应用于各个行业和领域，包括企业的业务系统、金融交易、在线购物、客户关系管理、人力资源管理等。例如，银行的交易记录、电商平台的订单信息、医院的患者信息等都属于结构化数据的范畴。

2.2.2　半结构化数据

半结构化数据是介于结构化数据和非结构化数据之间的一种数据类型，它具有部分结构化的特征，但不符合严格的表格或数据库记录的格式要求。半结构化数据通常以键值对、标签、标记或层次结构的形式组织，但并不要求所有数据都具有相同的结构或模式。这种类型的数据常见于文档、日志、XML、JSON 等格式中，具有一定的组织结构，但不一定遵循严格的数据模式。例如，

XML、JSON 文档语句如下：

```
XML:
<person>
    <name>B</name>
    <gender>male</gender>
</person>

JSON:
{
    "name": "John Doe",
    "age": 30,
    "city": "HongKong",
    "email":"john.doe@ example.com",
    "phone":"+1234567890"
}
```

以 JSON 文件为例，半结构化数据只满足结构化数据的第一个特点，即数据有明确的含义，但是不满足第二个和第三个特点，即数据的顺序和类型并不固定。

2.2.3　非结构化数据

非结构化数据是指按照无特定格式或无约束形式存储的数据，其内部结构不明确或难以解释。这类数据通常不适合在传统的关系数据库中存储和处理，而是以文本、图像、音频、视频等形式存在。非结构化数据没有固定的格式或模式，其组织方式通常由数据本身的特性决定，因此难以使用传统的表格或模式来表示。非结构化数据涵盖的多种数据形式中，每种形式都有其特定的处理方式和工具。

非结构化数据往往以大规模的形式存在，例如网络文档、社交媒体内容、传感器数据等，因此处理非结构化数据需要具备高效的存储和处理能力。由于非结构化数据的内部结构不明确，其中包含的信息可能难以直接解释或理解，因此需要借助特定的技术和工具进行分析和处理。

常见的非结构化数据包括照片、绘画、地图、音乐、电影、电视节目、网络视频，以及温度传感器、气压传感器、加速度传感器等设备采集的数据。

2.3　数据清洗

数据清洗是大数据处理过程中的一个重要环节，是指对原始数据进行检查、修正和转换，以去除错误、不完整、重复、不一致或不准确的数据，从而提高数据质量和可信度。数据清洗是确保数据分析的准确性和可靠性的关键步骤。

微视频：
数据清洗

2.3.1　异常值处理

异常值处理是数据清洗过程中的重要步骤之一。由于异常值可能会对数据分析和建模产生不良影响，因此需要识别和处理数据中的异常或不合理数值，以确保数据的质量和准确性。通常采用以下几种方法来处理异常值：

① 删除异常值。首先要确定异常值的阈值或范围，通常采用箱线图或 z-score 方法来确定异常值的上下限。在删除异常值之前，需要仔细考虑异常值的数量和对数据分布的影响，避免误删有效信息。将超出设定范围的数值视为异常值，并将其从数据集中删除。

② 替换异常值。使用统计量进行替换，常见的统计量包括均值、中位数、众数等。可以根据数据的分布情况选择合适的替换方法，例如，对称分布可以选择均值，偏态分布可以选择中位数。除了常见的统计量外，还可以使用插值法、回归模型预测法等方法进行异常值的替换。

③ 标记异常值。常见的标记方式包括将异常值标记为缺失值或特殊类别，如 -999 或 "Unknown"。

④ 离群值分析。采用统计方法或可视化工具对数据中的离群值进行分析，以便了解异常值的分布规律和可能原因。可以使用直方图、箱线图、散点图等可视化工具，或者使用统计量（如偏度、峰度等）来分析数据的分布情况。

⑤ 基于模型的异常检测。利用机器学习模型或统计模型，对数据中的异常值进行检测和识别。常见的方法有聚类、回归、分类等算法，以及异常检测专用的算法，如孤立森林、局部离群因子（local outlier factor，LOF）等。

2.3.2　缺失值处理

缺失值处理，是指对数据集中缺失数值或信息的部分进行处理的过程。在现实数据分析中经常会遇到数据缺失的情况，这可能是由于记录错误、设备故障、用户忘记填写等原因造成的。需要根据数据类型、缺失值分布，选用不同的处理方法。

1. 删除缺失值

当样本量较大、缺失值数量较少，且删除缺失值不会对数据整体分布造成较大影响的时候，直接删除含有缺失值的行或列是一种简单直接的方法。

2. 缺失值填充

缺失值填充是数据预处理中常用的一种技术，用于处理数据集中存在的缺失值，以保证数据的完整性和准确性。缺失值填充的目标是将缺失值替换为合适的估计值，从而使数据集能够被有效地用于后续的分析和建模。常用的缺失值填充方法如下：

① 平均值填充。当数据呈近正态分布时，由于观测值都较多地聚集在平均值附近，可以使用平均值来替换缺失值。

② 中位数填充。当数据呈偏态分布时，偏态分布的大部分值都聚集在变量

分布的一侧，中位数是更好地代表数据中心趋势的指标，可以使用中位数来替换缺失值。

③ 众数填充。当数据呈离散型特征时，由于可以保持数据的整体特征和频率分布，可以使用众数替换缺失值。

④ K近邻（K-nearest neighbor，KNN）填充。这是一种监督聚类算法，其原理通俗易懂，即有 K 个最相似的邻居。在选定了 K 的数量后，通过计算所有样本向量空间距离中最近的距离，找到距离要填补的变量最近的 K 个样本，取均值作为最终结果。

2.3.3 数据转换

数据转换是指将原始数据转换为适合模型训练或分析的形式。需注意如果数据转换不当，将会严重扭曲数据本身的性质、改变数据原本的形态，因此需要根据数据的性质和数据量来选择合适的数据转换方法。以下是一些具体的数据转换方法：

1. 对数转换

对数转换是一种常用的数据转换方法，用于降低数据的偏度（skewness）或压缩数据的动态范围。对数转换是将原始数据取对数，常见的有自然对数（ln）和常用对数（lg）两种。对数转换适用于以下几种数据：

① 部分正偏态数据。对数转换可将右偏的数据形态变为正态。数据的正态性对于统计量的各种小样本性质、统计量的有限样本分布，以及极大似然估计方法的应用都有比较重要的含义。

② 等比数据。等比数据取对数之后不会改变数据的性质和相关关系，但压缩了变量的尺度，使数据变得更加平稳，模型的共线性、异方差性等减弱。

③ 各组数值和均值比值相差不大的数据。进行时间序列分析时，由于对数据取对数不改变变量之间的协整关系，并且可以消除异方差，所以通常会对变量做对数处理。

2. 平方根转换

平方根转换适用于以下几种数据：泊松分布[①]数据、轻度偏态数据、样本方差与其平均数成正比的数据、变量的所有个案为百分数并且取值在 0%~20% 或 80%~100% 的数据。

3. 平方转换

平方转换适用于方差和均数的平方成反比、数据左偏的场景。

4. 倒数变换

倒数变换适用于样本方差与其平均数的平方成正比的情况。需注意倒数变换需要数据中没有接近或者小于零的数据。

---

① 统计与概率学中一种常用的离散概率分布，事件在单位时间（面积或体积）内出现的次数或个数就近似地服从泊松分布。因此，泊松分布在管理科学、运筹学以及自然科学的某些问题中都占有重要的地位。

2.3.4　数据类型转换

数据类型转换是指将数据从一种类型转换为另一种类型的操作。在数据处理和分析中，经常需要将数据转换为不同的类型，以便进行特定的计算或分析。以下是常见的数据类型转换方式：

① 字符串类型转换为数值类型。当字符串表示的数据需要进行数值计算时，应将其转换为数值类型（如整数或浮点数）。例如，在 Python 中可以使用 int( ) 函数将字符串转换为整数，使用 float( ) 函数将字符串转换为浮点数。

② 数值类型转换为字符串类型。当数值数据需要作为字符串处理时，可以将其转换为字符串类型。例如，在 Python 中可以使用 str( ) 函数将数值类型转换为字符串类型。

③ 日期类型转换。当处理日期数据时，可能需要将日期字符串转换为日期对象，或将日期对象转换为字符串。例如，在 Python 中可以使用 datetime. strptime( ) 函数将日期字符串转换为日期对象，使用 strftime( ) 函数将日期对象格式化为字符串。

④ 布尔类型转换。布尔类型通常用于表示逻辑真或假的值。在某些情况下，可能需要将其他类型的数据转换为布尔类型。在 Python 中可以使用 bool( ) 函数将其他数据类型转换为布尔类型，例如将数值型数据转换为布尔类型时，非零值为 True，零值为 False。

⑤ 列表、元组和字典之间的转换。在 Python 中，可以将列表、元组和字典相互转换。例如，可以使用 list( ) 函数将元组转换为列表，使用 tuple( ) 函数将列表转换为元组，使用 dict( ) 函数将列表或元组转换为字典。

⑥ 数据类型的隐式转换。在某些情况下，编程语言会自动进行数据类型转换，称为隐式转换。例如在数值计算中，如果操作数包括整数和浮点数，整数会被自动转换为浮点数进行计算。

正确的数据类型转换可以确保数据的准确性和可靠性。但在进行数据类型转换时，需要注意数据的有效性和可能的精度损失。

2.4　数据集成

微视频：
数据集成

数据集成是指将来自不同数据源、不同格式的数据整合到一个统一的数据存储文件或数据仓库，从而确保不同源的数据能够在一个集中的位置被有效地存储和访问，供决策者分析数据和制定决策。通过数据集成来消除数据孤岛，实现数据的统一管理和利用。

2.4.1　数据源识别

数据源识别是数据集成过程中的第一步，旨在识别、评估和选择哪些数据源能够为数据集成项目提供原始数据。该阶段的目标是明确哪些数据源包含对实现项目目标有价值的数据，并深入理解这些数据的特性（如结构、格式、质量），以及考虑如何有效访问这些数据（图2-1）。

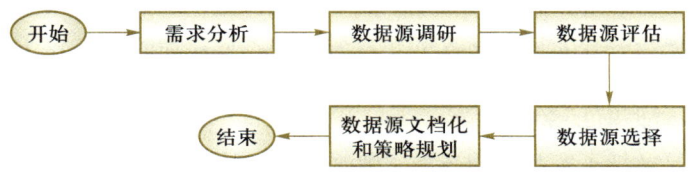

图 2-1 数据源识别的主要步骤

1. 需求分析

明确目标：明确项目的目标和需求，包括要解决的问题、项目的业务目标，以及期望通过数据集成得到的成果。

明确所需数据的要求：根据项目目标确定所需的数据类型、数据粒度、时间跨度等。这有助于识别必须从哪些数据源中提取数据。

2. 数据源调研

识别内外部数据源：识别潜在的内部数据源（如企业内部的数据库、日志文件等）和外部数据源（如公开的数据集、社交媒体数据等）。

掌握数据访问方法：评估获取数据的可行性，包括数据访问权限、数据提供方式（API、数据库连接等），以及任何潜在的法律法规或伦理限制。

3. 数据源评估

评估数据源质量：包括数据准确性、完整性、时效性和一致性。

了解数据源的数据格式和结构：了解每个潜在数据源的数据格式（如 CSV、JSON、XML 等）和结构（如表格、非结构化数据等），以评估数据的兼容性和集成难度。

评估数据源的可靠性和稳定性：评估数据源的可靠性和维护情况，确保数据源能够持续稳定地提供所需数据。

4. 数据源选择

综合评估：基于数据质量、可访问性、相关性和成本等因素，选择最适合项目需求的数据源。

多源协同：在有些情况下，可能需要从多个数据源中集成数据以获得更全面的视图。这要求评估数据源之间的兼容性和整合可能性。

5. 数据源文档化和策略规划

文档化记录：详细记录选定数据源的名称、类型、提供方、数据结构、访问方式、权限要求以及数据质量评估结果和已知风险等。

策略规划：规划具体的数据获取技术方案、设定数据集成优先级，并制定应对数据中断或质量异常的容灾与监控措施，同时评估多源协同时的兼容性与整合可行性。

2.4.2 数据整合

数据整合是指将来自多个不同数据源的数据集进行汇总、合并和转换的过程，其目的在于实现数据的统一管理和分析。在现实生活和工作中，数据往往分散在不同的数据库、文件系统、应用程序和云服务中，这些数据可能具有不同的格式、结构和语义，因此需要通过数据整合来消除数据孤岛，实现数据的共享和协同使用。在完成数据清洗和数据转换之后，需要执行以下操作来实现数据整合：

1. 数据源识别与连接

首先需要详细了解数据的来源。数据可以来自多个渠道，比如关系数据库（如 MySQL、SQL Server、Oracle 等）或非关系数据库（如 MongoDB、Redis 等），数据也可以存储在各种文件格式中，如 CSV、JSON、Excel 等。许多应用程序提供应用程序接口（application program inteface，API）来访问其数据，通过调用这些 API 可以获取所需的数据。某些数据可能以实时流的形式产生，如传感器数据、日志数据等。

一旦确定了数据源，接下来就是建立与这些数据源的连接，以便获取数据。而针对不同的数据源，也要选择不同的连接方式。对于数据库，需要使用适当的数据库连接工具或库来建立连接，并且可能需要提供认证信息和权限以访问数据。对于文件，可以使用各种编程语言的文件读取功能来读取数据，并根据文件格式进行解析。对于 API，需要了解 API 的端点和参数，并使用 HTTP 请求库或相应的软件开发工具来调用 API 以获取数据。对于实时流数据，可能需要使用专门的流处理工具或平台来接入数据流，并进行实时处理和分析。

2. 数据清洗与转换

数据清洗与转换是数据整合过程中至关重要的一步，涉及处理数据源可能存在的各种问题，以确保数据的一致性、准确性和完整性。在进行数据清洗和转换时，需要细致地分析数据，针对不同的问题采取相应的处理措施，确保最终的数据质量达到预期的要求。

在进行数据清洗时需要统一数据的格式，以便后续进行数据分析和处理。这可能涉及日期格式转换、数字格式化、字符串格式统一等操作。对于数据采集过程中的错误或系统故障导致的数据源中出现数据重复的情况，在进行数据清洗时需要识别并移除重复的数据记录，避免对后续分析造成影响；对于数据采集过程中的遗漏或者数据记录本身的缺失导致的数据源中出现数据缺失的情况，在进行数据清洗时需要识别并处理缺失的数据。可以采取填充缺失值、删除缺失记录等策略来处理缺失数据。数据源中可能存在异常数据，如超出范围的数值、不合理的数据记录等，在进行数据清洗时需要识别并处理异常数据。可以采取剔除异常值、数据修正等方法来处理异常数据。在清洗数据的同时，还需要进行数据转换和标准化，以确保数据的一致性和可比性。这可能涉及单位转换、数据标准化、字段重命名等操作，以便后续的数据分析和应用。

2.4.3　数据加载

数据加载是指将经过整合、清洗和转换的数据从源系统或数据源导入目标系统或数据仓库。它是整个数据生命周期中关键的一环。在数据加载过程中需要综合考虑多个方面的问题，确保最终的数据能够满足业务需求并发挥最大的价值。

1. 确定目标系统或数据仓库

确定目标系统或数据仓库是数据加载过程中的关键一步，它直接影响到数据的存储、管理和后续的分析应用。在确定目标系统或数据仓库时，需要考虑以下几个方面：首先，需要深入了解业务需求和数据分析目标。不同的业务场景和分析目标需要使用不同类型的数据存储系统。例如，如果要进行实时数据分析，需要选择支持实时数据处理和查询的数据仓库或流数据处理平台；如果要进行大规模数据分析和挖掘，需要选择具备高性能计算和存储能力的数据湖或分布式计算平台。

其次，需要考虑所加载数据的类型和结构。不同类型的数据可能适合存储在不同的系统中。例如，结构化数据（如关系数据）通常适合存储在关系数据库中，而半结构化数据和非结构化数据（如日志数据、文档数据）则更适合存储在数据湖或对象存储系统中。数据加载的目标系统或数据仓库应该能够满足数据规模和性能要求。如果数据量较大或需要高性能计算和查询能力，则需要选择具备分布式存储和计算能力的系统，如分布式数据库、分布式文件系统等。

最后，还需要考虑数据安全与合规性要求。目标系统或数据仓库应该能够提供必要的安全功能以及合规性控制，以确保数据的保密性、完整性和可用性。这可能涉及数据加密、访问控制、数据审计等方面的功能。

2. 全量加载和增量加载

全量加载和增量加载是数据加载常用的两种方式。全量加载适用于数据量较小或需要全量更新的场景。其优点在于操作简单直观，适用性广泛。然而，对于大数据量的情况，全量加载可能需要较长时间才能完成数据传输和导入，这可能会对系统造成较大的压力。此外，在全量加载过程中由于需要替换整个数据集，可能会导致数据在加载期间不可用，继而影响业务的正常运行。因此，在选择全量加载时需要权衡数据量和系统资源，以及业务的可用性需求。

增量加载适用于数据量较大或需要实时更新的场景。它具有实时性强、资源消耗较少的优点。增量加载能够及时反映源数据的变化，仅需要传输和处理新增的数据，节省了系统资源和时间成本。然而，增量加载也带来了一些挑战，例如需要设计和实现增量同步机制，确保新数据能够正确地追加到目标系统中。同时，还需要考虑数据一致性控制的问题，特别是在高并发、分布式环境下，可能需要实现分布式事务或其他一致性保障机制，以确保数据的完整性和准确性。

因此，在实际应用中，需要根据具体的业务需求、数据特点和系统资源等因素，综合考虑全量加载和增量加载两种方式的优缺点，选择适合的加载策略，并在实施过程中进行适当的优化和控制，确保数据加载的顺利进行和数据的可用性。

3. 数据加载过程的自动化和优化

数据加载过程的自动化和优化是确保数据处理高效性和数据质量的重要手

段。在实践中，可以利用各种自动化工具和技术来改善数据加载的效率和准确性。

ETL(extract，transform，load，抽取，转换，装载)工具在数据处理领域扮演着至关重要的角色。首先，这类工具能够从各种数据源中提取数据，无论是关系数据、非结构化数据，还是实时流数据，都可以被 ETL 工具有效地捕获和提取。其次，在提取数据之后，ETL 工具还能够进行必要的数据转换和清洗，确保数据的格式一致性和质量(包括数据格式转换、数据合并、数据筛选、去重和异常值处理等操作)，从而使数据更加规范，可用于后续的分析和应用。除了提取和转换数据外，ETL 工具还负责将处理后的数据加载到目标系统中，涉及目标系统的选择和配置，以及数据加载的方式和频率。ETL 工具能够根据预先定义的规则和流程自动将数据加载到目标系统中，并确保数据的完整性和一致性。通过 ETL 工具的自动化和定制化，可以大大减少人工干预的需要，降低错误发生的可能性，并提高数据加载过程的效率和可靠性。

在性能优化方面，采用并行加载和分批加载技术可以进一步提高数据加载的速度和效率。并行加载将数据加载任务分解成多个子任务并行执行，充分利用了系统的并行处理能力。分批加载则将大数据集分成多个批次进行加载，避免一次性加载大量数据对系统资源造成的过度消耗，从而保证了系统的稳定性和可用性。

2.4.4　数据验证

数据验证是在数据加载完成后进行的一项关键任务，其目的在于确认数据是否符合预期的标准和要求，发现并纠正任何潜在的数据质量问题。数据验证不仅能够确保数据的准确性、完整性和一致性，还为数据分析和应用提供了可靠的基础。

1. 格式验证

格式验证旨在确保数据符合预定义的格式要求，从而保障数据的准确性、完整性和一致性。在进行格式验证时，需要关注数据类型验证、数据长度验证、日期格式验证等多个方面，以确保数据的合法性和可用性。

数据类型验证是格式验证中的重要考量因素之一。对于不同类型的数据，需要验证其是否符合预期的数据类型(如整数、浮点数、字符串等)。例如，在进行销售数据的验证时，需要确保"销售金额"字段是数值类型而不是文本类型，以避免后续的计算和分析错误。数据长度验证也是需要进行验证的重要因素。数据长度验证可以确保数据的长度符合预期的范围要求，防止数据过长或过短导致的数据截断或溢出问题。例如，在验证用户名字段时，需要确保用户名的长度在指定的范围内，以保证系统正常运行并提升用户体验。日期格式验证也是格式验证中的一个重点。日期是数据中常见的类型之一，因此需要验证日期字段是否符合预期的日期格式，如年-月-日、月/日/年等。通过日期格式验证，可以确保数据在不同系统和应用之间的交互操作性，避免由于日期格式不一致而引发的数据解析错误和混淆。

除了上述方面外，还有其他一些需要考虑的格式验证内容，如货币格式、电子邮件格式、电话号码格式等。这些验证可以确保数据的规范性和统一性，提高数据的可用性和可靠性。

2. 完整性验证

完整性验证旨在确保数据的完整性，即数据中所有必需的字段都有值，并且这些值符合预期的取值范围和约束条件。这一验证过程涵盖对关键字段进行非空验证、范围验证等内容，旨在保证数据的质量和可用性。

非空验证是完整性验证中的基础步骤之一。通过对关键字段进行非空验证，可以确保这些字段在数据中都存在有效值。例如在处理客户信息时，姓名、地址、联系方式等字段都不能为空，否则可能导致数据不完整或无法正确使用。范围验证也是完整性验证的重要内容之一。它可以确保数据的取值在预期的范围内，不超出规定的范围或限制条件。例如对于年龄字段可以进行范围验证，以确保年龄值在合理的范围内，避免出现异常或不合理的年龄数据。除了非空验证和范围验证外，还可以进行其他类型的完整性验证，如唯一性验证、参照完整性验证等。唯一性验证确保了数据中的唯一性约束，如在数据库中对主键字段进行唯一性验证，可确保每条记录都具有唯一的标识符。参照完整性验证则确保了数据之间的参照关系的有效性，如在订单数据中确保订单引用的客户信息在客户信息表中存在。

完整性验证不仅保证了数据的完整性和一致性，还提高了数据的可用性和可靠性。通过严格的完整性验证，可以有效地减少数据中的错误和异常情况，确保数据质量达到预期标准。这为后续的数据分析、业务决策和应用开发提供了可靠的数据基础，增强了数据的应用和价值。

3. 逻辑验证

逻辑验证旨在确保数据之间的逻辑关系和业务规则得到正确地应用和遵循。这一验证过程可保证数据的逻辑正确性，以及数据的合法性和可信度。

逻辑验证涉及对数据之间的关联关系进行验证。在实际业务中，数据往往是相互关联和依赖的，因此需要确保这些关联关系的正确性和有效性。如在订单管理系统中，需要验证订单与客户之间的关联关系是否正确，以及订单与产品之间的关联关系是否准确。这些验证可以帮助确保数据的一致性和完整性，避免出现数据关联错误或数据缺失的情况。

4. 一致性验证

一致性验证旨在确保数据在不同数据源或数据表之间的一致性，保障数据的完整性和准确性。这一验证过程涉及对数据进行比较、匹配和调和，以发现并解决数据不一致的情况，从而确保数据的一致性和可信度。

一致性验证需要对不同数据源或数据表中的相同数据进行比较和匹配。在现实世界中，同一份数据可能存储在不同的数据源或数据表中，因此需要对这些数据进行比较，以确保它们之间的一致性。如企业的客户信息可能同时存储在客户管理系统和销售系统中，需要对这些系统中的客户信息进行比较，以确保客户姓名、地址等信息的一致性。

5. 性能验证

性能验证旨在确保数据加载过程满足预期的性能要求，从而保障数据处理的效率和可靠性。这一验证过程涉及对数据加载任务的执行时间、资源消耗等方面进行监控、评估和优化，以发现潜在的性能问题并及时作出调整和优化。

性能验证需要对数据加载任务的执行时间进行监控和评估。通过记录数据加载任务的开始时间和结束时间，可以计算出数据加载所需的总体执行时间，并根据预期的要求进行评估。如果数据加载任务的执行时间超过了预期的阈值，就需要进一步分析和优化数据加载过程，以提高数据加载的效率和速度。

2.4.5 安全与隐私

安全与隐私涉及保护数据的机密性、完整性和可用性，以及遵守相关的法律法规和隐私政策。

安全与隐私的保护需要从数据源开始。对于数据源，需要采取措施以确保数据的安全存储和传输，例如使用加密技术对数据进行加密存储和传输，以防止数据在传输过程中被窃取或篡改。在数据加载过程中，需要采取一系列安全措施来保护数据的安全性和隐私性，包括对数据加载过程进行身份验证和权限控制，确保只有经过授权的用户可以访问和处理数据，防止数据泄露、篡改或未经授权的访问。同时，还需要对数据加载过程进行监控和审计，及时发现并阻止潜在的安全风险和异常行为。

安全与隐私的保护还需要考虑数据在目标系统或数据仓库中的安全存储和访问。对于目标系统或数据仓库，需要采取措施来确保数据的安全存储和访问，例如实施访问控制策略、加强数据加密和身份验证机制等，以防止数据被未经授权的用户访问或篡改。此外，还需要考虑数据在加载过程中的隐私保护，包括对敏感数据进行脱敏处理或匿名化处理，以保护用户的隐私信息不被泄露或滥用。同时，还需要遵守相关的法律法规和隐私政策，确保数据处理活动符合法律和道德规范。

2.5 数据规约

微视频：
数据规约

数据规约是数据处理过程中的重要组成部分，它定义了数据的结构、格式、约束和规范，并负责确保数据在加载和处理过程中的一致性、准确性和可用性。通过合理的数据规约，可以有效地管理和控制数据，使其更易于理解、管理和利用。

2.5.1 维度规约

维度规约是数据规约中的重要概念，它指定了数据仓库或数据集中的维度结构和层次关系，以及维度表的属性和维度之间的关系。

维度规约定义了数据的基本组织方式和结构模式，是数据仓库设计和数据处理的关键一环。维度规约确定了数据仓库中的维度表及其属性。维度表通常包含描述性信息，如时间、地理位置、产品、客户等，用于对事实数据进行分类和分组。维度规约指定了每个维度表的主键、属性和层次结构，确保了维度数据的一致性和可用性。维度规约还定义了维度之间的关系和依赖性。在数据仓库中，不同维度之间可能存在层次关系或父子关系，例如时间维度可以包含年、月、日等层次结构，地理位置维度可以包含国家、省份、城市等父子关系。维度规约明确了这些关系，有助于用户理解和分析数据。

维度规约还确定了维度表与事实表之间的关联关系。事实表包含数值型数据，如销售额、数量等，而维度表则提供了描述性信息。维度规约指定了事实表与维度表之间的外键关系，用于建立数据的关联和连接，支持多维分析和数据查询。

2.5.2 属性选择

属性选择是对数据集合进行精心挑选和筛选，以确保所处理的数据具有高质量、高效性和高可用性。在实际的数据处理过程中，往往会面临大量的属性或字段，然而并非所有的属性都适用于所需的分析或应用。因此，属性选择的首要目标是筛选出对当前任务或目标具有重要意义的属性，剔除那些不相关或冗余的属性，从而简化数据结构并提高数据的可用性。进行属性选择时需要考虑的因素如下：

1. 业务需求和分析目标

了解业务需求和分析目标对于选择属性是至关重要的，因为不同的业务场景可能需要关注不同的数据特征和属性。深入了解业务需求可以帮助确定关键的分析目标，包括确定需要解决的问题、实现的目标以及所期望的分析结果。了解业务需求还可以帮助用户识别哪些属性对于解决问题或实现目标是至关重要的。通过与业务相关的专家或利益相关者沟通，可以确定哪些属性是决策过程中的关键因素，从而有针对性地进行属性选择。这些属性可能是影响业务绩效、客户满意度或产品质量的关键指标。例如：如果是在零售行业中进行销售数据分析，则关注的属性可能包括产品销售额、顾客购买行为、销售地点等；而在医疗领域的数据分析中，则可能应当关注患者的健康指标、诊断结果、治疗方案等。

2. 数据的质量和可靠性

数据的质量和可靠性直接影响到最终的分析结果和决策的准确性与可信度。首先，数据的完整性是数据质量考量的一个重要依据。完整性指的是数据中是否存在缺失值或空值。缺失值可能会导致分析结果出现偏差或产生误导性结论。因此，在属性选择过程中需要优先选择那些数据完整性较高的属性，以确保分析结果的准确性。其次，数据的准确性也是数据质量的重要依据。准确性指的是数据所包含的信息与真实情况之间的一致性程度。如果数据存在错误或偏差，可能会导致错误的分析结论和不准确的决策。因此，在进行属性选择时，需要优先考虑那些数据准确性高的属性。此外，数据的一致性也是数据质量的重要指标之一。一致性指的是数据在不同的数据源或数据表之间保持一致。如果数据在不同的数据源之间存在不一致，可能会导致分析结果呈现不一致性和不可靠性。因此，在属性选择过程中，需要优先选择那些具有一致性的属性。

3. 相关性和影响力

相关性指的是两个或多个属性之间的关联程度。如果两个属性具有较高的相关性，那么它们之间可能存在一定的函数关系或者统计关联。在属性选择时，优先选择与目标变量相关性较高的属性可以提高分析模型的预测能力和准确性。另外，还需要评估属性对分析结果的影响力。有些属性可能对分析结果的影响更为显著，而有些则可能相对较小。在属性选择过程中，优先选择对目标变量或结果有较大影响的属性可以提高模型的解释性和预测能力。这意味着在属性选择时，需要重点关注那些能够最大限度地解释目标变量变化的属性，以确保分析结果的可解释性和有效性。在评估属性的相关性和影响力时，还需要考虑属性之间的多重共线性问题。多重共线性指的是两个或多个属性之间存在较高的线性相关性，这可能会导致模型的不稳定性和解释性下降。因此，在属性选择时，需要避免选择具有较高相关性的属性，或者采取相应的方法来处理多重共线性问题，以确保模型的稳定性和准确性。

4. 数据存储和处理成本

在进行属性选择时，需要综合考虑数据存储和处理成本这一重要因素。数据存储和处理成本涉及硬件设备、存储空间、计算资源等方面的投入，直接影响着数据处理过程的效率和成本效益。首先，选择较少的属性可以有效降低数据存储成本。随着属性数量的增加，所需的存储空间也会相应增加，特别是在处理大规模数据时，存储成本可能会成为一个不可忽视的开销。因此，通过精心选择属性，只保留与分析目标密切相关的属性，可以降低数据存储的成本，提高存储资源的利用率。其次，减少属性数量也有助于降低数据处理成本。在数据处理过程中，系统需要分配足够的计算资源来处理每个属性的数据，因此，属性数量的增加可能会导致数据处理的复杂性和资源消耗增加。通过精简属性，可以降低数据处理的复杂性，提高数据处理的效率和性能，从而降低整体的数据处理成本。此外，选择合适的数据存储和处理方案也可以降低成本。例如，采用压缩技术可以减少数据存储空间的占用，采用分布式计算技术可以提高数据处理的并发性和效率，从而降低数据处理的成本。因此，在进行属性选择时，还需要考虑选择合适的存储和处理技术，以优化成本效益。

2.5.3　数据聚合

数据聚合不仅仅是简单地将原始数据进行汇总和合并，更是一种将数据转化为更高层次的摘要信息或结果的方法。通过数据聚合，可以将具有相似特征或属性的数据合并成更大的单位，从而简化了数据集的复杂性，使得数据更易于分析和理解。数据聚合的过程涉及多个方面，包括对数据的分组、汇总、计算统计量等操作。通过对数据进行聚合，可以从大量的细节数据中提炼出关键信息和结论，发现数据之间的内在关系和趋势。这有助于更全面地理解数据背后的含义和规律，为后续的决策提供更有力的支持。此外，数据聚合还可以提高数据处理的效率。通过减少数据集的规模和复杂性，可以降低数据处理的计算和存储成本，加快数据分析的速度和效率。这对于处理大规模数据集和实时数据分析尤为重要，可以节省大量的时间和资源。

数据聚合的常见方法如下：

1. 基于分类或分组的聚合

基于分类或分组的聚合有助于从大量的数据中提炼出有用的信息和见解。在这种聚合方式中，首先将数据按照特定的属性或标准进行分类或分组，然后针对每个类别或组内的数据进行汇总和计算。这种聚合方法的优势在于能够更好地展现数据的内在结构和规律，可以更清晰地了解不同类别之间的差异和关联，发现数据中的潜在模式和趋势。例如，在销售数据中，可以按照不同的地区或时间段对销售额进行分组，以便比较不同地区或时间段的销售情况，从而更好地指导营销策略和资源分配。此外，基于分类或分组的聚合还能够提供更精细、具体的统计指标。通过对每个分组内的数据进行汇总和计算，可以得到每个类别或组的总销售额、平均值、最大值等统计信息，从而更全面地了解数据的特征和分布情况。这些统计指标可以为业务决策提供重要参考，帮助企业更好地了解市场需求和用户行为，优化产品设计和营销策略。

2. 基于时间窗口的聚合

基于时间窗口的聚合特别适用于处理时间序列数据，有助于更好地理解和分析数据的时间变化规律和趋势。这种聚合方法首先将时间序列数据按照固定的时间窗口进行划分，然后在每个时间窗口内对数据进行汇总和计算。这种聚合方式的优势在于能够更精细地观察数据的时间变化特征。通过将时间序列数据按照小时、天、周等时间窗口进行划分，可以更清晰地了解数据随时间变化的规律和趋势。例如，在气象数据中可以按照每小时或每天的时间窗口对温度、湿度等气象指标进行聚合，以便分析天气的日常变化和季节变化。此外，基于时间窗口的聚合还能够提供更具解释性和预测性的统计指标。通过在每个时间窗口内对数据进行汇总和计算，可以得到每个时间窗口内的平均值、总和、最大值等统计信息，从而更好地描述和分析数据的时间变化趋势。这些统计指标可以帮助人们预测未来的趋势和变化，指导决策和规划。

3. 基于空间范围的聚合

基于空间范围的聚合适用于处理地理空间数据，有助于更好地理解和分析不同地理区域内的数据特征及趋势。这种聚合方法首先将空间数据按照地理区域或空间范围进行划分，然后在每个区域内对数据进行汇总和计算。这种聚合方式的优势在于能够更细致地观察和理解不同地理区域之间的差异与联系。通过将空间数据按照行政区划、网格区域等进行划分，可以更清晰地了解不同地区的人口分布、经济发展水平、资源利用情况等特征。例如，在城市规划和资源管理中，可以按照行政区划对人口密度、土地利用率等指标进行聚合，以便评估城市的发展状况并规划未来的发展方向。此外，基于空间范围的聚合还能够提供更具解释性和决策支持的统计指标。通过在每个地理区域内对数据进行汇总和计算，可以得到每个区域内的平均值、总和、最大值等统计信息，从而更好地描述和分析不同地区之间的差异与关联。这些统计指标可以帮助政府机构制定地区发展政策、优化资源配置和规划城市建设。

2.5.4　数据抽样

数据抽样在处理大规模数据时具有重要作用。通过数据抽样，可以从庞大的数据集中选择适量的样本数据进行分析，而不必处理整个数据集，从而节省了时间和计算资源。这种方法特别适用于大型数据集，如数据湖或数据仓库等（其中包含的数据量可能非常庞大，难以一次性处理）。在数据抽样过程中，需要注意样本的代表性和可信度。代表性意味着抽样所选取的样本能够准确地反映整体数据的特征和分布，而可信度则是指样本数据的可靠性和有效性。为了确保样本具有良好的代表性和可信度，需要采用合适的抽样方法，并根据数据的特点和分布来选择合适的抽样策略。常见的抽样方法如下：

1. 随机抽样

随机抽样通过在数据集中随机选择样本来代表整体数据，确保每个样本都有相同的机会被选中。这种方法的优势在于能够有效地消除样本选择的偏倚，从而使样本更具代表性和可信度。在进行随机抽样时，通常会使用随机数生成器来实现随机性，以确保每次抽样都是独立的、随机的，不受人为干扰或主观因素的影响。这样可以避免出现抽样偏倚，即某些样本被过度或不足地代表整体数据集的情况。随机抽样适用于各种类型的数据分析任务，包含基于统计学的推断分析、机器学习模型的训练和评估等。通过随机抽样，用户可以从庞大的数据集中获取足够规模的样本数据，进行有效的数据分析和模型构建，而不必处理整个数据集，从而节省了计算资源和时间成本。尽管随机抽样是一种简单而有效的抽样方法，但在应用时仍需注意一些问题，如样本容量的选择、抽样误差的评估，以及样本选择的随机性和独立性等，以确保抽样结果的可靠性和有效性。

2. 分层抽样

分层抽样是在随机抽样的基础上，根据数据的某些特定属性将数据集分成若干层，并且从每一层中独立地进行随机抽样。这种方法的主要目的是确保每个子群体在样本中都有所代表，从而更准确地反映整体数据的特征。在分层抽样中，数据集根据特定属性（如年龄、性别、地区等）被划分为多个层次或子群体，在每个层次内部可以使用随机抽样的方法来选择样本，确保每个子群体都有机会被代表。这样一来，即使在数据集中存在明显的子群体，也能够在样本中得到合理的反映,从而提高了样本的代表性和可信度。分层抽样适用于各种类型的数据集,特别是当数据集中存在明显的群体差异或层次结构时。例如,在调查研究中,如果要确保样本代表了不同年龄段、不同性别或不同地区的人群,则可以采用分层抽样方法。尽管分层抽样可以提高样本的代表性和可信度,但在应用时也需要考虑一些因素,如确定合适的分层属性、确保每个子群体的覆盖率和重叠性、控制抽样误差等。通过合理设计和实施分层抽样,可以更准确地获取样本数据,从而支持有效的数据分析和决策制定。

3. 系统抽样

系统抽样是按照固定的间隔从数据集中选择样本来代表整体数据。具体而言,系统抽样通常是在数据集按照一定的顺序排列后以固定的间隔选取样本。例如,可以选择每隔一定数量的记录选取一个样本,或者按照固定的时间间隔选取样本。这种抽样方法的主要优点是简单易行,不需要对数据集进行特殊的排序或处理,因此在实践中较为方便。此外,系统抽样也适用于大型数据集,因为它可以有效地覆盖整个数据范围,而无须对每个数据点进行遍历,从而节省了时间和资源。然而需要注意的是,在使用系统抽样时,必须确保数据集中的记录是随机排列的或具有随机顺序。如果数据集中的记录按照某种规律排列,可能会导致样本选择的偏倚性,影响抽样结果的代表性和可信度。系统抽样在实际应用中具有广泛的应用场景,如在市场调查、社会调查、质量控制等领域。通过合理设计抽样间隔和抽样起始点,可以有效地获取代表性样本,从而支持数据分析和决策制定。

2.5.5 数据压缩

数据压缩作为一种重要的数据处理技术,对于现代信息技术的发展具有深远的影响。它通过采用各种方法和算法对数据进行编码和转换,从而实现减少存储空间和传输带宽的目的。数据压缩在数据存储领域发挥着重要作用。随着数据量的不断增长,存储成本成为组织和企业面临的重要挑战之一。通过压缩数据可以显著减少存储系统所需的硬件资源和成本,提高数据存储效率和利用率。数据压缩在数据传输领域也具有重要意义。在网络通信和互联网应用中,传输带宽往往是有限的资源,而数据量庞大的情况下会导致传输延迟和网络拥堵。通过压缩数据可以减少传输的数据量,提高数据传输的速度和效率,从而改善用户体验和服务质量。此外,数据压缩还可以提高系统的性能和响应速度。在大数据处理、实时计算和云计算等场景下,数据压缩可以降低数据处理和计算的时间成本,加快数据处理的速度,提高系统的整体性能和效率。

压缩算法是数据压缩的核心组成部分,它们通过各种技术和策略来减少数据量,从而节省存储空间和传输带宽。在选择压缩算法时需要综合考虑多个因素,以满足特定的应用需求和性能要求。首先,压缩率是选择压缩算法时的关键指标之一。压缩率指的是压缩后的数据量与原始数据量之间的比值，通常情况下，用户希望能够获得更高的压缩率以节省存储空间或传输成本。其次，压缩速度是另一个重要考量因素。压缩速度指的是对数据进行压缩所需的时间，对于需要快速压缩大量数据的场景，用户可能更关注压缩速度而不是压缩率。此外，解压缩质量也是一个重要考虑因素。一些压缩算法可能会牺牲一定的解压缩质量来获得更高的压缩率或更快的压缩速度。

除了考虑压缩率、压缩速度和解压缩质量外，还应考虑数据的特点和应用场景。例如，对于文本数据，可以选择基于字典的压缩算法，如 LZ77 算法和 LZW 算法，因为文本数据中存在大量的重复信息，这些算法能够有效地利用重复出现的模式进行压缩。对于图像、音频和视频等多媒体数据，则通常采用基于变换的压缩算法，如 JPEG（图像压缩）、MP3（音频压缩）和 H.264（视频压缩），这些算法能够根据数据的特点进行频域或空域的变换，从而实现高效的压缩。此外，对于需要实时传输或处理的数据，可能更应当关注压缩和解压缩的速度，因此可以选择一些速度较快的压缩算法，如 Deflate 算法和 LZ4 算法。而对于需要长期存储的数据，则可能更应关注压缩率以节省存储空间，可以选择压缩速度较慢但压缩率较高的算法，如 bzip2 算法和 LZMA 算法。在实际应用中，还可以根据数据的特点和使用场景采用混合压缩策略，即针对不同类型的数据采用不同的压缩算法或参数设置，以达到最优的压缩效果。

2.6　案例：录井、测井、完井数据采集与处理

微视频：
案例：录井、测井、完井数据采集与处理

2.6.1　项目背景

录井、测井和完井作为油气勘探开发过程中的重要环节，在整个油气行业中扮演着不可或缺的角色。这些环节不仅仅是对地下油气层进行评价和分析，更是为了获取关键的地质信息，继而指导后续的勘探、开发和生产工作。

1. 录井（logging）

录井是指在钻井过程中，利用录井仪器获取地下地层的物理和化学数据。这些数据包括地层岩性、孔隙度、渗透率、地层压力等信息。录井数据的采集和处理对于确定油气层的位置、性质和含量至关重要。项目背景可能涉及对特定区块或井位的勘探，以确定其中是否存在可开发的油气资源。

2. 测井（logging while drilling，LWD）

测井是钻井过程中实时获取地层信息的一种技术。与传统的录井相比，测井技术具有实时性强、操作便捷等优点。通过测井技术可以获取地层压力、温度、岩性、地层构造等数据，这些数据对于钻井过程的监测和优化，以及对地下油气资源的评价都具有重要意义。项目背景可能涉及对特定地区或井位的实时监测和数据采集。

3. 完井(well completion)

完井是指在钻井过程结束后对油气井进行的一系列工程操作,包括管柱安装、封隔器安装、压裂、酸化等工艺。在完井过程中,需要对井下地层进行详细的评价和分析,以确保井筒的稳定性、封隔效果和产能等。因此,完井数据的采集与处理是确保油气井正常开发和生产的关键环节。项目背景可能涉及对新建井或现有井的完井方案设计和实施。

本项目将通过 Cloudera 的 Flume 系统实时监控录井、测井、完井的数据,并将这些数据传输到 HDFS 中,随后在 Hive 中对数据进行预处理。

2.6.2　案例步骤

1. 准备环境

如表 2-2 所示,读者可以到官网下载相应版本的软件。

表 2-2　技术选型表

软件/框架	版本
Linux	CentOS-7.5
Hadoop	Hadoop-3.1.3
Flume	Apache-Flume-1.7.0
Hive	Apache-Hive-3.1.2

2. 项目配置

① 创建 job 文件夹,该文件夹存放 Flume 的配置文件:

```
[user@ hadoop102 flume] $ mkdir job/
```

② 创建 data 文件夹,该文件夹存储项目数据:

```
[user@ hadoop102flume] $mkdir data/
```

③ 在 job 文件夹下,创建 Flume 的配置文件:

```
[user@ hadoop102 job] $ vim dir-hdfs.conf
```

④ 添加如下内容:

```
a1.sources = r1
a1.sinks = k1
a1.channels = c1
# Describe/configure the source
a1.sources.r1.type = spooldir
a1.sources.r1.spoolDir = /opt/module/flume/data
a1.sources.r1.fileSuffix = .COMPLETED
a1.sources.r1.fileHeader = true
```

```
# Describe the sink
a1.sinks.k1.type = hdfs
a1.sinks.k1.hdfs.path =
hdfs: //hadoop102: 9820/flume/data/% Y% m% d/% H
#上传文件的前缀
a1.sinks.k1.hdfs.filePrefix =data-
#是否按照时间滚动文件夹
a1.sinks.k1.hdfs.round = true
#多少时间单位创建一个新的文件夹
a1.sinks.k1.hdfs.roundValue = 1
#重新定义时间单位
a1.sinks.k1.hdfs.roundUnit = hour
#是否使用本地时间戳
a1.sinks.k1.hdfs.useLocalTimeStamp = true
#积攒多少个 Event 才 flush 到 HDFS 一次
a1.sinks.k1.hdfs.batchSize = 100
#设置文件类型，可支持压缩
a1.sinks.k1.hdfs.fileType = DataStream
#多久生成一个新的文件
a1.sinks.k1.hdfs.rollInterval = 60
#设置每个文件的滚动大小大概是 128M
a1.sinks.k1.hdfs.rollSize = 114217700
#文件的滚动与 Event 数量无关
a1.sinks.k1.hdfs.rollCount = 0
# Use a channel which buffers events in memory
a1.channels.c1.type = memory
a1.channels.c1.capacity = 1000
a1.channels.c1.transactionCapacity = 100
# Bind the source and sink to the channel
a1.sources.r1.channels = c1
a1.sinks.k1.channel = c1
```

⑤ 启动监控文件夹命令，将 data 文件夹下的文件传输到 HDFS 中：

```
[user@ hadoop102 data] $  bin/flume-ng agent --conf conf/ --
name a1 --conf-file job/dir-hdfs.conf
```

3. 数据预处理

① 在 HDFS 中创建测井分析表：

```
hive (default)> create table LoggingAnalysis(
            > ON_STREAM_HRS double,
```

```
> AVG_DOWNHOLE_PRESSURE double,
> AVG_DOWNHOLE_TEMPERATURE double,
> AVG_DP_TUBING double,
> AVG_ANNULUS_PRESS double,
> AVG_CHOKE_SIZE_P double,
> AVG_WHP_P double,
> AVG_WHT_P double,
> DP_CHOKE_SIZE double,
> BORE_OIL_VOL int,
> BORE_GAS_VOL int,
> BORE_WAT_VOL int) row format delimited fields ter-
minated by ' \ t';
OK
Time taken: 1.678 seconds
```

② 对测井分析表字段进行解析（表 2-3）：

表 2-3　测井分析表字段解析

字段	实际含义
ON_STREAM_HRSand	在线时间（h）
AVG_DOWNHOLE_PRESSUREand	井下平均压力（Pa）
AVG_DOWNHOLE_TEMPERATUREand	井下平均温度（℃）
AVG_DP_TUBINGand	平均油管压力差（Pa）
AVG_ANNULUS_PRESSand	平均环空压力（Pa）
AVG_CHOKE_SIZE_Pand	平均节流阀压力（Pa）
AVG_WHP_Pand	平均井口压力（Pa）
AVG_WHT_Pand	平均井口温度（℃）
DP_CHOKE_SIZEand)	节流阀压力差（Pa）
BORE_OIL_VOLand	油井产油体积（m³）
BORE_GAS_VOLand	油井产气体积（m³）
BORE_WAT_VOLand	油井产水体积（m³）

③ 查看通过 Flume 传输的数据（图 2-2）：

```
hive (default)>select * from LoggingAnalysis;
```

```
logginganalysis02.on_stream_hrs logginganalysis02.avg_downhole_pressure logginganalysis02.avg_downhole_temperature
nganalysis02.avg_annulus_press logginganalysis02.avg_choke_size_p     logginganalysis02.avg_whp_p      logginganalysi
choke_size      logginganalysis02.bore_oil_vol  logginganalysis02.bore_gas_vol  logginganalysis02.bore_wat_vol
0.0   0.0    0.0    0.0     0.0  0.0       0.0      0.0     0        0       0
0.0   NULL   NULL   NULL    0.0  1.00306   0.0      0.0     0.0      0       0       0
0.0   NULL   NULL   NULL    0.0  0.97901   0.0      0.0     0.0      0       0       0
0.0   NULL   NULL   NULL    0.0  0.54576   0.0      0.0     0.0      0       0       0
0.0   310.376 96.876 277.278 0.0  1.21599   33.098   10.48   33.072   0       0       0
0.0   303.501 96.923 281.447 0.0  3.08702   22.053   8.704   22.053   0       0       0
0.0   303.535 96.959 276.032 0.0  1.96237   27.503   9.423   16.163   0       0       0
0.0   303.782 96.969 282.787 0.0  0.0       20.996   8.131   20.737   0       0       0
0.0   303.858 97.021 289.941 0.0  31.14186  13.918   8.498   12.182   0       0       0
0.0   303.792 97.066 299.672 0.0  0.0       4.12     8.821   1.49     0       0       0
0.0   304.335 96.919 282.901 0.0  41.23599  21.434   8.854   18.795   0       0       0
0.0   304.849 96.72   273.701 0.0  0.0       31.148   9.64    28.503   0       0       0
0.0   305.371 96.616 259.62  0.0  0.43686   45.752   9.639   43.157   0       0       0
0.0   313.871 96.56   282.814 0.0  0.45428   31.056   9.62    28.484   0       0       0
11.5  301.376 102.676 204.795 0.0  20.98975  96.58    19.197  69.776   0       0       0
24.0  289.421 106.353 182.059 0.0  43.34345  107.362  37.939  78.935   631     90439   0
24.0  270.24  107.644 171.053 NULL 47.16752  99.187   60.757  70.627   1166    165720  0
24.0  262.843 107.869 168.242 NULL 47.73231  94.601   63.047  66.049   1550    221707  0
24.0  255.527 107.971 165.539 NULL 48.53377  89.988   64.547  61.405   1249    178064  0
24.0  247.199 108.052 162.422 NULL 49.8445   84.777   65.724  56.148   1346    192602  0
24.0  240.736 108.054 159.899 NULL 50.29698  80.837   66.934  52.202   1350    194496  0
24.0  235.021 108.042 157.683 NULL 50.73588  77.338   67.848  48.708   1346    192900  0
24.0  232.744 107.988 156.795 NULL 50.11392  75.949   65.707  47.376   1279    184900  0
24.0  233.298 107.893 157.179 NULL 48.92679  76.118   62.796  47.611   1226    177108  0
```

图 2-2　初始数据

④ 可以看到，在初始数据中有些字段为空值或者为 0。首先需要删除包含空值的记录（图 2-3）：

```
Query ID = user_20240303231038_3c7d54f2-f480-4639-9321-4750052e822e
Total jobs = 3
Launching Job 1 out of 3
Number of reduce tasks is set to 0 since there's no reduce operator
Starting Job = job_1709471921886_0001, Tracking URL = http://hadoop103:8088/proxy/application_1709471921886_0001/
Kill Command = /opt/module/hadoop-3.1.3/bin/mapred job  -kill job_1709471921886_0001
Hadoop job information for Stage-1: number of mappers: 1; number of reducers: 0
2024-03-03 23:10:52,200 Stage-1 map = 0%,  reduce = 0%
2024-03-03 23:11:01,549 Stage-1 map = 100%,  reduce = 0%, Cumulative CPU 3.02 sec
MapReduce Total cumulative CPU time: 3 seconds 20 msec
Ended Job = job_1709471921886_0001
Stage-4 is selected by condition resolver.
Stage-3 is filtered out by condition resolver.
Stage-5 is filtered out by condition resolver.
Moving data to directory hdfs://hadoop102:8020/user/hive/warehouse/.hive-staging_hive_2024-03-03_23-10-38_695_423734528703531774-
Moving data to directory hdfs://hadoop102:8020/user/hive/warehouse/cleanedlogginganalysis
MapReduce Jobs Launched:
Stage-Stage-1: Map: 1   Cumulative CPU: 3.02 sec   HDFS Read: 45100 HDFS Write: 22609 SUCCESS
Total MapReduce CPU Time Spent: 3 seconds 20 msec
OK
logginganalysis.on_stream_hrs   logginganalysis.avg_downhole_pressure   logginganalysis.avg_downhole_temperature        loggingan
nganalysis.avg_annulus_press    logginganalysis.avg_choke_size_p        logginganalysis.avg_whp_p       logginganalysis.avg_wht_p
oke_size        logginganalysis.bore_oil_vol    logginganalysis.bore_gas_vol    logginganalysis.bore_wat_vol
Time taken: 24.562 seconds
```

图 2-3　空值删除

```
hive (default)> CREATE TABLE CleanedLoggingAnalysis AS
             > SELECT *  FROM LoggingAnalysis
             > WHERE
             >   ON_STREAM_HRS IS NULL OR
             >   AVG_DOWNHOLE_PRESSURE IS NULL OR
             >   AVG_DOWNHOLE_TEMPERATURE IS NULL OR
             >   AVG_DP_TUBING IS NULL OR
             >   AVG_ANNULUS_PRESS IS NULL OR
```

```
                  >    AVG_CHOKE_SIZE_P IS NULL OR
                  >    AVG_WHP_P IS NULL OR
                  >    AVG_WHT_P IS NULL OR
                  >    DP_CHOKE_SIZE IS NULL OR
                  >    BORE_OIL_VOL IS NULL OR
                  >    BORE_GAS_VOL IS NULL OR
                  >    BORE_WAT_VOL IS NULL;
```

⑤ 校验数据并删除不合规的数据(如平均井口压力小于 0 Pa、平均井下温度小于 0 或大于 100 ℃,以及油井产油体积小于 0 m^3 的数据,都将被删除):

```
hive (default) > CREATE TABLE LoggingAnalysis02 AS
            > SELECT *
            > FROM CleanedLoggingAnalysis
            > WHERE AVG_WHP_P >= 0
            >    AND AVG_DOWNHOLE_TEMPERATURE BETWEEN 0 AND 100
            >    AND BORE_OIL_VOL >= 0;
```

⑥ 查看处理之后的数据(图 2-4):

```
hive (default)>select *  from LoggingAnalysis02 ;
```

```
7       1.926   0.352   26.123  2.885   3.25655 28.049  18.195  18.851  18    2772
24      163.594 60.316  61.473  19.465  8.54913 102.121 36.967  72.955  725   108940
5.08    273.947 105.551 179.382 21.55   2.5408  94.565  55.959  66.404  190   29120
15.07   277.798 104.933 181.302 1.653   6.11618 96.496  41.019  68.441  590   88733
24      273.594 105.44  177.393 17.309  9.95129 96.201  52.455  67.944  1066  161227
24      272.298 105.538 176.786 24.75   9.75875 95.512  55.184  67.258  1060  160270
24      271.561 105.585 176.519 28.259  9.88211 95.042  57.214  66.797  1070  160951
24      271.072 105.614 176.329 22.087  9.78896 94.743  58.377  66.511  1070  160232
24      270.691 105.64  176.175 22.075  9.78433 94.516  58.627  66.283  1062  159484
24      270.245 105.667 175.947 23.186  9.91491 94.298  57.726  66.063  1074  162197
24      269.993 105.695 175.933 24.284  9.8808  94.06   58.426  65.84   1070  161999
24      269.958 105.718 175.989 25.182  9.88084 93.969  58.197  65.426  1054  160095
24      269.873 105.742 176.013 26.022  9.84737 93.86   58.751  65.156  1039  159050
24      269.561 105.776 176.006 26.623  9.86483 93.555  58.551  65.221  1051  160116
24      269.412 105.803 176.184 27.543  9.7961  93.228  58.849  64.991  1045  158507
24      269.362 105.824 176.283 27.969  9.83735 93.079  57.457  64.819  1045  158972
24      267.613 105.886 175.762 23.733  9.91057 91.851  58.585  63.583  1076  162410
```

图 2-4　处理之后的数据

⑦ 其他数据也采用同样的处理方法。

2.6.3 案例小结

使用 Flume 系统可以实现对录井、测井和完井等数据源的实时监控,一旦有新数据生成就能立即进行捕获和传输。这样可以保证数据的及时性和准确性,确保后续处理的数据是最新的。通过将数据传输到分布式文件系统 HDFS,实现了对大规模数据的高效存储和管理。HDFS 具有高容错性和可扩展性,适合存储海量数据,并且与 Hadoop 生态系统完美集成。在 Hive 中进行数据预处理是一个重要的步骤。Hive 是基于 Hadoop 的数据仓库工具，提供了类似 SQL 的查询语言，能够对大规模数据进行结构化查询和分析。在这一阶段可以进行数据清洗、转换、聚合等预处理操作，为后续的分析和挖掘提供准备。本案例结合 Flume 的实时数据处理和 Hive 的批处理分析功能，实现了对录井、测井、完井等数据的全面处理。这种结合可以充分利用实时和批处理的优势，满足不同场景下的数据处理需求。整个过程建立了一个完整的数据管道，从数据源到数据处理再到数据分析，实现了数据的流动和加工。这样的数据管道可以帮助企业更好地理解和利用数据，为业务决策提供支持。通过以上步骤，可以实现对录井、测井、完井等数据的实时监控、存储和预处理，为后续的数据分析和挖掘提供了可靠的数据基础。

本章小结

本章主要介绍了数据采集与预处理的关键步骤和方法，包括数据类型、数据清洗、数据集成、数据规约，以及一个具体的项目应用案例。数据类型部分介绍了结构化数据、半结构化数据和非结构化数据三种数据类型的特点和应用场景，以及它们在采集与预处理过程中采取不同处理方法的重要性。数据清洗部分介绍了异常值处理、缺失值处理、数据转换和数据类型校验等关键步骤，这些步骤对于保证数据质量至关重要，可以减少后续数据分析过程中的误差和偏差。数据集成部分介绍了数据集成的过程，包括数据源识别、数据整合、数据加载和数据验证等步骤。数据集成将多个数据源中的数据整合到一个统一的数据存储中，为后续的数据分析和挖掘提供了统一的数据基础。数据规约部分介绍了维度规约、属性选择、数据聚合、数据抽样和数据压缩等关键步骤。最后，通过以录井、测井、完井数据采集与处理为例的案例，展示了数据采集与预处理在油气勘探开发等领域的重要性和具体操作流程。

习题

一、选择题

1. 在数据类型分类中，哪种类型的数据具有明确的模式和预定义的结构？
（　　）

    A. 结构化数据　　　　　　　　　B. 半结构化数据

    C. 非结构化数据　　　　　　　　D. 以上都不是

2. 进行数据抽样时，简单随机抽样和分层抽样的主要区别是什么？（　　）

    A. 样本大小　　　　　　　　　　B. 抽样比例

    C. 抽样范围　　　　　　　　　　D. 抽样方法是否考虑数据分布

3. 数据压缩的主要目的是什么？（　　）

    A. 加密数据　　　　　　　　　　B. 减少数据存储空间

C. 提高数据查询速度　　　　　　D. 简化数据结构

4. 在数据清洗过程中，异常值处理通常不包括以下哪种方法？（　　）

A. 填充平均值　　　　　　　　　B. 删除异常值

C. 使用中位数填充　　　　　　　D. 保留异常值并添加标签

5. 在进行缺失值处理时，哪种方法可能会改变数据的分布？（　　）

A. 删除包含缺失值的行　　　　　B. 使用均值填充

C. 使用前一个非缺失值填充　　　D. 不处理缺失值

6. 数据转换的主要目的是什么？（　　）

A. 减少数据维度　　　　　　　　B. 改变数据的存储格式

C. 提高数据的可视化效果　　　　D. 确保数据安全性

7. 数据集成过程中，数据验证的主要目的是什么？（　　）

A. 识别数据源　　　　　　　　　B. 整合不同数据源的数据

C. 验证数据的准确性和一致性　　D. 确保数据安全与隐私

8. 在数据规约中，维度规约的主要方法不包括以下哪项？（　　）

A. 特征选择　　　　　　　　　　B. 聚类

C. 抽样　　　　　　　　　　　　D. 离散化

9. 在属性选择中，哪种方法基于统计测试来选择属性？（　　）

A. 过滤法　　　　　　　　　　　B. 包装法

C. 嵌入法　　　　　　　　　　　D. 以上都不是

10. 数据聚合通常用于哪种场景？（　　）

A. 减少数据量　　　　　　　　　B. 数据清洗

C. 数据加载　　　　　　　　　　D. 数据加密

二、思考题

1. 讨论数据集成过程中可能遇到的数据质量问题，并给出相应的解决方案。

2. 阐述数据规约的重要性。

第 3 章　数据存储

当完成数据采集与预处理后，就需要把数据存储起来。数据存储是指将数据保存在计算机或其他数字化设备的过程，包括在内存中暂时存储数据，以及将数据持久化保存在硬盘、数据库、云存储等介质中。数据存储是信息技术中至关重要的一环，其目的是可靠地存储数据以备将来使用。通过本章的学习，读者可以更好地了解不同类型的数据存储方式，包括关系数据库系统（如MySQL、SQLServer）、非关系数据库系统（如 MongoDB）、分布式存储（如HBase）等。以便在不同业务场景下选择适合特定需求的数据存储方式。

3.1　问题导入

现有石油钻井数据湖构建任务，要求实现大量石油钻井数据的快速存储、灵活管理和高效查询。目前需要解决以下问题：

① 如何实现高效的数据存储和管理，以支持大规模数据的高效存储和管理，并确保数据的持久性和一致性？

② 如何执行快速的数据查询和检索，以满足实时数据分析和业务决策的需求？

③ 如何确保数据在存储和传输过程中的安全性，以防止数据泄露和未经授权的访问，并且符合相关的安全法规和隐私保护要求？

④ 如何实现数据的高可用性和容错性，并提升系统的扩展性和处理能力？

我们通过 Iceberg 数据湖来解决上述问题。通过数据湖的搭建，可以为石油勘探人员提供更便捷、高效的数据访问和分析环境，支持他们进行更深入、全面的数据挖掘和分析工作。同时，数据湖的构建也为石油勘探行业的数字化转型提供了重要支撑，促进了行业智能化水平的提升。本项目的功能需求分析如表 3-1 所示。

表 3-1　项目功能需求分析表

需求描述	解决方案
如何实现高效的数据存储和管理？	使用 Iceberg 数据湖
如何执行快速的数据查询和检索？	使用 Iceberg 数据湖

续表

需求描述	解决方案
如何确保数据在存储和传输过程中的安全性？	使用 Iceberg 数据湖
如何实现数据的高可用性和容错性？	基于 Hadoop 集群

针对项目需求，本章将结合 Hadoop、Spark 等分布式系统的介绍，为 Iceberg 数据湖的搭建做准备。

3.2 数据库系统概述

数据库是一种专门用于存储和管理数据的系统。常见的数据库管理系统包括 MySQL、PostgreSQL、Oracle 和 MongoDB 等。数据库可以通过 SQL 或 NoSQL 语言访问和操作数据库，可保证数据的持久性、一致性、可靠性和安全性。

微视频：
数据库系统概述

3.2.1 数据库系统的相关概念

数据库系统的相关概念如下：

DBMS(database management system，数据库管理系统)：操纵和管理数据库的大型软件，用于建立、使用和维护数据库，对数据库进行统一管理和控制。用户可以通过 DBMS 访问数据库中的数据。

DB(database，数据库)：存储数据的"仓库"，其本质是一个文件系统，保存了一系列有组织的数据。

SQL(structured query language，结构查询语言)：专门用来与数据库通信的语言。

table(表)：数据的组织形式之一，用于存储特定类型的数据。表由行和列组成，每一行表示一条记录，而每一列则代表记录中的一个字段。

如图 3-1 所示，DBMS 可以管理多个数据库，开发人员通常会针对每个应用创建一个数据库。为了保存应用中实体的数据，一般会在数据库中创建多个表。

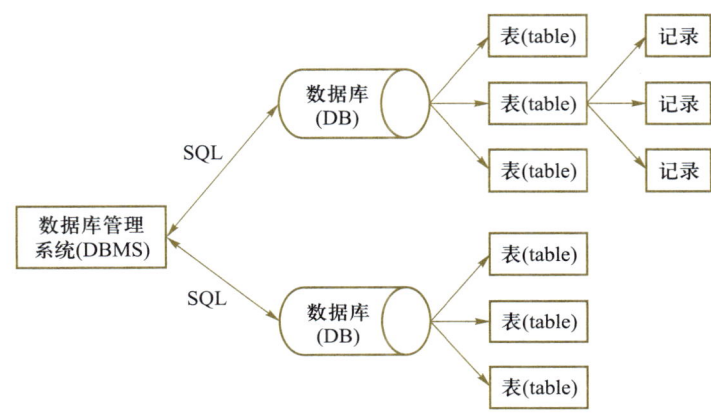

图 3-1　数据库架构

3.2.2　数据库系统的分类

数据库系统可以根据不同的标准和特征进行分类。以下是数据库系统常见的分类方式：

1. 根据数据模型分类

根据不同的数据模型，可将数据库分为以下几类：

关系数据库：基于关系模型的数据库系统，使用表存储数据并使用 SQL 进行数据管理，如 MySQL、Oracle、SQL Server、PostgreSQL 等。关系数据库具有成熟稳定、标准化程度高的特点，从推出后即得到广泛应用，目前仍是主流数据库之一，大量应用于企业级应用（如企业资源规划系统、客户关系管理系统）、金融系统、传统 Web 应用（如电商系统、合同管理系统）。

非关系数据库（NoSQL）：这类数据库不遵循传统的关系模型，通常用于处理大数据和半结构化/非结构化数据。NoSQL 数据库包括键值存储、文档数据库、列式数据库和图数据库，如 MongoDB、Cassandra、Redis、Neo4j。NoSQL 数据库具有高扩展性、灵活性的特点，适用于分布式环境，大量应用于互联网应用（如社交网络、物联网）、实时分析、微服务架构，并在特定场景（如高并发、复杂关系数据）下逐步替代关系数据库。

面向对象数据库：将对象作为数据存储单元，且与面向对象编程相结合，支持对象之间的继承多态等特性，如 db4o、ObjectDB。由于对象关系映射（object-relational mapping，ORM）编程技术的成熟，关系数据库+ORM 方案已能满足大多数需求，因此面向对象数据库适用的市场极小，仅在某些遗留系统或特殊领域（如计算机辅助设计软件）中可能仍在使用。

层次数据库：使用树状结构组织数据，每个父节点可有多个子节点，但每个子节点只能有一个父节点，如 IBM 公司的 IMS 系统。层次数据库仅在少数传统大型机系统（如银行、航空订票）中可能仍有使用，现代应用中几乎不再采用。

网状数据库：以网状方式组织数据，允许一个以上的父节点，支持多对多节点。例如，数据系统语言会议提出的 DBTG 系统。由于关系数据库的成熟和NoSQL 数据库的兴起，网状数据库已无实际应用，仅作为数据库发展史上的一个阶段被提及。

2. 根据数据规模分类

根据数据的规模和用途，可将数据库分为以下几类：

大型数据库系统：专为大规模数据和高并发操作而设计，通常应用于企业级系统、金融、电信等领域，如 Oracle、IBM DB2。

中型数据库系统：适用于中小型企业，具有适中的数据处理能力和性能，如 MySQL、PostgreSQL。

3. 根据用途分类

根据数据库的不同用途，可将数据库分为以下几类：

OLTP(online transaction processing，联机事务处理)数据库：用于支持日常的事务处理，如银行交易、在线订单处理等。例如，MySQL、PostgreSQL。

OLAP(online analytical processing，联机分析处理)数据库：用于数据分析和决策支持，如数据挖掘、报表和统计等。例如，Snowflake、Amazon Redshift。

混合型数据库系统：结合了 OLTP 和 OLAP 的特点，适用于需要同时支持交易处理和数据分析的场景。例如，TiDB、CockroachDB。

嵌入式数据库系统：嵌入应用程序中的数据库，不需要独立的服务器运行，非常适用于资源有限的设备或嵌入式系统。例如：SQLite、H2 DataBase。

4. 根据数据库部署方式分类

根据数据库的部署方式，可将数据库分为以下几类：

本地数据库：数据库安装在用户的计算机或本地服务器上。例如，Oracle DataBase、MySQL Community Edition。

云数据库：通过云服务提供商提供的云平台进行部署和管理的数据库。例如，Amazon RDS(MySQL/PostgreSQL)、Azure SQL DataBase。

分布式数据库：此类数据库将数据存储在多个物理位置或服务器上，并以分布式方式管理数据。例如，Cassandra，MongoDB(分片集群)。

数据库系统的分类方式多种多样，以上分类仅涵盖了其中的一部分，针对不同的应用场景和需求，选择合适类型的数据库非常重要。接下来将会介绍几种常用的数据库。

3.3 关系数据库系统与非关系数据库系统

本节将介绍几种典型的关系数据库系统和非关系数据库系统，包括 MySQL、SQL Server、Redis、MongoDB 等。

3.3.1 MySQL

MySQL(图 3-2)是一种流行的开源关系数据库管理系统，由瑞典 MySQL AB 公司开发，后被 Sun Microsystems 收购，现在隶属于 Oracle 公司。MySQL 采用开源许可模型，可以免费使用。它在中小型应用和 Web 应用中表现优秀，对于大量读操作的场景也有良好的性能，因此被广泛用于 Web 应用程序的后端数据存储，是许多网站和应用的首选数据库之一。

在 MySQL 中数据以行(row)的形式存储，每行数据包含多个字段(field)，字段用于存储不同的数据类型。MySQL 支持丰富的数据类型，包括整数、浮点数、字符串、日期时间等，同时也支持索引、触发器、存储过程、视图等数据库对象和特性。

微视频：关系数据库系统与非关系数据库系统

图 3-2 MySQL

1. 关系数据库表的数据存储形式

如表 3-2 所示，关系数据库中的表以行和列的形式存储数据，而关系(relationship)指的就是表与表的数据记录之间的关系。现实世界中的各种实体以及实体之间的各种联系，均可用关系模型来表示。关系数据库就是建立在关系模型基础上的数据库。可以用 SQL 语句方便地在一个表以及多个表之间做非常复杂的数据查询，实现安全性能要求比较高的数据访问。

表 3-2　关系数据库中的表示例

钻井编号	测深	钻头载荷
TC-2021-TW	365. 15	10. 656 245 55
TC-2021-TW	365. 303	10. 656 245 55
TC-2021-TW	365. 455	10. 656 245 55
TC-2021-TW	365. 608	10. 656 245 55
TC-2021-TW	365. 76	10. 656 245 55
TC-2021-TW	365. 912	10. 656 245 55
TC-2021-TW	366. 065	10. 656 245 55

2. MySQL 的特点和优势

MySQL 数据库具有如下特点：

易用性：MySQL 具有友好的用户界面和操作方式，且有大量帮助文档和社区支持，便于学习。

跨平台性：MySQL 可支持多种操作系统，包括 Windows、Linux、macOS 等，用户可以在不同平台上运行 MySQL。

高性能：MySQL 在处理大量数据时表现出色，具有高速的读写性能和优化的查询处理功能。

高度灵活：MySQL 允许用户根据需要进行自定义和扩展，提供了多种存储引擎和配置选项。

强大的安全功能：MySQL 支持用户认证、权限管理、数据加密等多种安全功能，确保数据库的安全性。

多种存储引擎：MySQL 提供多种存储引擎，如 InnoDB、MyISAM 等，每种引擎有不同的特点和适用场景。

3. MySQL 的系统架构

MySQL 数据库包含如下核心组件(图 3-3)：

（1）连接器(connection manager)

连接器负责管理客户端与数据库之间的连接。其主要功能包括：

① 连接池管理：通过维护连接池提高连接的复用率和性能。

② 连接生命周期管理：确保连接在需要时建立、不再需要时释放。

③ 连接参数配置：允许用户调整连接的参数以满足不同需求。

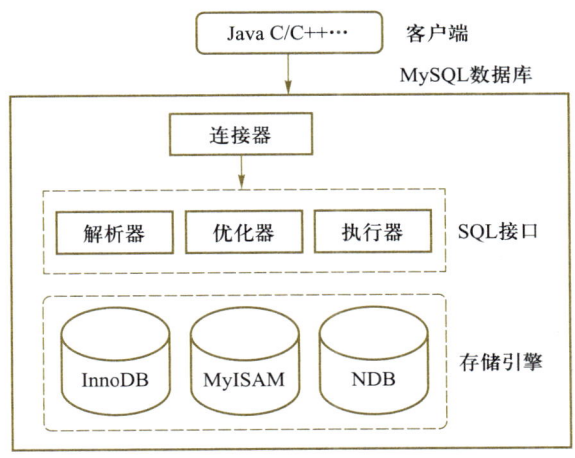

图 3-3　MySQL 系统架构

④ 连接状态监控：实时监测连接的使用情况和性能指标；连接错误处理，处理连接过程中可能出现的错误和异常情况。

连接器具有连接安全性，实施身份认证、权限管理和数据加密等安全机制。连接器通过这些功能和安全机制提高数据库系统的性能、可用性和安全性，从而为用户和应用程序提供稳定、高效的数据访问服务。

（2）解析器（parser）

解析器负责将用户提交的 SQL 语句解析成数据结构，以便后续的优化器和执行器使用。其主要功能包括：

① 语法分析：对 SQL 语句进行词法和语法分析，确保其符合 SQL 语法规范。

② 语义分析：确定 SQL 语句中的表、列、函数等对象，并建立相应的数据结构表示。

③ 查询解析：将查询语句转化为查询计划的形式，供优化器和执行器进行优化与执行操作。

④ 语句预处理：处理 SQL 语句中的参数绑定、变量替换等操作，生成最终的执行计划。

解析器通过这些功能将用户提交的 SQL 语句转化为数据库内部能够理解和处理的数据结构，为后续的查询优化和执行奠定基础。

（3）优化器（optimizer）

优化器是数据库管理系统中的关键组件之一，其主要任务是对 SQL 查询语句进行优化，以生成最优的执行计划。优化器通过分析查询语句的结构、访问路径、索引利用情况等方面的信息，以及对数据库中数据分布和统计信息的了解来选择最有效的执行计划，从而提高查询性能和效率。

（4）执行器（executor）

执行器的主要任务是执行经过优化的 SQL 语句并从数据库中检索数据，最终将结果返回给用户或应用程序。执行器负责实际执行优化后的查询计划，获取数据并对结果进行处理，以便生成最终的输出。其功能包括执行查询计划、数据检索和处理、事务管理、错误处理以及结果返回。通过以上功能，执行器实现了数据库管理系统的核心功能，即执行用户查询并返回结果。它与优化器协同工作，确保查询的高效执行，并提供可靠的数据访问和处理服务。

（5）存储引擎（storage engine）

存储引擎是数据库管理系统中负责数据存储和检索的关键组件之一。它定义了数据在物理存储介质上的组织方式，并提供了对数据的基本操作接口，如插入、更新、删除和查询等。MySQL 作为关系数据库管理系统支持多种存储引擎，包括 InnoDB、MyISAM 等。不同的存储引擎具有不同的特点和适用场景，如 InnoDB 提供了事务支持、行级锁定和崩溃恢复等功能，适用于需要高并发操作和数据一致性的应用场景；而 MyISAM 则具有较高的性能和较小的存储空间需求，适用于读密集型应用。

3.3.2　SQL Server

SQL Server 是 Microsoft 公司开发和维护的闭源关系数据库管理系统。它提供了事务支持，具备 ACID 属性[①]。SQL Server 采用商业许可模型，用户需要购买许可证方能使用。SQL Server 通常用于处理大规模企业级应用和复杂查询，但也需要更多的硬件资源。

1. SQL Server 的特点和优势

SQL Server 具有如下特点和优势：

可靠性和稳定性：提供高度可靠的数据库管理，具有强大的数据保护和恢复机制，可确保数据的安全性和稳定性。

安全性：提供强大的安全性功能，包括数据加密、权限管理、身份验证等，可保护数据库免受未经授权的访问和攻击。

性能优化：拥有优化器和执行计划生成器，能够对查询进行优化，提高查询性能和执行效率。

扩展性：支持大规模的数据存储和处理，适用于中小型数据库到企业级数据库的多种规模。

可管理性：提供用户友好的管理工具和界面，简化了数据库的管理和维护操作。

内置功能和工具：提供丰富的内置功能，如存储过程、触发器、索引、视图、分区等，同时还提供丰富的工具支持，如 SQL Server Management Studio（SSMS）。

跨平台性和云支持：可以在多种操作系统上运行，包括 Windows、Linux 和 Docker 容器，同时也支持云平台上的部署，如 Azure SQL Database。

---

① 数据库事务正确执行的 4 个基本要素，即原子性（atomicity）、一致性（consistency）、隔离性（isolation）和持久性（durability）。

2. SQL Server 的核心组件

SQL Server 包含如下核心组件：

数据库引擎（database engine）：负责存储、处理和保护数据，执行 SQL 查询和管理数据库对象。

分析服务（analysis service）：提供多维数据分析和数据挖掘功能，支持 OLAP 和数据挖掘技术。

集成服务（integration service）：提供 ETL 功能，用于数据抽取、转换和加载。

报告服务（reporting service）：用于创建、发布和管理报表，支持多种报表格式和交互式报表。

Azure SQL Database：SQL Server 的云版本，提供数据库即服务（database as a service，DBaaS）功能，可在云端进行部署和管理。

3.3.3 Redis

Redis（remote dictionary server，远程字典服务）（图 3-4）是一种开源的内存数据库和缓存系统。它以键值对形式存储数据，支持字符串、哈希表、列表、集合、有序集合等多种数据结构。

图 3-4 Redis

Redis 是非关系数据库，可以轻松地存储和处理不同类型和格式的数据。大多数非关系数据库支持水平扩展，可以通过在多个服务器上分布数据来提高性能和容量。这种扩展性使其更适合于大规模数据处理。非关系数据库通常具有高性能的特点，能够在大量数据的情况下快速地读写数据，适用于需要高速数据处理的应用场景。它不需要预定义表结构，数据可以自由组织，具有灵活性和动态性。大多数 NoSQL 数据库是基于分布式架构设计的，可以在集群中运行并自动处理故障。

1. Redis 的特点和优势

Redis 数据库具有如下特点和优势：

键值对数据模型：每个键是一个字符串，每个值可以是字符串、哈希表、列表、集合、有序集合等多种数据结构。

内存存储：基于内存存储数据，具有极快的读写速度。Redis 提供了持久化选项，可以将数据保存到磁盘，以便在重启时恢复数据。

高性能：使用单线程模型保证原子性操作，并通过事件驱动和异步 I/O 实现高并发。Redis 使用非阻塞 I/O 操作，有效地提高了读写性能。

支持事务：将一系列命令包裹在 MULTI 和 EXEC 命令之间，从而确保这些命令作为一个原子操作执行。

发布订阅模式：允许客户端订阅频道并接收实时消息。

集群模式：允许将数据分布在多个节点上，以提高可扩展性和容错性。

RDB 和 AOF 持久化：提供快照（redis dataBase，RDB）和追加文件（append

only file，AOF)两种持久化方式。

2. Redis 的核心组件

Redis 数据库包含如下核心组件：

服务器(server)：整个系统的核心，负责接收、处理客户端的请求，并管理数据存储。服务器包括网络层、命令请求解析器、命令处理器、持久化模块等组件。

客户端(client)：与服务器进行通信的用户界面。客户端可以使用不同的编程语言实现，如 Python、Java、Node.js 等，通过 TCP 连接与服务器通信、发送命令请求并接收响应。

数据结构(data structure)：支持多种数据结构，如字符串、列表、集合、哈希表、有序集合等。不同的数据结构具有不同的操作命令，使 Redis 可以灵活应对不同的数据处理需求。

内存数据库(in-memory database)：所有的数据都存储在内存中，以提高读写性能。内存数据库是 Redis 的核心特性之一。数据持久化机制可确保数据在服务器重启时不会丢失。

3.3.4 MongoDB

MongoDB(图 3-5)是开源的文档数据库，属于 NoSQL 数据库的一种。它不使用传统的行和列的表格存储数据，而是使用了一种类似 JSON 的 BSON 格式存储数据。MongoDB 中的记录是文档，由字段和值(field:value)组成。MongoDB 文档类似于 JSON 对象，即一个文档被认为是一个对象。字段的数据类型是字符型，其值除了使用一些基本的类型外，还可以包括其他文档、普通数组和文档数组。

图 3-5　MongoDB

1. MongoDB 的特点和优势

MongoDB 数据库具有如下特点和优势：

文档存储：数据以文档的形式存储，每个文档是一个键值对集合。文档可以包含嵌套的文档和数组，提供了非常灵活的数据模型。

动态模式：MongoDB 是无模式的数据库，不要求文档具有相同的字段。这使得数据模型的更改变得非常容易，可以根据应用程序的需要动态调整数据结构。

查询语言：支持强大的查询语言，可以执行范围查询、正则表达式查询、按条件查询，同时还支持文本搜索。

索引支持：支持在任何字段上建立索引以提高查询效率，可以创建复合索引来优化多个查询条件的性能。

分片和复制：支持水平扩展，可以通过分片将数据分布在多台服务器上，同时提供了副本集来提高数据的可用性和容错性。

存储引擎：使用 WiredTiger 存储引擎，提供高性能、低内存占用以及自动压缩等特性。

聚合框架：提供强大的数据处理和分析工具，支持数据的聚合、转换、计算等操作。

可视化工具：提供可视化的管理工具，如 MongoDB Compass，方便开发人员和管理员对数据库进行监控和管理。

2. MongoDB 的核心组件

MongoDB 包含如下核心组件：

服务器：整个系统的核心，负责接收和处理客户端的请求，管理数据的存储和检索。它包含一系列进程和线程，用于执行各种数据库操作。

存储引擎（storage engine）：MongoDB 的关键组件，负责管理数据在磁盘上的存储结构、索引和缓存等。MongoDB 3.2 版本以后默认的存储引擎是 WiredTiger。WiredTiger 是一个高性能、支持事务和压缩的存储引擎，提供了更好的并发性能和更高的数据压缩率。

Mongod：MongoDB 的主要守护进程，负责实际的数据处理和存储工作。一个 MongoDB 服务器可以包含多个 Mongod 进程，每个 Mongod 进程负责一个数据节点或分片。

MongoDB Shell：与 MongoDB 服务器进行交互的命令行工具。开发者可以使用 MongoDB Shell 执行各种数据库操作，包括查询、更新、插入等。

驱动程序：MongoDB 提供了多种编程语言的驱动程序，如 Python、Java、Node.js 等。这些驱动程序允许开发者使用各种编程语言连接到 MongoDB 服务器，以便执行数据库操作。

配置文件（configuration file）：包含 MongoDB 服务器的配置选项，用来调整数据库的各种参数，如端口号、存储路径、日志级别等。

路由器（mongos）：在分片集群中用于路由请求的组件，用来接收客户端的请求，并将请求路由到正确的分片或节点上，以确保数据的均衡分布和高可用性。

配置服务器（config server）：用于存储分片集群的元数据和配置信息。它维护了分片键范围和分片到具体节点的映射关系。

3.4 分布式系统

随着互联网、云计算、大数据和物联网等技术的蓬勃发展，分布式系统作为一种强大的解决方案变得越来越重要。相较于传统的数据库，分布式系统具备更高的性能、可靠性和可扩展性，能够应对大规模数据处理和高并发访问的挑战。分布式系统是由多个独立的计算机节点通过网络连接组成的系统，这些节点通过协调和通信来完成共同的任务。分布式系统的设计目标是提高性能、可靠性和可扩展性。这些系统的节点可以是物理上分散的，也可以是逻辑上分布在不同的地方。本书将介绍典型的分布式系统 Hadoop，以及与其相关的大数据处理引擎 Apache Spark 和分布式流处理平台 Apache Kafka 等。

微视频：
分布式系统

3.4.1　Hadoop

Hadoop(图 3-6)是一种开源的分布式计算框架,用于处理大规模数据集的存储和分析。Hadoop 可解决传统数据处理系统在处理大数据时遇到的困难,如存储成本高、数据处理速度慢以及扩展性不足等问题。Hadoop 最初是由 Apache 基金会开发,其设计灵感来自 Google 公司的两篇经典论文:

图 3-6　Hadoop

The Google File System(《Google 文件系统》)和 MapReduce:Simplified Data Processing on Large Clusters(《MapReduce:简化大型集群的数据处理》)。借助 Hadoop,用户可以在不了解分布式底层细节的情况下开发分布式程序,充分利用集群进行高速运算和存储。Hadoop 提供了高度可靠的分布式文件系统(HDFS)和分布式计算(MapReduce)功能,使得用户能够有效地处理海量数据。

1. Hadoop 的特点和优势

Hadoop 具有如下特点和优势:

分布式存储和计算:通过 HDFS 实现数据的分布式存储,并使用 MapReduce 编程模型进行分布式计算,使得大规模数据集能够在集群中高效地存储和处理。

可扩展性:可以通过添加更多的节点来扩展存储和计算能力,以适应不断增长的数据规模,实现水平扩展。

高容错性:当某个节点发生故障时,系统能够自动重新分配任务到其他可用节点,以确保任务的顺利执行,提高系统的稳定性。

开源和社区支持:允许用户可以免费获取、使用和修改源代码(具体权限取决于其采用的开源许可证),由庞大的全球开发者社区提供支持。

适用于多种数据类型:能够处理结构化数据、半结构化和非结构化数据,适用于多种数据类型和来源,包括文本、图像、音频等。

灵活的数据处理:Hadoop 的 MapReduce 模型使得用户能够编写灵活的数据处理任务,通过自定义 Map 和 Reduce 阶段实现多样化的数据处理需求。

低成本:Hadoop 运行在廉价的硬件上,不需要高性能服务器,从而降低了系统建设与运维成本。此外,它可以在商业服务器上运行,使得成本相对较低。

生态系统丰富:Hadoop 拥有丰富的生态系统,包括 Hive、Pig、HBase、Spark 等,提供了更多功能和工具,方便用户进行数据分析、机器学习等任务。

2. Hadoop 的技术生态体系

Hadoop 大数据技术生态体系包含如下组成部分(图 3-7):

Sqoop:一款开源工具,主要用于 Hadoop、Hive 与传统数据库之间的数据传递。例如,可以将一个关系数据库(例如 MySQL、Oracle 等)中的数据导入 Hadoop 的 HDFS,也可以将 HDFS 的数据导入关系数据库。

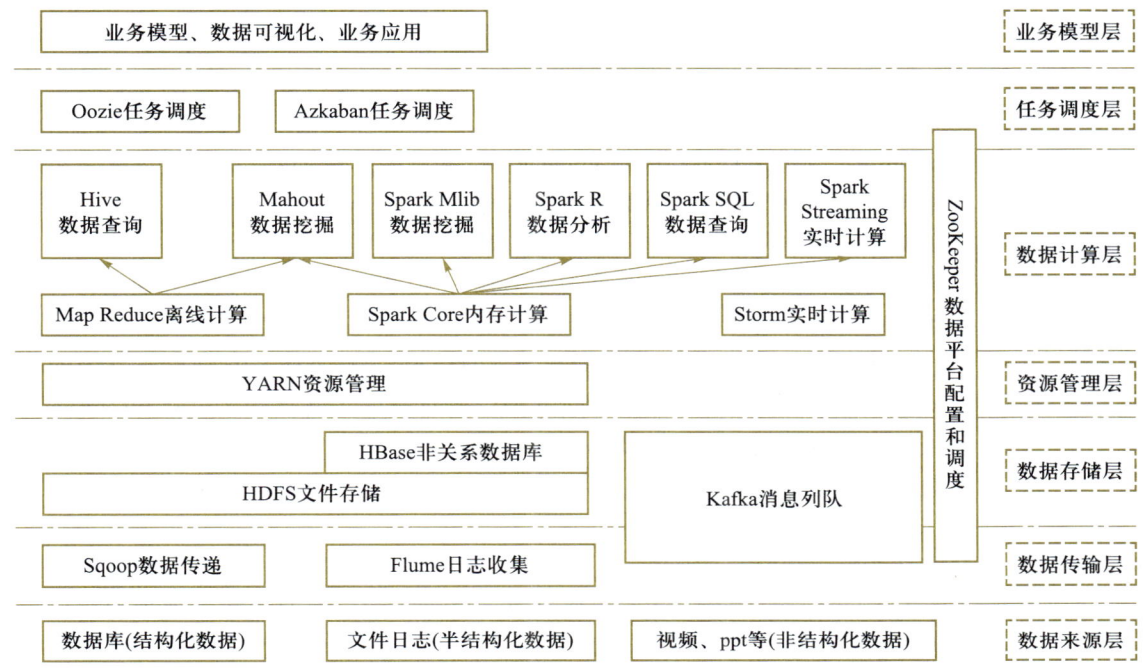

图 3-7　Hadoop 大数据技术生态体系

Flume：Cloudera 提供的一个高可用、高可靠、分布式的海量日志采集、聚合和传输系统。Flume 支持在日志系统中定制各类数据发送方用于收集数据，且提供对数据进行简单处理并写到各种数据接收方（可定制）的能力。

Kafka：一种高吞吐量的分布式消息队列系统，可以高效处理大规模的发布和订阅消息流，通常用于构建实时数据管道和流处理应用程序，以满足日志收集、事件处理、监控、指标收集等场景的需求。

HBase：一个分布式、面向列的开源非关系数据库，适合存储非结构化数据。

YARN：Hadoop 的资源管理器，是 Hadoop 2.0 版本引入的重要组件，用于管理集群中的资源分配和任务调度。在之前的 Hadoop 版本中，资源管理和任务调度是由 Hadoop 的 JobTracker 完成的，但 JobTracker 在大规模集群上容易出现性能瓶颈。

Storm：用于"连续计算"，在连续查询数据流时，遇到计算的情况就将结果以流的形式输出给用户。

Spark Core：当前最流行的开源大数据内存计算框架之一，支持批处理、流处理和机器学习等多种数据处理模式。

Hive：基于 Hadoop 的数据仓库工具，可以将结构化的数据文件映射为一张数据库表，并提供类 SQL 查询语言 HiveQL，将 SQL 语句转换为 MapReduce 任务运行。其优点是学习成本低，可以通过类 SQL 语句快速实现简单的 MapReduce 统计，不必开发专门的 MapReduce 应用，十分适合数据仓库的统计分析。

Mahout：可扩展的机器学习和数据挖掘库。

R 语言：用于统计分析、绘图的语言和操作环境，是属于 GNU 系统的源代码开放软件。

Oozie：管理 Hadoop 作业（job）的工作流调度管理系统，在 Hadoop 生态系统中负责编排和调度复杂的数据处理工作流。

Azkaban：为了简化和自动化大规模数据处理任务的调度和执行而设计的工作流调度和任务编排系统，类似于 Oozie，但 Azkaban 更加灵活和通用，可以适用于更多类型的任务和数据处理框架。

ZooKeeper：Google Chubby 的开源实现，是一个针对大型分布式系统的可靠协调系统，提供配置维护、命名服务、分布式锁、组服务等功能。ZooKeeper 的目标是封装好复杂、易出错的关键服务，向用户提供简单易用的接口和性能高效且功能稳定的系统。

3.4.2　Apache Spark

Apache Spark（图 3-8）是一个快速、通用、可扩展的大数据处理引擎，用于大规模数据处理和分析。它提供了一种统一的计算模型，包括弹性分布式数据集（resilient distributed dataset，RDD）和高级 API，使用户能轻松地构建大规模数据处理应用。准确地讲，Spark 是一个大数据并行计算框架，是对 Hadoop 的计算模型 Map-Reduce 的扩展。Spark 有着自己的生态系统，也能兼容 HDFS、Hive 等分布式存储系统，可以完美地融入 Hadoop 生态圈。

图 3-8　Spark

1. Apache Spark 的特点和优势

Apache Spark 具有如下特点和优势：

快速性：采用内存计算，能够在内存中执行大规模数据集的迭代计算，相比传统的 MapReduce 计算速度更快。

通用性：支持 Java、Scala、Python 等多种编程语言，方便开发人员使用熟悉的语言构建应用。

可扩展性：提供弹性分布式数据集（RDD）作为其基本抽象，支持水平扩展，能够适应不断增长的数据规模。

易用性：提供 Spark SQL、Spark Streaming、MLlib 等高级 API，简化了大数据处理和机器学习任务的开发。

兼容性：可以与 Hadoop 集成，直接读取 HDFS 中的数据，而且可以使用 Hive、HBase 等存储系统。

2. Apache Spark 的核心组件

Apache Spark 包含如下核心组件：

Spark Core：Spark 的基础组件，提供 RDD 抽象和通用分布式计算功能。

Spark Core 定义了任务调度、内存管理和错误恢复等基本功能。

Spark SQL：提供用于结构化数据处理的接口，支持 SQL 查询、数据框（DataFrame）和数据集（DataSet），方便用户使用 SQL 语句查询数据。

Spark Streaming：用于实时数据处理和流式计算，支持数据的实时输入、处理和输出，能够处理高速数据流。

MLlib：Spark 的机器学习库提供了一系列机器学习算法和工具，用于分类、回归、聚类和推荐等任务。

GraphX：用于图形处理，支持图形计算和图形算法，适用于社交网络分析、网络图谱等应用。

3.4.3 Apache Kafka

Apache Kafka（图 3-9）是一种分布式流处理平台，最初由 LinkedIn 开发，后成为 Apache 软件基金会的一个开源项目。Kafka 被设计为高可用、持久且具有水平可扩展性的分布式事件流平台，广泛用于构建实时数据管道和流式应用程序。Kafka 在普通单节点服务器上也能每秒处理数十万条消息，LinkedIn 每天通过它运行超过 600 亿个不同的消息写入点。

图 3-9 Kafka

1. Apache Kafka 的特点和优势

Apache Kafka 具有如下特点和优势：

分布式架构：可水平扩展以适应大规模数据流和高吞吐量。

高可用性和容错性：通过数据复制和分区副本机制实现高可用性和容错性，即使某个节点发生故障，也能保持数据的完整性。

持久化存储：将消息持久化存储在磁盘上，确保即使消费者未及时消费，数据也能够长期保存。

发布-订阅模型：采用发布-订阅模型，允许多个生产者发布消息，并让多个消费者订阅感兴趣的主题。

水平可扩展：可以轻松地通过增加更多的节点和分区来水平扩展 Kafka 集群，以适应不断增长的数据负载。

实时性：提供低延迟和高吞吐量的消息传递，适用于实时数据处理和分析的场景。

灵活性：支持文本、二进制和 Avro 等多种数据格式，适用于处理不同类型的数据。

生态系统丰富：包括 Kafka Connect、Kafka Streams 等多种工具和库，为用户提供了更多的功能和集成选项。

2. Apache Kafka 的核心组件

Apache Kafka 包含如下核心组件（图 3-10）：

Producer（生产者）：负责将数据发布到 Kafka 主题，并将数据发送到 Kafka 集群的 Broker。

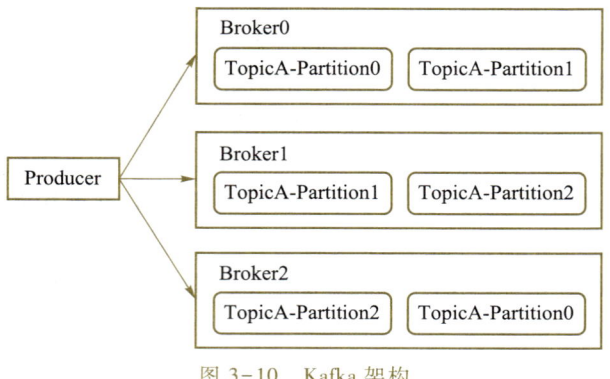

图 3-10　Kafka 架构

Broker：Kafka 集群由多个 Broker 组成，每个 Broker 是一台独立的服务器，负责存储数据、处理生产者和消费者的请求，并参与主题的分区和复制。

Topic（主题）：数据发布的类别或名称。生产者将数据发布到特定主题，而消费者订阅感兴趣的主题以接收数据。

Partition（分区）：主题可以划分为多个分区，每个分区是一个有序的队列，用于并行处理和提高吞吐量。

Consumer Group（消费者组）：包含多个消费者，它们协同工作以消费主题中的数据。每个分区只能由一个消费者组中的一个消费者消费。

3.5　分布式存储

微视频：
分布式存储

分布式存储是指将数据存储在多个物理节点上，并通过网络协同工作，以提高系统的性能、可用性和扩展性。在分布式存储系统中，数据通常被划分为多个部分，并存储在不同的节点上，这有助于减轻单点故障的影响，并允许系统更好地适应不断增长的存储需求。本节介绍两种典型的分布式存储系统：HBase 和 GaussDB。

3.5.1　HBase

HBase（图 3-11）是分布式、面向列的开源数据库系统，构建在 Apache Hadoop 之上。它提供了类似于 Google Bigtable 的高可用性、高性能和强一致性的特性，适用于存储大规模数据。HBase 是功能强大的分布式 NoSQL 数据库系统，具有高可用性、水平可扩展性、强一致性等优势。它在大规模数据存储和实时数据检索方面有着广泛的应用，特别适用于需要处理海量数据的场景。

图 3-11　HBase

1. HBase 的特点和优势

HBase 具有如下特点和优势：

分布式存储：采用分布式存储架构，数据分布在多个节点上，实现水平扩展，适应大规模数据集的存储需求。

面向列的存储：数据以列族的形式存储，支持动态列的添加，这使得 HBase 适用于存储半结构化和非结构化数据。

高可用性：通过数据复制和 HDFS 的高可靠性实现数据备份和容错，保障数据的可用性。

强一致性：提供强一致性读写操作，确保多个节点上的数据副本保持一致性。

支持随机读写：支持在大规模数据集上进行快速随机读写操作，适用于需要低延迟访问的应用场景。

自动分区：自动对数据进行水平分区，确保数据均匀地分布在不同的节点上，提高查询性能。

实时读写性能：具有良好的实时读写性能，适用于需要快速响应的实时数据处理场景，如日志分析、实时推荐等。

弹性扩展：能够通过添加更多的节点来水平扩展，保持高性能和高可用性，适应不断增加的负载。

灵活的数据模型：面向列的存储模型使得 HBase 适用于多样化的数据类型和数据结构，支持动态列的添加和删除。

与 Hadoop 生态系统整合：可与 Hive、Spark 等工具协同工作，构建大规模数据处理和分析系统。

2. HBase 的核心组件(图 3-12)

Apache HBase 的核心组件如下(图 3-12)：

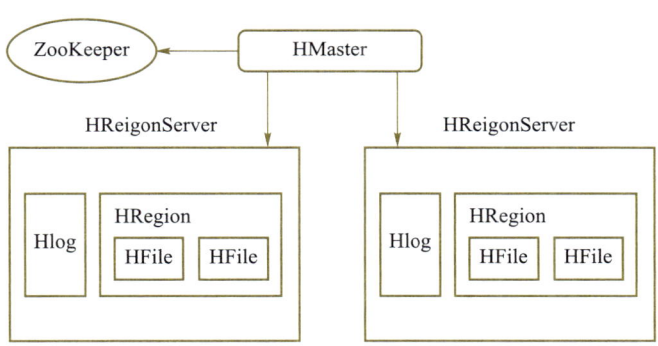

图 3-12　HBase 架构

Master 服务器：HBase 集群中有一个 Master 服务器，负责管理和监控 RegionServer 的状态、分配和负载均衡。

HMaster：Master 服务器的一个实例，负责整个 HBase 集群的管理。

HRegionServer：负责实际的数据存储和读写操作。当客户端发起读取或写入请求时，HRegionServer 负责定位相应的 Region，并进行数据的读取或写入操作。HRegionServer 负责管理 HBase 的写入日志。HRegionServer 负责 WAL 的刷写和维护。HBase 中的负载均衡是通过 HMaster 协调完成的，但 HRegionServer 在这个过程中会根据负载情况主动参与 Region 的迁移。多个 HRegionServer 之间需要进行协同工作，以保证整个集群的正常运行。它们之间通过 ZooKeeper 进行协调和通信，共同维护集群的状态信息。

ZooKeeper：协调分布式环境下的 HMaster 和 HRegionServer。

HRegion：表在物理上的存储单元。每个 RegionServer 负责多个 HRegion 的存储和管理。

HFile：存储数据的底层文件格式，它基于 Hadoop 的 HDFS 进行分布式存储。

Hlog(WAL)：写入日志，也称为预写式日志(Writer-ahead log，WAL)。在数据写入 HBase 之前，首先将写入操作记录到 Hlog 中，以保证数据的可靠性和一致性。

3.5.2　GaussDB

GaussDB(图 3-13)是由华为公司推出的企业级数据库管理系统，属于关系数据库管理系统。作为一种高性能、高可靠、高可用的数据库解决方案，GaussDB 支持 OLAP(联机分析处理)和 OLTP(联机事务处理)等多种场景，适用于大规模企业级数据存储和处理。GaussDB 深度集成了云服务，支持多种云环境下的部署。同时，它具有一定的开源兼容性，与标准的 SQL 协议兼容，以便与其他开源工具和平台进行协同工作。GaussDB 的这些核心构件共同确保了系统在处理大规模分布式数据时的高效性、可靠性和灵活性。

图 3-13　GaussDB

1. GaussDB 的特点和优势

GaussDB 具有如下特点和优势：

分布式架构：支持水平扩展，可以轻松应对大规模数据存储和高并发请求。

多模式数据库：支持关系、时序、文档等多种数据模型，满足不同业务场景的需求。

高可用性：具备强大的高可用性特性，支持故障自动检测和故障转移，确保系统持续稳定运行。

混合一体化：提供混合一体化的存储引擎，支持多种存储格式和存储引擎，提供更灵活的数据管理方式。

实时分析：支持实时分析场景，提供复杂的查询和分析功能，满足大数据分析的需求。

全场景适用：支持多种数据模型，适用于 OLAP 和 OLTP 等不同的业务场景，提供全方位的数据库解决方案。

高性能：通过高效的存储引擎和查询优化，GaussDB 实现了出色的性能表现，能够应对大规模数据处理需求。

高可用性：架构中的高可用特性和自动故障转移机制，确保数据库系统的高可靠性和稳定性。

混合一体化：提供混合一体化的存储引擎，灵活适配不同的存储需求，为业务提供更多选择。

强大的扩展性：采用分布式架构，支持集群的弹性扩展，能够应对不断增长的数据规模。

2. GaussDB 的核心组件

GaussDB 的核心组件如下：

分布式存储引擎：将数据分布存储在多个节点上，以实现水平扩展和提高整体性能。这使得系统能够有效地处理大规模的数据集。

分布式事务管理器：用于处理分布式环境下的事务操作，确保数据一致性，有助于在多节点并发访问的情况下维护数据的完整性。

智能优化器和查询引擎：通过动态优化查询计划提高查询性能和执行效率，有助于系统更好地适应不同的查询负载。

3.6 案例：石油钻井数据湖构建

3.6.1 项目背景

在石油勘探和生产领域，钻井数据是极为重要的资源，它包含了从地下油气层中获取的各种关键信息，如地层结构、地质特征、岩性分布、流体性质等。这些数据对于决策者来说至关重要，可以帮助他们制定钻井策略、优化生产工艺、提高生产效率等。然而，由于石油钻井过程产生的数据量巨大且类型多样，传统的数据管理和分析方法已经无法满足对数据的高效利用和深度分析的需求。为了更好地管理和利用钻井数据，提高勘探开发效率，项目计划建立一个石油钻井数据湖。该数据湖将成为一个集中存储、管理和分析钻井数据的平台，通过整合多源数据、构建数据仓库、实现数据可视化和分析，为石油勘探和生产提供更加智能化的支持和决策依据。该数据湖可以从不同来源采集、整合并存储钻井相关数据，包括地质勘探数据、钻井过程监测数据、设备传感器数据等；建立高效的数据管理机制，包括数据质量控制、数据安全保障、数据备份与恢复等，确保数据的完整性、可靠性和安全性；提供数据分析工具和算法，帮助决策者对钻井数据进行深度挖掘和分析，发现隐藏在数据中的规律和价值信息，为决策提供科学依据。项目同时开发钻井数据湖的可视化界面和应用工具，为用户提供直观、易用的数据查询、分析和报告功能，支持决策者对数据的实时监控和分析。

微视频：
案例：石油钻井
数据湖构建

3.6.2　数据湖概述

数据湖(data lake)是一种用于存储大规模、不同格式原始数据的存储系统。与传统的数据仓库相比,数据湖更加灵活,能够容纳结构化数据、半结构化数据和非结构化数据,无须预定义数据模型。

数据湖具有如下主要特点:

存储多样化的数据:能够容纳结构化数据、半结构化数据和非结构化数据。

无模式架构:不要求在存储数据之前定义模式,可将原始的未经处理的数据直接存储在数据湖中,无须事先对其进行整理或转换。

弹性存储:建立在分布式文件系统或对象存储服务之上,能够轻松扩展以适应大规模的数据存储需求。

支持多样化的分析工具:由于数据湖中的数据保留了原始格式,用户可以使用各种分析工具,如 SQL 查询、数据挖掘、机器学习和大数据处理框架(如Apache Spark)来分析数据。

实时和批处理:既支持实时数据处理,也支持批处理。这使得企业或组织可以处理各种时效性要求的数据。

安全性:提供灵活的权限控制机制,以确保只有经过授权的用户能够访问敏感数据。

数据管理:包括元数据管理工具,以便更好地理解和管理存储在其中的数据。元数据可用于描述数据的来源、格式、用途等信息。

3.6.3　Iceberg 概述

Iceberg 是一款用于管理数据湖中大规模数据的开源表格式化工具,由Netflix 开发并开源,旨在解决数据湖中表格式化管理问题,提供强大的元数据管理、事务性操作、数据版本控制等功能。

Iceberg 具有如下特点:

表格式化管理:提供对数据湖中数据表的高效管理,通过支持表的创建、删除、更改架构等操作,使用户能够轻松地组织和维护数据。

元数据管理:采用元数据存储以跟踪和管理表的元数据信息。元数据包括表的结构、统计信息、分区信息等,为用户全面了解表中数据提供便利。

事务性操作:引入原子提交和多版本并发控制,使得用户可以进行事务性操作。这确保了对表的更改是原子的,同时允许多个用户并发地进行操作,提高了数据湖的数据一致性。

分层结构:使用分层结构组织表中的数据,以提高查询性能。通过将数据分成更小的文件和目录,Iceberg 优化了对特定数据的查询效率,减少了不必要的数据扫描。

支持 Schema Evolution:允许表的架构进行演变,即支持 Schema Evolution。这意味着用户可以在不中断现有查询的情况下修改表的结构,使得表可以灵活地适应业务需求的变化,无须重新创建表。

数据版本控制:提供对表数据的版本控制功能。通过跟踪表的变更历史,用户可以回溯和查看以前的数据状态。

元数据的丰富性:Iceberg 的元数据管理功能丰富,用户可以了解表的详细信息,包括表的结构、分区情况、统计信息等,有助于更好地理解和使用数据。

高效查询性能:通过采用分层结构,Iceberg 能够更有效地组织数据,减少不必要的数据扫描,提高查询性能。

数据版本控制:允许用户追踪和管理数据的变更历史,为数据分析和审计提供了更多的灵活性。

总的来说,Iceberg 为构建和管理数据湖提供了一种强大的解决方案。它通过引入元数据的管理、事务性操作、分层结构等特性,使得用户能够更好地管理和利用数据湖中的海量数据,提高了数据湖的可维护性、可扩展性和查询性能。

3.6.4 案例步骤

1. 环境准备

如表 3-3 所示,读者可以到官网下载对应版本的软件。

表 3-3 技术选型表

软件/框架	版本
Linux	CentOS-7.5
Hadoop	hadoop-3.1.3
Iceberg	iceberg-apache-iceberg-1.1.0
Hive	apache-hive-3.1.2

2. 安装 Iceberg

① 创建文件夹:

```
[user@ hadoop102 hive] $ mkdir /opt/module/hive/addlib
[user@ hadoop102 ~] $ cd /opt/module/hive/addlib
```

② 用 XFTP 将文件上传到 addlib 文件夹:

```
[user@ hadoop102 ~] $ cd /opt/module/hive/addlib/
[user@ hadoop102 addlib] $ ll
总用量 28792
-rw-rw-r--. 1 user user 29164943 1 月  17 17:41 iceberg-hive-
    runtime-1.1.0.jar
-rw-rw-r--. 1 user user   313702 1 月  17 17:41 libfb303-0.9.3.jar
```

③ 修改配置文件：

```
[user@ hadoop102 addlib] $ cd /opt/module/hive/conf/
[user@ hadoop102 conf] $ vim hive-site. xml
```

添加如下内容：

```
<property>
    <name>iceberg. engine. hive. enabled</name>
    <value>true</value>
</property>

<property>
    <name>hive. aux. jars. path</name>
    <value>/opt/module/hive/addlib</value>
</property>
```

配置 Catalog 表（table）从属于库（db），库从属于目录（Catalog）。默认使用 Hive Catalog。

④ 创建石油钻井表，以 ROP（ rate of penetration，进钻速度）为例：

```
[user@ hadoop102 hive] $ bin/hive
hive (default)> CREATE TABLE iceberg_rop (Depth int,
        > WOB double,
        > SURF_RPM double,
        > ROP_AVG double,
        > PHIF double,
        > VSH double,
        > SW double,
        > KLOGH double)
        > STORED BY
        'org. apache. iceberg. mr. hive. HiveIcebergStorageHandler';
```

⑤ ROP 表字段解析（表 3-4）：

表 3-4　ROP 表

字段名	实际含义
Depth	深度
WOB	钻头载荷
SURF_RPM	钻井转数
ROP_AVG	平均进钻速度

续表

字段名	实际含义
PHIF	孔隙度
VSH	页岩体积
SW	地层的饱和度
KLOGH	地层的渗透率

⑥ 将数据上传到创建的表中(参见表 3-5，截取部分数据展示):

表 3-5 进钻速度表

深度	钻头载荷	钻井转数/分钟	平均进钻速度	孔隙度	页岩体积
3 305	26 217.864	1.314 720 3	0.004 088 054	0.086 711 005	0.071 718 795
3 310	83 492.293	1.328 673 9	0.005 159 383	0.095 208 498	0.116 548 315
3 315	97 087.882	1.420 116 3	0.005 971 469	0.061 636 098	0.104 283 234
3 320	54 793.206	1.593 930 7	0.005 419 109	0.043 497 664	0.110 039 811
3 325	50 301.579	1.653 262	0.005 435 248	0.035 252 241	0.120 807 706
3 330	56 835.194	1.657 45	0.004 738 274	0.015 965 128	0.085 564 925
3 335	37 638.028	2.139 238 3	0.008 811 767	0.046 243 123	0.109 858 975
3 340	37 638.028	2.139 238 3	0.008 811 767	0.041 236 565	0.071 368 258

⑦ 数据湖查询数据演示(图 3-14):

```
hive (default)> select *  from iceberg_rop;
```

```
3310    83492.293      1.3286739      0.005159383      0.095208498      0.116548315     1        0.001
3315    97087.882      1.4201163      0.005971469      0.061636098      0.104283234     1        0.001
3320    54793.206      1.5939307      0.005419109      0.043497664      0.110039811     1        0.001
3325    50301.579      1.653262       0.005435248      0.035252241      0.120807706     1        0.001
3330    56835.194      1.65745 0.004738274      0.015965128      0.085564925      1        0.001
3335    37638.028      2.1392383      0.008811767      0.046243123      0.109858975     1        0.001
3340    37638.028      2.1392383      0.008811767      0.041236565      0.071368258     1        0.001
3345    44564.583      1.9748064      0.008456208      0.013781889      0.090755599     1        0.001
3350    60928.603      1.7357419      0.007391549      0.017082659      0.097655748     1        0.001
3355    40202.384      2.5205151      0.006793048      0.014316008      0.089343111     1        0.001
3360    43788.455      2.5870526      0.006780833      0.053798959      0.096550293     1        0.001
3365    44938.123      2.6299641      0.006783421      0.037798701      0.111597019     1        0.001
3370    45959.357      2.639233       0.003402723      0.036526226      0.092511973     1        0.001
3375    27652.132      2.5934011      0.007381282      0.030479465      0.113838983     1        0.001
3380    29439.337      2.5458528      0.007379655      0.026482121      0.087976159     1        0.001
3390    51058.513      2.5862395      0.007376406      0.032047358      0.070752104     1        0.001
3395    54386.651      2.5757272      0.00712355       0.024143296      0.111945172     1        0.001
3400    42902.548      2.5644255      0.006976174      0.019745277      0.055927879     1        0.001
3405    90190.589      2.6031916      0.00678894       0.002968188      0.064927598     1        0.001
3415    32214.548      2.6391501      0.007383896      0.03629762       0.067104465     1        0.001
3420    47159.142      2.6165824      0.007360344      0.024594233      0.073955892     1        0.001
3425    60347.172      2.3783772      0.006710375      0.048633772      0.086399469     1        0.001
3430    47047.491      1.9995412      0.007379005      0.087484318      0.091781875     1        0.001
```

图 3-14 处理后的数据

其他表也是相同的创建、上传、查询操作。

本章小结

本章围绕数据存储展开，深入介绍了数据库系统、典型关系数据库系统和非关系数据库系统（MySQL、SQL Server、Redis、MongoDB）、分布式系统（Hadoop、Apache Spark、Apache Kafka），以及分布式存储（HBase、GaussDB）。最后，通过一个案例展示了石油钻井数据湖的构建过程。

综合而言，本章内容全面涵盖了数据存储的各个方面，从传统数据库系统到分布式系统和分布式存储，再到实际案例的应用，这些知识有助于读者在实际工作中选择和使用合适的数据存储方案，提高数据管理和处理的效率。

习题

一、选择题

1. 数据库系统的主要功能是什么？（　　　）

A. 数据存储　　　　　　　　　　B. 数据传输

C. 数据加密　　　　　　　　　　D. 数据可视化

2. 下列哪项不是数据库系统的分类？（　　　）

A. 关系数据库　　　　　　　　　B. 非关系数据库

C. 分布式数据库　　　　　　　　D. 文件系统

3. MySQL 属于哪种类型的数据库系统？（　　　）

A. 关系数据库　　　　　　　　　B. 非关系数据库

C. 分布式数据库　　　　　　　　D. 图形数据库

4. SQL Server 是一种什么类型的数据库？（　　　）

A. 文档数据库　　　　　　　　　B. 列式数据库

C. 关系数据库　　　　　　　　　D. 内存数据库

5. Redis 主要用于哪种类型的数据存储？（　　　）

A. 结构化数据　　　　　　　　　B. 半结构化数据

C. 非结构化数据　　　　　　　　D. 主要用于缓存和消息代理

6. MongoDB 是一种什么类型的数据库？（　　　）

A. 关系数据库　　　　　　　　　B. 文档数据库

C. 键值对数据库　　　　　　　　D. 列式数据库

7. Hadoop 主要用于哪种类型的计算？（　　　）

A. 实时计算　　　　　　　　　　B. 批处理计算

C. 交互式计算　　　　　　　　　D. 图形计算

8. Apache Spark 是一种什么类型的计算框架？（　　　）

A. 流处理框架　　　　　　　　　B. 批处理框架

C. 机器学习框架　　　　　　D. 分布式计算框架

9. Apache Kafka 主要用于什么场景？（　　　）

A. 实时流数据处理　　　　　B. 关系数据存储

C. 分布式存储　　　　　　　D. 图形计算

10. HBase 主要用于哪种类型的数据存储？（　　　）

A. 关系数据存储　　　　　　B. 非关系数据存储

C. 列式数据存储　　　　　　D. 图形数据存储

二、思考题

1. 关系数据库和非关系数据库的主要区别及适用场景是什么？

2. Apache Kafka 在实时数据流处理中的作用以及与其他消息队列系统的区别是什么？

第4章 数据分析

数据分析构成了数据科学的核心，它贯穿数据科学的每一个环节：从数据的收集与整理、预处理与清洗，到深入的数据探索、分析，以及基于数据的预测与决策支持。本章旨在综合探讨数据分析的 3 个主要维度：描述性数据分析（descriptive data analysis，DDA），总结和描述数据的主要特征，常通过集中趋势、分布和离散程度等统计量来实现；探索性数据分析（exploratory data analysis，EDA），通过可视化和基本统计方法来发现数据中的模式、趋势与异常；预测性数据分析（predictive data analysis，PDA），运用机器学习和统计模型来预测未来事件或未知数据的行为。针对每一维度，本章力求给读者提供一个全面的框架，解释每种分析技术的原理和方法，并且展示如何将这些技术应用于解决实际问题。通过本章的学习，读者将深入理解数据分析在业务洞察、支持决策制定和预测未来趋势中的关键作用，以及如何在各种场景下有效地应用这些分析方法。

4.1 问题导入

数据分析是数据科学中的重要环节，通过对数据的分析可以揭示其内在规律，为决策提供有力支持。本章将探讨数据分析中的关键问题，这些问题可以归纳为以下几个方面：

① 如何利用描述性统计方法对数据进行总结？描述性数据分析有助于人们从整体上把握数据的特征，通过计算数据的集中趋势（如均值、中位数）和离散程度（如方差、标准差），可以总结出数据的基本情况。

② 如何进行有效的探索性数据分析？探索性数据分析是理解数据的第一步，人们需要通过数据可视化和基本统计分析初步了解数据的特征，包括数据的分布、趋势、异常值等。

③ 如何在预测性数据分析中选择和应用合适的机器学习算法？预测性数据分析有助于人们通过现有数据预测未来的趋势和结果。选择合适的机器学习算法（如线性回归、决策树、神经网络等）进行建模，是数据分析中的关键步骤。这是需要探讨如何根据数据的特性选择算法，并进行模型训练、调优和评估。

④ 如何通过数据可视化技术直观展示分析结果并辅助决策者制定决策？数

据可视化是数据分析中不可或缺的一部分。通过图表和交互式展示，可以将复杂的数据分析结果以直观的方式呈现出来，帮助决策者理解和应用这些结果。如何选择和使用合适的可视化工具（如 Matplotlib、Tableau、Plotly 等），是需要解决的另一个问题。

为了解决上述问题，本章将通过系统的理论讲解和实例分析，提供相应的技术和方法支持。表 4-1 提供了一种问题解决方案，列出了各项需求描述、解决方案及相关工具。

表 4-1　数据分析模块问题解决方案

需求描述	解决方案	相关工具
数据特征提取	使用统计方法和可视化工具	Python、R 语言
数据分布分析	描述性统计和图表展示	Matplotlib、Seaborn
预测模型选择	机器学习算法应用	TensorFlow、PyTorch
结果可视化	图表和交互式展示	Plotly、Tableau

此外，本章将探讨如何在不同情境下应用这些技术和工具，确保读者能够灵活地应对各种数据分析挑战。

4.2　描述性数据分析

描述性数据分析（DDA）能够系统地描述和总结数据集中的主要特征，为建立更复杂的预测模型提供必要的统计基础。

微视频：
描述性数据分析

4.2.1　统计特征

描述性数据分析是探索数据集的基石，通过量化统计指标系统刻画数据的集中趋势、离散程度与分布形态。该分析方法能够揭示数据集的整体特征，为后续建模与决策提供科学依据。常用的统计特征包括：位置度量（均值、中位数、众数），从算术平均、位置中点和频次峰值 3 个维度定位数据核心；变异度量（范围、四分位距、标准差、方差），通过数值跨度与偏离程度量化数据波动范围；数据分布的形状，通过解析分布对称性和峰态特征，深入刻画数据尾部延伸方向与集中趋势。例如在收入分析中，右偏分布（偏度>0）下中位数相较均值更能代表典型水平，高峰度则提示异常值存在风险。这些经过数学验证的指标共同构建起数据特征的完整框架，为数据清洗、模型选择及统计推断奠定基础，为可信的数据驱动决策体系提供支撑。

1. 位置度量

位置度量揭示了数据集的集中趋势，包括均值、中位数和众数等指标。它们提供了从不同角度审视数据集中心的方法，是解读数据、进行初步分析，以及为后续复杂分析做准备的基础。其中：均值反映了数据的平均水平，适用于大多数情况，但需要注意其对异常值的敏感性；中位数通过确定数据的中心点，为偏态分布提供了一个稳健的集中趋势度量；而众数则突出了数据集中最常见的值或模式，特别适用于分析分类数据。这些度量方法在数据分析的每一步都扮演着不可或缺的角色，能够帮助用户从不同的视角理解和解释数据集的特性。理解这些基本概念不仅是数据分析的起点，也是构建更复杂模型和做出数据驱动决策的基石。

2. 变异度量

变异度量揭示了数据集中的波动性和一致性，是深入理解数据分布本质的基础。通过细致分析范围、四分位距、标准差和方差等多维度指标，用户能够全面捕捉并评估数据集的离散性。这些指标不仅能够帮助用户识别数据集中的波动范围和集中趋势，还有助于其在数据预处理和进一步分析阶段做出更加精准的判断和决策。

3. 标准差和方差

标准差和方差是描述数据集离散程度的核心统计指标，它们直接反映了数据点相对于其均值的分散情况。方差通过计算各数据点偏离均值的距离的平方的平均值来量化波动性，而标准差则为这一波动性提供了与原数据相同单位的度量，即方差的平方根。因此，标准差和方差可使用户能够深入理解数据集的内在稳定性和一致性，为数据集的波动性提供精确的量化描述。与范围和四分位距相比，它们揭示了数据分布更为细节的信息，特别是在需要精确掌握数据集波动性和变异性时，标准差和方差成为不可或缺的分析工具。

4. 数据分布的形状

数据分布的形态涉及偏度和峰度两个核心统计指标，这些指标深刻揭示了数据的对称性、集中趋势以及分布的形状特性。偏度度量了数据分布的不对称性，帮助识别数据分布的倾向性以及分布尾部的延伸方向；而峰度则评估了数据分布顶端的尖锐程度和尾部的厚度，反映了数据中极端值的频率。精确评估偏度和峰度，是确保数据分析准确性和深度洞察的前提，同时也是制定有效数据分析模型和决策的关键步骤。

（1）偏度

偏度（skewness）主要用于评估数据分布的对称性。它揭示了数据分布的形状，特别是在分布的尾部。正偏度（或右偏）意味着数据的大部分集中在较低值区域，而少数较高的值造成了分布尾部向右的延伸。相反，负偏度（或左偏）表示大部分数据集中在较高值区域，分布尾部向左延伸。通过准确计算和分析偏度，能够更好地制定数据预处理策略，选择合适的分析模型，确保得到准确且有洞察力的分析结果。

（2）峰度

峰度（kurtosis）反映了数据分布顶端的尖锐程度及其与正态分布相比的偏差。具有高峰度的分布显示出比正态分布更尖锐的顶峰和更厚重的尾部，暗示数据中包含更多的极端值。相反，低峰度的分布则较为平坦，表示极端值较少，数据较为集中。峰度的分析使用户能够深入理解数据的集中趋势和变异性，尤其在处理具有重尾或轻尾特征的数据集时。它不仅有助于评估异常值的影响，还能指导在数据预处理和分析模型选择时做出更合理的决策，确保分析结果的准确性和可靠性。

这些度量指标的综合分析提供了对于数据集特性的深刻洞察，指导用户在数据处理和分析模型选择上做出明智的决策。

4.2.2 计算数据特征量

在描述性数据分析过程中，首先要理解数据集的基本属性，包括计算和解释数据的关键特征量，即集中趋势、离散程度和形状特征。这些特征量为用户提供了数据分布的初步印象，帮助其形成对数据集特性的理解。

1. 集中趋势

体现数据集的集中趋势的特征量有均值、中位数和众数等，它们描述了数据集的平均特性或普遍值。

（1）均值

均值（图4-1）反映数据集平均水平的重要统计量。

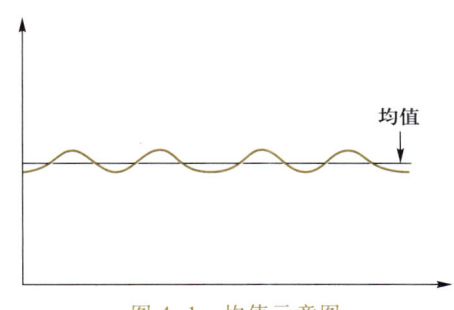

图4-1 均值示意图

均值的计算过程可以简单地表示为

$$均值 = \frac{\sum_{i=1}^{n} x_i}{n}$$

其中，x_i 表示数据集中的每个数值，n 是数据集中数值的总数。

均值可使分析人员快速了解数据集的整体水平，用以比较不同数据集之间的差异，或评估同一数据集在不同时间点的变化趋势。均值普遍应用于各种领域，从经济学的市场趋势分析到社会科学中人群行为的研究，再到医学研究中疾病发病率的评估，均值都是解释变量平均表现或趋势的基础工具。

（2）中位数

中位数（图4-2）识别并确定所有数据点中间位置的值，是揭示数据核心特征的统计量。由于其对数据分布偏斜和异常值的高度稳健性，中位数在多样化的分析情境中尤为重要。无论是面对偏度分布还是包含异常值的数据集，中位数都能够有效规避极端值的干扰，提供真实可靠的集中趋势测度。这一特性使中位数在经济学、社会科学、医学等多个领域的研究和应用中，成为理解和解释复杂数据集的重要工具，帮助研究者深入洞察数据背后的现象，为基于数据的决策制定提供坚实的支撑。

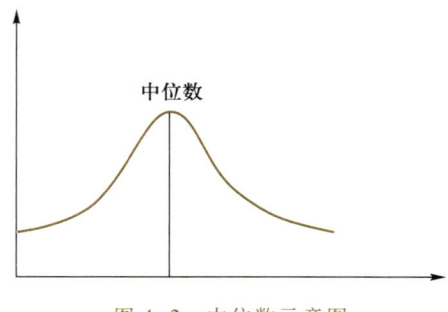

图 4-2　中位数示意图

中位数的计算过程为：将所有数值按从小到大的顺序进行排列，若数据集的观察值总数为奇数，则中位数就是排序后位于中心的那个数值；若观察值总数为偶数，则中位数由中间两个数值的平均值确定。这两个数值分别是排序后的第 $(n/2)$ 个和第 $(n/2)+1$ 个数值，其中 n 是数据集中数值的总数。

（3）众数

众数（图 4-3、图 4-4）是揭示数据集中频率最高值的统计量，对于分析定性及分类数据很有效。与均值和中位数不同，众数的识别基于数据出现的频率，而非数值大小。这种特性使其成为理解数据集普遍特性的强大工具。众数能够有效识别数据集中出现频率最高的趋势或偏好，为市场研究提供消费者偏好的洞察，或在社会科学调查中显露出群体的普遍观点和行为模式。特别是在处理包含极端值或分布不均的数据集时，众数基于其频率依赖的特性，能够提供稳定可靠的趋势指示。

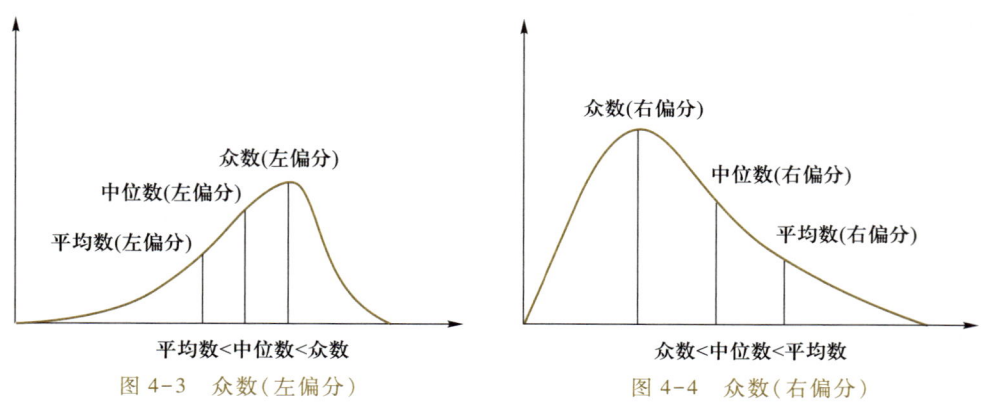

图 4-3　众数（左偏分）

图 4-4　众数（右偏分）

众数是满足最大频率条件的数值。在实际应用中，如果数据集显示出一个数值的频率高于其他所有数值，则该数值就是数据集的唯一众数。如果存在多个数值共享相同的最高频率，则这些数值都被认定为众数，这种情况表明数据集是多模的。相反，如果每个数值的出现频率都是唯一的，那么该数据集被认为没有众数。众数的这种确定方法不仅适用于定量数据，也特别适合分析定性数据，如类别或名词数据，使其成为分析数据集普遍特征的重要工具。

众数能够有效反映数据的主要趋势或普遍偏好。在市场研究中，它能够为消费者偏好分析提供关键依据；在社会科学研究中，它能够客观揭示群体的主流观点和行为模式。尤其值得注意的是，当面对存在极端值或呈现非对称分布的数据集时，众数凭借其独特的频率依赖特性，能够避免异常值干扰，为研究者提供具有高度稳定性的趋势判断依据。

2. 离散程度

在统计学中，离散程度（图 4-5）能够有效量化数据点之间的变异程度，为分析人员提供评估数据集波动性的重要依据。下面将介绍 4 种关键的离散程度测量方法：方差、标准差、全距和四分位距。这些方法各自揭示了数据集的不同方面，从数据点相对于平均值的分布（方差和标准差），到数据整体波动的广度（范围），再到数据集中心部分的离散情况（四分位距）。通过综合这些测量方法，分析人员能够从多个角度深入理解数据的分布特性，为数据分析和决策提供坚实的理论基础。

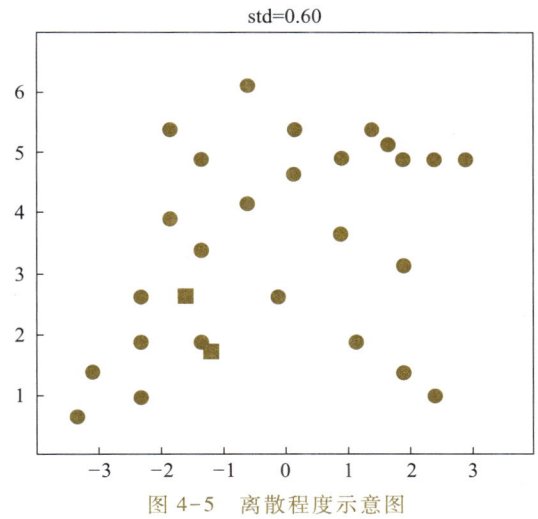

图 4-5　离散程度示意图

（1）方差

方差是统计分析中的基本概念，用于衡量数据集中各数据点相对于平均值的离散程度。它通过计算所有数据点与平均值之间差异的平方和的平均值来实现，提供了数据波动性的量化指标。方差的高低直接揭示了数据集内部的一致性或差异性，影响着数据分析的方向和决策。

方差的计算公式为

$$\mathrm{Var}(X) = \frac{1}{N} \sum_{i=1}^{N} (x_i - \mu)^2$$

其中，x_i 代表数据集中的每个观察值，μ 表示这些观察值的平均值，N 代表数据点的总数。

这种方法通过将各数据点的偏离程度进行平方运算，确保较大的偏离对总体方差产生更大的影响，从而突显远离均值观测值的重要性。借助方差分析，分析人员能够准确量化数据集的离散程度，判断数据点是广泛分散还是紧密聚集在均值周围，这一分析过程对数据解读和科学决策具有关键意义。

方差的计算结果的单位是原始数据单位的平方，这在数学上确保了度量的一致性，但在实际应用中可能会带来解释上的难度。例如，当数据的单位是米时，方差的单位变为平方米，单位变化直接影响了对数据波动性的直观理解。这种单位的平方化导致方差虽然能精确地量化数据的离散程度，但其结果的直接解释性受限。为了克服这一困难，统计学引入了"标准差"概念，即方差的平方根，以保持单位一致性，使得数据波动性的度量更加直观和容易理解。通过转换为标准差，不仅保留了方差对数据离散程度的描述能力，还使得该统计量更易于和原始数据及其单位直接关联，从而提高了数据分析结果的解释性和应用价值。

（2）标准差

标准差是方差的平方根，提供了数据点分布的清晰指标。方差测量了所有数据点与平均值之间差异的平方和的平均值，而标准差则量化了数据点相对于其平均值的平均距离。标准差的计算公式为

$$\sigma^2 = \frac{\sum (x_i - \mu)^2}{N}$$

其中，x_i 代表每个数据点，μ 是数据集的平均值，N 是数据点的总数。

与方差一样，标准差用于衡量数据的离散程度，但其单位与原数据一致，因此更易于直观理解。标准差大表明数据点分布范围广，波动大；反之，则表明数据点较为集中。较小的标准差意味着数据点大多围绕平均值紧密聚集，表明数据的一致性和稳定性较高，变异性小。这种情况下，数据值都不会离平均值太远，表明了一个相对稳定和可预测的数据集环境。相反，较大的标准差揭示了数据点在更宽广的值范围内分布，表明数据的波动性更大，每个数据点的值可能会有显著不同。这在分析市场动态时尤其重要，因为较大的波动性可能意味着更高的风险或更多的不确定性。在消费者行为研究中，大的标准差可能指示不同消费者之间的行为差异较大，这对于定制营销策略和了解消费者的多样性至关重要。

（3）全距

全距是衡量数据集离散程度的一个直观指标，通过计算最大值与最小值之间的差值来定义。具体地，如果有一个数据集 $X = \{x_1, x_2, \cdots, x_n\}$，其全距 R 计算为

$$R = x_{\max} - x_{\min}$$

其中，$x_{\max}$和$x_{\min}$分别是数据集中的最大值和最小值。

这个简单的公式揭示了数据在其两个极端值之间的波动幅度，提供了一个了解数据整体分布情况的快速视角。尽管全距易于计算，但它对极端值敏感，可能不会准确反映数据集中大部分数据点的真实离散情况。因此，在其基础上推荐结合其他度量方法（如四分位距和标准差），来获得更全面和准确的数据离散程度评估。

全距作为一个初步的数据分析工具，因其简洁性而被广泛应用于提供数据波动性的快速概览。特别是在资源有限或需要迅速评估数据集波动性的场合，如现场数据收集、初步研究讨论或教育场景中，全距能够提供即时的分析价值。它允许研究者和数据分析师在不依赖复杂统计软件的情况下，通过简单的手算快速估计数据的波动幅度，给出数据分布的一个宽泛视角。虽然全距因受极端值影响较大而可能不是最精确的离散程度度量，但在探索性数据分析的早期阶段，它提供了一个有效的起点，帮助确定数据集的基本形态和进一步分析的必要性。

（4）四分位距

在探讨数据集的离散程度时，四分位距（图4-6）是一种衡量中心数据离散情况的统计方法。它通过确定数据集内部中间50%数据的分布范围，不仅能够有效反映数据的集中趋势，还能提供关于数据离散程度的深入洞察。该方法特别注重于数据集的中心区域，有效减少了极端值对分析结果的影响。

四分位距（图4-6）通过数据集中第一四分位数（Q_1）与第三四分位数（Q_3）之间的差值来定义。具体来说，Q_1是将数据集按顺序排列后位置在25%处的数值，表示低于此值的是数据集中最小的25%的数据；而Q_3位于75%的位置，

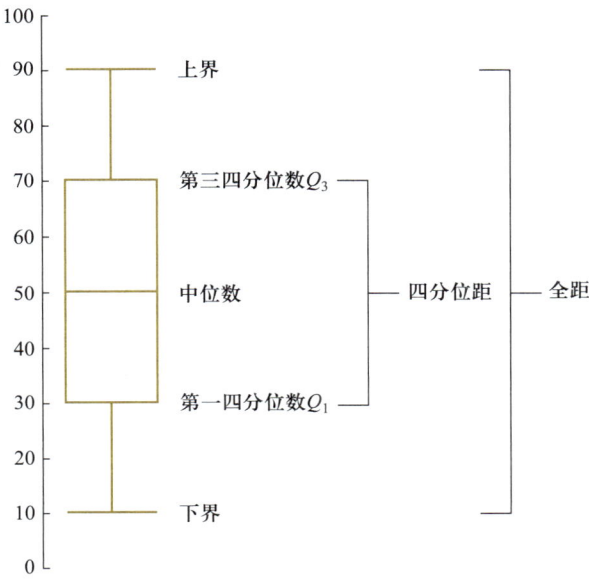

图4-6 四分位距示意图

表示低于此值的是数据集中最小的 75% 的数据。四分位距的计算公式为

$$IQR = Q_3 - Q_1$$

因此，它直接揭示了数据集中间 50% 的数据的波动范围。这一度量标准可帮助识别数据集的整体分布特征，是描述数据集中心趋势离散程度的可靠工具。

四分位距通过将数据集均匀划分为四等份来专注于分析数据的中心区域，有效地排除了数据集中极端的最高值和最低值的直接影响。这种分割方式允许四分位距集中于数据集的中心 50%，提供了对数据主体分布特征的深入理解，同时减少了异常值可能带来的扭曲。在处理包含异常值或偏斜分布的数据集时，四分位距成为一个特别重要的分析工具。通过比较第一四分位数（Q_1）和第三四分位数（Q_3），四分位距不仅揭示了数据集中值的集中趋势，还能够反映出数据分布的偏斜程度，从而为数据分析提供了一种既简单又强大的方法。

四分位距通过定义异常值为那些落在 $Q_1 - 1.5 \times IQR$ 以下或第 $Q_3 + 1.5 \times IQR$ 以上的数据点，为识别和处理数据集中的异常值提供了一种有效方法，有助于分析人员准确地标识出那些可能扭曲数据分析结果的极端值。应用四分位距处理异常值不仅可以清洁数据，还能确保数据分析的结果更加准确和可靠。通过排除或调查这些异常值，分析人员能够避免错误的结论，并更深入地理解数据集的真实特性。

3. 形状特征

形状特征通过偏度和峰度提供了对数据分布形态的理解。这些指标对于数据分析来说是不可或缺的工具，它们揭示了数据集中的潜在偏差和异常值。

（1）偏度

偏度是衡量数据分布对称性的统计指标，提供了关于数据分布相对于其均值偏离程度和方向的深刻洞察。这一概念对于揭示数据集的偏斜性质至关重要，无论是向数据集的高值端（正偏度或右偏）还是低值端（负偏度或左偏）偏斜，抑或是展现出理想的对称分布（零偏度）。在实际应用中，充分考虑偏度可以优化分析策略，提高模型预测的准确性，从而在数据驱动的决策制定过程中发挥重要作用。

① 正偏度

正偏度，亦称右偏，用以描述数据分布形态中的一种特殊现象，其中数据的主体部分集中于均值的左侧，而更大的值则向分布的右侧延伸，形成了所谓的"长尾"状。这种分布模式意味着虽然大多数数据点相对较小并聚集在较低的数值范围内，但同时存在一些远高于平均水平的值，这些较大的值将数据分布的尾部拉长至右侧。正偏度的存在不仅反映了数据集中的不对称性，还揭示了数据中潜在的极端值或异常值。在分析具有正偏度的数据时，需要特别注意这些极端值可能对数据集整体特性的影响，以及它们可能对统计推断造成的偏差。例如，当数据集呈现正偏时，其平均值可能会因这些较大的数值而被拉高，导致平均值不再准确地反映大多数数据点的典型值。

因此，在分析和解释具有这种特征的数据时，需要结合使用其他统计量，如中位数和众数，这些度量更能抵御异常值的影响，提供对数据集集中趋势更稳健的视角。此外，识别和理解这种分布特征对于选择合适的统计测试和数据模型也至关重要，因为许多常规方法假设数据呈正态分布，而在正偏度情况下这些方法可能不再适用。因此，了解数据的这一特征有助于采取适当的数据转换或选择更合适的分析方法，以确保研究结果的准确性和可靠性。

② 负偏度

负偏度，也称为左偏，描述的是一种特定的数据分布模式。在这种模式下，大多数数据点集中在平均值的右侧，而一小部分较低的值则分布在左侧，从而在数据集的左侧形成了一条明显的长尾。这种分布形态表明，数据集中的低值不仅数量较少，而且可能远低于数据集的中位数和平均值，导致分布看起来向左倾斜。负偏度的存在通常意味着数据集中含有一些极小的异常值，这些异常值可能对统计分析造成显著影响，尤其是在依赖平均值进行决策时。在负偏度分布中，由于较小的值拉低了平均值，平均值通常会小于中位数，这是判断数据分布是否左偏的一个重要指标。与正偏度类似，负偏度的数据分布也要求数据分析人员在解释和处理数据时应特别注意，可能需要运用额外的数据处理技术，如对数据进行适当的转换，以确保分析的准确性不被极端的低值所扭曲。理解负偏度的含义和影响，对于深入分析数据集的特性和做出准确的数据驱动决策同样重要。

③ 零偏度

零偏度（对称分布）的数据分布代表了一种理想的统计情况，其中数据的平均值、中位数和众数完全相等（位于同一点），且分布在图形上呈现出完美的对称形态。这种分布模式意味着数据集内的值均匀分布在中心值两侧，没有偏向任一方，展现出了数据的均衡性和规律性。虽然在现实中完全零偏度的情况较为罕见，因为实际数据往往会受到各种因素的影响而产生某种程度的偏斜，但零偏度的模型是很多统计检验和分析方法假设的基础，比如正态分布的模型。零偏度不仅说明数据集中没有显著的极端值影响，而且为数据的统计分析和解释提供了便利，因为很多统计模型（如假设检验和回归分析）都基于数据分布的对称性。因此，理解和识别零偏度的数据分布对于准确进行数据分析和确保分析结果的可靠性是极其重要的。

（2）峰度

峰度关注数据分布的顶端形态，即数据分布的中心峰如何相对于正态分布显得更尖锐或更平坦，以及数据尾部如何反映出数据分布的厚度或薄度。这个度量提供了对数据集中极端值分布情况的重要洞察。通过分析峰度，不仅可以评估数据分布的波动性和潜在的异常风险，还可以对数据集的整体形态有一个直观的理解。同样，峰度也影响着数据处理和统计模型的选择，因为不同的峰度值可能需要不同的数据转换或模型假设。因此，峰度不仅是描述数据分布特性的一个数字指标，而且是连接数据特性与分析决策的桥梁，使分析人员能够根据数据的实际形态采取更为合适的分析策略。

峰度包含以下 3 种分类：

① 高峰度。高峰度的数据分布呈现尖锐的顶部和厚重的尾部，反映了极端值的较多存在。这些极端值远离平均值，使得数据分布的尾部区域显得更加厚实。这种分布形态对于金融市场风险分析至关重要，因为它能够揭示出潜在的高风险或市场的不稳定性。在高峰度的情况下，数据集中较多的极端值意味着投资回报可能会呈现出不寻常的高波动性，这对于投资决策和风险管理策略的制定是一个重要的考虑因素。例如，高峰度可能表明金融资产的价格变动存在厚尾风险，即极端大幅度的价格波动比一般预期的更为常见。因此，对于金融分析师和投资者而言，识别并理解数据分布的高峰度特征是评估资产潜在风险和回报的关键一步。此外，高峰度还可能影响统计模型的选择和评估，因为标准的假设检验和预测模型可能不适用于这种非正态分布的数据。总的来说，高峰度的数据分布不仅提供了对市场极端行为的见解，而且对于制定有效的风险管理和投资策略具有重要的实际意义。

② 低峰度。低峰度的数据分布特征包括一个相对平坦的顶部和较薄的尾部，暗示着极端值较少，表明数据集中的值大多围绕平均值较紧密地分布，没有太多远离中心的极端波动。这种分布形态意味着数据相对集中，风险较低，因而不太可能出现极端变化，使得数据的预测和分析更加稳定。对于决策制定和风险评估来说，低峰度提供了一定程度的安全感，因为数据的未来行为较为可预测，不太受极端值的影响。然而，低峰度也可能导致过度自信，忽视潜在的未观测到的风险，因此在使用低峰度的数据进行决策时，仍需谨慎考虑数据的完整性和可能存在的其他风险因素。

③ 正态分布的峰度。正态分布的峰度是统计分析中的一个重要基准，其值定义为 3。这个标准值允许将其他各种数据分布的峰度与正态分布进行比较，以判断其分布形态的尖锐或平坦程度。当一个数据集的峰度值高于 3 时，表明其分布顶部比正态分布更尖锐，尾部更厚，从而暗示数据中存在较多的极端值。相反，当峰度值低于 3 时，则说明数据分布相对于正态分布更为平坦，尾部较薄，指示极端值出现的频率较低。这种对峰度的衡量不仅有助于理解数据集的特性（如其离散程度和尾部风险），而且对于选择合适的统计模型和分析方法也至关重要。例如，具有高峰度的数据集可能需要特别的处理或模型以适应其在尾部的重厚，而低峰度的数据集则可能指向不同的数据特性和分析需求。通过与正态分布的峰度值进行比较，分析人员能够更准确地评估和解释其数据分析的结果，从而做出更加明智的决策和预测。

4.2.3　统计工具

在进行描述性数据分析时，选择合适的统计工具是关键一步。本小节简要介绍一些在数据科学领域广泛使用的统计工具，这些工具不仅简化了数据处理的过程，也提高了分析的精度和效率。

1. R 语言

R 语言是一个专门为统计分析、数据挖掘和数据可视化设计的编程语言和软件环境。它由一个活跃的社区支持，提供了丰富的包库，在数据科学领域非常受欢迎。R 语言的核心优势在于其开源性质，同时拥有庞大的用户和开发者社区，这些社区成员贡献了大量的扩展包，覆盖了从基础统计分析到前沿数据处理技术的各个方面。

在 R 语言的包库中，数据操作包 dplyr 提供了一系列易于理解和使用的函数，用于数据筛选、排序和总结等任务，极大地提升了数据处理的效率和简便性。数据可视化包 ggplot2 则是基于 Leland Wilkinson 的图形语法概念而构建的，它允许用户通过组合简单的图形元素来创建复杂且美观的数据可视化图形，具有灵活性和强大的可视化能力，是数据分析和展示的首选工具。

R 语言及其包的组合，为统计分析和数据可视化提供了强大的支持。在处理复杂的数据类型、执行高级统计分析，以及创建精美的图表等方面，R 语言能够凭借其强大的功能和灵活性满足现代数据科学家的各种需求。这些特性不仅使 R 语言成为数据分析的强大工具，也确保了其在数据科学领域的持续流行和应用。

2. Python 语言

Python 语言以其简洁的语法和强大的数据科学库而受到数据分析师的青睐。在 Python 语言的数据科学库中，Pandas 库提供了高性能的数据结构和分析工具，非常适合处理和分析表格数据。这使得 Python 成为处理复杂数据集、执行数据清洗、转换，以及快速分析的理想选择。SciPy 库为数学、科学和工程提供了丰富的模块，支持优化、线性代数、积分和更多统计功能，进一步扩展了 Python 在科学计算领域的应用。这两个库的结合不仅使 Python 语言在数据分析和数据科学领域中占据核心地位，还使得从原始数据处理到复杂算法实现的整个工作流程变得更加高效和精准。因此，在快速数据探索、机器学习模型开发，以及科学研究中的复杂问题求解等方面，Python 语言都展现出了超强的能力和灵活性。

3. 其他工具

在数据分析的世界里，除了 R 语言和 Python 语言这两个强大的编程语言外，还有一些其他工具在不同的场景和需求下发挥着重要的作用。例如，Excel 作为 Microsoft Office 套件的一部分，是使用最广泛的电子表格软件之一。它不仅能够进行数据录入和财务计算，而且包含了丰富的数据分析和可视化功能，如数据透视表、图表制作和条件格式等，是进行初步数据分析和探索的理想选择。Excel 的用户友好性和普及度，使得它成为许多非技术背景用户的首选工具。

另一方面，Tableau 提供了直观的拖曳界面，让用户能够轻松地创建动态且具吸引力的数据可视化图表和仪表板。Tableau 的强大之处在于能够处理大量的数据，并将其转化为易于理解的视觉格式，帮助用户快速识别数据模式和趋势。Tableau 特别适合那些需要将数据分析结果以更直观、更互动的方式展示给非技术背景观众的场景。它的用户不局限于数据分析师，还包括市场营销人员、商业智能专家和企业高管等，用以决策制定过程。

4.3　探索性数据分析

微视频：
探索性数据分析

探索性数据分析(EDA)旨在通过各种方法和工具对数据进行初步的观察、分析和总结，发现数据中的潜在规律、模式和异常情况，揭示数据的内在结构、变量间的相互关系及其与分析目标之间的联系。其核心在于使用直观的方法(如图表、散点图、箱线图等)进行数据呈现和总结。通过探索性数据分析，数据分析师可以有效地对数据进行初步诊断，发现数据质量问题，识别数据中的重要变量，为建立更复杂的分析模型和做出准确预测提供前期准备和方向指引。

4.3.1　相关性分析

在探索性数据分析中，相关性分析通过揭示变量间的相互作用，为理解数据结构和构建预测模型提供了基础。相关性分析包含 3 种主要方法：皮尔逊相关系数、斯皮尔曼等级相关系数以及肯德尔等级相关系数。每种方法都针对不同类型的数据和分布特性提供了量化变量间线性或单调关系的有效手段。选择合适的相关性分析方法并准确解读其结果，对于挖掘数据间的深层联系、指导后续的数据处理和模型选择至关重要。

1. 皮尔逊相关系数

皮尔逊相关系数主要用于衡量两个连续变量之间的线性关系强度及方向，其值的范围为−1~1。其中：1 代表正线性关系，即一个变量的增加伴随着另一个变量的等比例增加；−1 代表负线性关系，即一个变量的增加伴随着另一个变量的等比例减少；而 0 则表示两个变量之间不存在线性相关性。皮尔逊相关系数基于两变量的协方差和标准差进行计算，揭示了变量间的直线依赖关系，是探索具有正态分布特征的连续变量间关系的理想选择。

在实际应用中，皮尔逊相关系数广泛用于科学研究、数据分析和社会科学等领域，帮助分析人员识别和量化变量之间的相互作用。需注意的是，尽管皮尔逊相关系数能够提供变量间线性关系的量化指标，但它并不能证明因果关系，也无法捕捉到非线性关系。因此在解释其值时，需要谨慎考虑这些限制，并结合其他统计方法和领域知识进行综合分析。

2. 斯皮尔曼等级相关系数

斯皮尔曼等级相关系数是一种评估两个变量之间单调相关性的非参数统计度量。通过对原始数据进行排名，并基于这些排名计算相关性，斯皮尔曼等级相关系数成为评估不遵循正态分布或非参数数据之间关系的理想选择。其值范围为−1~1，1 表示正单调关系，−1 表示负单调关系，0 则表示两变量间无单调相关性。

斯皮尔曼等级相关系数的优势在于其对连续和序数数据的适用性，特别是在处理存在异常值或数据分布偏斜的情况，因为它基于等级而非原始值计算相关性，减少了异常值的影响。它允许探究变量间的一般趋势，提供了探索数据之间复杂关系的可能性，但主要揭示单调关系，对非单调关系可能不敏感。

3. 肯德尔等级相关系数

肯德尔等级相关系数作为评估变量之间等级相关性的统计方法，在小样本数据集中显示出独特的应用价值。该系数通过分析数据对在等级顺序上的一致性或不一致性来度量变量间的相关性。具体而言，肯德尔等级相关系数关注于每一对数据点的排名差异，以此判断整个数据集中排名的一致性方向。其值范围同样为-1~1，其中：1代表完全一致的正相关，即所有的数据对排名都是一致的方向；-1代表完全一致的负相关，意味着所有数据对排名都是相反的方向；而0则表示变量之间不存在等级相关性。

肯德尔等级相关系数的优势在于其对小样本数据集的适用性以及对异常值的抵抗力，是非正态分布数据或含有离群点的数据集分析中的重要工具。此外，肯德尔等级相关系数不仅适用于连续数据，也适用于序数数据，增加了其在实际应用中的灵活性。使用肯德尔等级相关系数进行分析时，分析人员可以更好地理解变量间的一致性关系，尤其在数据量较少或数据条件复杂时，该系数为深入探究数据间的内在联系提供了可靠的方法。

4.3.2　可视化分析

在当前以数据为中心的时代，可视化分析已成为解析和阐释复杂数据集的关键工具。它通过将数值数据转换为直观的图形和图表，揭示了数据深层的含义和关联，使决策者能够基于更深入的洞察做出明智的选择。这种方法的核心在于利用直观的视觉形式来促进信息的快速传递和深入解读，从而搭建起数据与决策之间的桥梁，提升决策制定的速度和质量。

1. 图表的分类与应用

在探索性数据分析的过程中，可视化技术通过将抽象的数字数据转换成直观的图形和图表，显著提高了数据分析的直观性和效率，并且揭示了数据中潜藏的模式、趋势和异常值。针对不同的分析需求，各种图表类型各展其长，从直方图的分布展示到散点图的关系探索，再到热力图的密度揭示，每种图表都针对特定的数据洞察目标提供了独特的视角和深入的分析路径。这些多样化的可视化手段极大地丰富了数据科学家和分析师的工具箱，使他们能够根据数据的性质和分析的目的，选择最合适的可视化类型来阐述数据的故事。

（1）直方图

直方图是一种统计图表，主要用于展示单一变量的分布情况。它通过将数据分组到连续的、非重叠的区间内，并以区间的频率或数量来构建柱状图，从而提供了一种直观的方式来观察数据集的形态、集中趋势以及离散程度。每个柱子的高度代表了该区间内数据点的数量，宽度表示区间范围，整个图形呈现出数据分布的大致轮廓。直方图特别适合于分析数据的偏斜方向、程度，以及峰度（即数据集的尖锐或平坦程度），这对于理解数据集的变异性和异常值的分布尤为重要。通过观察直方图，分析师可以快速识别数据集是否呈现正态分布，或者是否存在偏斜和异常点，这些信息对于后续的数据处理和分析决策至关重要。例如，数据的偏态性可能影响统计测试的选择和结果解释，而直方图提供的视觉证据可以帮助分析师确定最适合数据特性的分析方法。此外，直方图还可以用于比较不同数据集的分布情况，或者评估数据变换的效果，如对数变换是否使数据更接近正态分布。因此，直方图不仅是探索数据结构的基础工具，也是数据分析和科学研究中不可或缺的一部分。

（2）箱线图

箱线图，或称盒须图，是分析数据集分布特征的重要工具，它通过最小值、第一四分位数、中位数、第三四分位数和最大值这 5 个数据概括展示数据分布范围和中心位置。这种图表能有效识别异常值和偏态性，中心箱体显示 50% 数据的分布区间，反映了数据的四分位距，即数据的集中趋势和离散程度。箱体中的横线表示中位数，而须线指向数据的极值，但排除了异常值（这些以点形式表示，直观地标示出数据的离群点）。箱线图揭示了数据的偏斜性，如果箱体不居中，显示数据偏向一侧；它还能够显示数据是否对称、集中、分散或多模态，为数据预处理提供指导，帮助选择恰当的分析模型。箱线图在比较不同数据集分布时尤其有用，为数据科学家提供快速、直观的数据集关键统计特性评估方法。

（3）散点图

散点图用于揭示两个变量之间可能的关系。在这种图表中，每一对变量值在坐标系中被标记为一个点，其中一个变量的值沿着 X 轴展开，另一个变量的值沿着 Y 轴展开。点的分布模式提供了变量间关系的直观证据，紧密聚集的点暗示强相关性，而分散的点则表明关系较弱。散点图特别适用于观察和分析变量之间的线性或非线性关系，通过点的布局，可以判断这些关系的方向——正向、负向或无明显关系。此外，散点图还可以揭示群集模式，指出数据中的特定分组或异常值。通过添加趋势线，如最小二乘法线，散点图还能提供关系的定量描述，增强对数据结构的理解。因此，散点图不仅是探索变量间关系的强大工具，也是数据分析和预测模型构建中不可或缺的一环，允许研究者直观地识别和分析数据中的模式和趋势。

（4）折线图

折线图是分析和展示数据随时间或序列变化的一种有效工具，通过将一系列数据点用直线段相连形成折线，以直观地表示数据的变化趋势。这种图表特别适合用于时间序列数据的分析，如追踪销售额、股票价格、气温变化等，允许观察者快速识别出数据随时间的增长、下降或周期性波动。折线图的一个关键优势是它能清晰地揭示出趋势线，即数据随时间演变的总体方向，帮助分析者判断未来的可能发展趋势。此外，折线图还可以用来比较多个数据序列之间的关系，通过将多条趋势线绘制在同一图表中，观察者可以一目了然地比较不同数据组的表现和变化速率。这种比较对于分析市场竞争状况、评估多个经济指标之间的相互作用等场景尤为重要。通过识别折线图中的峰值、谷值和突变点，分析师还可以探究数据变化背后的原因，为决策提供有力的数据支持。因此，折线图不仅是直观展示数据变化的图形，也是深入分析数据趋势、预测未来发展的重要分析工具。

2. 可视化分析的作用

可视化分析通过直观展现复杂的数据集，极大地提升了数据理解的速度和深度。它将抽象数值转化为易于理解的图形和图表，不仅加快了分析过程，也让数据的解读更直接、简便。从发现数据模式到识别趋势和关系，再到检测异常值、简化数据解释，以及促进有效交流，可视化技术在各个环节中都扮演着关键角色。这一过程不仅是提高了分析的效率，更重要的是，它使不同专业背景的用户都能够轻松获取、理解并利用数据中的信息。

（1）发现数据模式

在数据分析的领域中，通过图形化的数据展示，比如直方图和热力图，能够以直观的方式揭示数据的多种特性，发现其隐藏的模式和规律，包括但不限于数据的集中趋势、离散程度、分布模式等。直方图通过展现每个数值区间内观测值的频率，让分析师能够一目了然地看到数据分布的形状，比如是否呈现为正态分布、是否偏斜以及偏斜的方向。这种图表特别适用于初步探索数据集，识别数据的集中趋势和离散程度，为后续的深入分析提供基础。而热力图则通过颜色的深浅来表示数据矩阵中的数值大小，非常适合于展示变量间的相关性或数据的聚集情况。颜色的变化不仅直观地展示了数据的集中区域，还能帮助识别数据中的模式、趋势和潜在的异常值。通过这些图形化工具的应用，可以将复杂的数据集转化为易于理解的视觉形式，极大地简化了数据模式的识别过程，让分析师能够迅速抓住数据的核心特性，有效地从数据中提炼出有价值的洞察。

（2）识别趋势和关系

识别数据中的趋势和关系是进行有效数据分析的基石，其中折线图和散点图等可视化工具在这一过程中扮演着不可或缺的角色。折线图通过将数据点按照时间序列或其他顺序连接起来，提供了一种清晰的方式来观察和分析数据随时间或其他关键变量变化的趋势。这种图表尤其适用于追踪和分析长期的市场动态、消费者行为模式、股票价格变动等，使得分析师能够一眼看出上升或下降的趋势，识别出数据的周期性变化或显著的波动点。散点图通过在坐标平面上映射两个变量的每一个观测值，使分析师能够探索和理解这些变量之间是否存在相关性、相关性的强度及其方向性。这种直观的表示方式可以揭示变量之间的线性或非线性关系，为建立预测模型或做出策略决策提供重要依据。无论是在金融分析、市场研究还是社会科学领域，折线图和散点图等工具的应用都极大地增强了理解和解释数据的能力，通过识别数据中的趋势和关系，为基于数据的决策提供了坚实的支撑。

（3）检测异常值

检测数据集中的异常值对于数据清洗和质量控制至关重要，可能确保分析结果的准确性和可靠性。特定的图表类型，如箱线图，提供了一种直观且有效的方式来识别偏离数据集的集中趋势的观测点。箱线图定义了异常值的潜在范围，即低于下四分位数或高于上四分位数一定距离的值，以点的形式标出，便于快速识别。此外，箱线图还揭示了数据的偏斜性，帮助分析师获得数据分布特性的直观理解。利用箱线图等工具进行数据的初步可视化检查，不仅有助于识别异常值，还能提供对数据集整体分布特征的深入了解，是数据预处理阶段不可或缺的一步。通过精确地识别和适当地处理异常值，可以提高数据分析的质量，为后续的数据探索和模型建立奠定坚实的基础。

总之，可视化技术在现代数据分析和决策制定中扮演着核心角色，不仅增强了数据故事的表达力，也促进了跨领域的沟通与合作，推动了数据驱动决策的广泛应用。

4.4　预测性数据分析

微视频：
预测性数据分析

预测性数据分析（PDA）代表着数据科学的一个重大进步，它汇集了机器学习、深度学习及强化学习等尖端技术的力量，为基于现有数据预测未来趋势和结果提供了一套强大的分析工具。这些技术的应用已经贯穿金融、医疗、科技等多个重要领域，不仅促进了行业内的创新发展，还显著提升了预测和理解未来的能力。通过深入挖掘历史数据，预测性数据分析揭示未来的发展方向，为各类决策过程提供科学的支持和依据。本节将详细探讨机器学习、深度学习和强化学习的核心内容，以及其在预测性分析中的实际应用，旨在向读者提供一个全面的视角，展示如何有效利用这些前沿技术预测未来并做出明智决策。

4.4.1　机器学习

在预测性数据分析的世界中，机器学习算法利用统计学原理赋予计算机通过数据学习的能力，进而做出预测或决策，无须直接编程指示。这一领域的进展，展示了机器学习在改变数据分析方法方面的广泛应用。本小节将简要阐述常见算法的基本原理，并重点探讨其在多元化数据处理和预测建模中的具体应用。通过深入分析算法识别复杂数据模式的内在机制，我们将揭示这些方法如何为现实问题的科学决策提供关键支持，从而在数据驱动的解决方案中发挥核心作用。

1. 常见算法及应用

机器学习算法覆盖了从基础模型（如线性回归）到高级模型（如支持向量机等）的广泛技术，展示了它们在处理多样化数据及解决预测问题上的强大能力。

这些算法为数值型输出的预测、分类和回归分析等任务提供了有效的解决方案，并在多个应用场景中得到了实际运用。了解这些算法能够深化对数据分析的理解，并为现实世界的问题解决提供科学的方法和手段。

（1）线性回归

线性回归是统计学中用于预测数值型输出的基础模型，假设输入变量 X 与输出变量 Y 之间存在线性关系。该方法通过最小化误差的平方和来确定最佳的线性方程，适用于各种领域，如金融市场的股价预测、零售业的销售趋势分析，以及医疗领域的效果预测等。线性回归简洁易懂，在数据分析和预测建模中的广泛应用证明了它的有效性和灵活性，但它在处理复杂非线性数据时可能有局限。研究人员常通过变量筛选和数据转换来优化模型，提高预测精度，使线性回归成为了解变量关系和预测未来趋势的强大工具。

（2）决策树

决策树是一种直观的模型，通过模拟决策过程来处理分类和回归问题。它以树形结构展开，其中每个内部节点代表对数据的一个属性测试，每个分支表示测试的结果，而每个叶节点则对应于最终的决策或预测结果。这种模型的优点在于其透明度和可解释性，使得非技术背景的人员也能理解模型的决策路径。决策树特别适用于客户分群、信用评分、医疗诊断和其他需要清晰决策逻辑的场景。为了提高预测的准确性和防止过拟合，决策树模型可能会进行剪枝处理，移除对最终分类影响不大的节点。此外，它们也是随机森林和梯度提升树等更复杂集成方法的基础，这些集成方法通过组合多个决策树来提高预测性能和稳定性。在实际应用中，决策树的构建过程考虑的因素包括特征选择、树的深度，以及如何处理连续和分类变量等，它们都对模型的性能有着重要影响。

（3）支持向量机

支持向量机（SVM）是一种强大的机器学习算法，用于分类和回归分析，适用于处理高维数据集。其核心思想是在特征空间中寻找一个最优的超平面，将不同类别的数据分隔开，其中最接近这个分隔面的数据点称为支持向量，支持向量直接决定了超平面的位置和方向。SVM 通过核函数在高维空间有效分隔数据，使其能够处理线性不可分的情况。这种方法在图像识别、生物信息学和文本分类等领域显示出了优异的性能，如用于识别面部特征、分析基因表达或过滤垃圾邮件等。尽管 SVM 在大数据集上的训练可能导致计算成本较高，并且模型的解释性不如一些简单算法，但它具有准确率高以及对复杂数据集的较强适应能力，使其成为众多领域内的首选分析工具。

在预测性数据分析领域，机器学习算法的广泛应用展现了其在不同问题和数据类型上的适用性与效果。线性回归适用于预测数值型输出，特别在金融和零售行业中有重要作用；决策树以其直观的模型结构，广泛应用于分类和回归任务，尤其在需要明确决策逻辑的场景中；支持向量机则凭借其在高维数据处理和分类问题上的优异性能，成为复杂数据分析的强大工具。此外，随机森林、神经网络、梯度提升树等其他先进算法进一步扩展了预测性分析的深度与广度，提高了模型的准确性和稳定性。这些算法的选择和应用依赖于具体的分析需求和数据特性，理解它们的基本原理和适用场景对于解决实际问题至关重要。随着技术进步，这些算法不断优化更新，推动预测性数据分析在各领域的应用，为基于数据的决策提供坚实支撑。

2. 模型训练和评估

在探讨预测性数据分析的关键环节中，模型的训练和评估步骤尤为关键。这些步骤不仅关乎模型对数据的学习效率，也涉及模型性能的细致评估，确保模型在现实世界的应用中能达到预期的准确性和可靠性。具体来说，模型训练通过训练数据使模型学会识别数据中的模式和关系，涉及算法选择、参数调整以及优化策略应用。验证和测试进一步检验模型对未见数据的处理能力，通过划分独立的验证集和测试集来评估模型在实际应用中的表现。性能评估通过综合运用多种指标，全面衡量模型的预测能力，进而指导后续的模型优化。这一系列精细化的训练和评估流程确保了预测模型在面对新挑战时的适应性和准确性，为基于数据的决策提供了坚实的支撑。

（1）模型训练

模型训练的主要目标是让算法通过深入分析和学习训练数据集中的模式和关系来优化其预测能力。在这个过程中，无论是简单的线性模型还是复杂的深度神经网络，模型都会通过调整其内部参数来适应数据，力求在给定的任务上达到最小的预测误差。优化过程往往依赖于如梯度下降这类算法，它们通过逐步调整参数以减少模型输出与实际值之间的差异，从而找到最能够代表数据潜在关系的参数集。这个阶段不仅是算法学习识别数据模式的基础，也是后续验证和测试模型泛化能力的前提。模型训练的效果直接影响到模型在未知数据上的表现，因此，选择合适的训练方法、优化算法及其参数设置是实现高效、准确预测的关键。此外，为避免过拟合现象（即模型过度适应训练数据而失去泛化能力），通常会采用正则化技术，或在训练过程中引入验证集来监控和调整模型复杂度。总之，模型训练不仅要求算法能够准确捕捉到数据中的关键特征和模式，还需要确保模型具有良好的泛化能力，这样才能在面对新的数据时做出准确的预测。

（2）验证和测试

在机器学习算法中，确保模型的泛化能力并准确评估其在未见过的数据上的表现是至关重要的。为此，数据集通常被分为训练集、验证集和测试集。训练集用于模型学习；验证集在模型选择和调参过程中使用，以防止过拟合并优化模型性能；测试集则用于在模型训练和调参完成后评估其性能，确保评估的公正性和准确性。这种分割方法允许开发者在不同阶段监控模型的表现，并进行调整以达到最佳性能，同时测试集的独立性保证了模型评估的真实可靠。正确的数据划分和策略不仅能够预防过拟合，还能够保证模型评估的客观性和公正性，使模型在实际应用中更加可信和准确。

（3）性能评估

性能评估是评价机器学习模型预测能力的关键环节，主要通过准确率、召回率、F1 分数等多种指标进行。其中：准确率直接衡量模型预测正确的比例；召回率关注于模型正确识别正类的能力，对于某些应用（如欺诈检测）极为关键；F1 分数则综合考虑准确率和召回率，为模型的综合性能提供平衡评估。此外，ROC 曲线及其曲线下面积（AUC）和均方误差（MSE）是机器学习中两类重要的评估指标。前者用于分类任务，通过不同阈值下的真阳性率和假阳性率来综合评价模型性能；后者则应用于回归任务，通过计算预测值与真实值之间差异的平方均值来量化模型预测精度。这些指标的选择和应用依赖于项目的具体需求和应用场景，有效地利用这些指标不仅可以全面评估模型的性能，还能指导模型的进一步优化和改进，确保预测模型在实际应用中的准确性和可靠性。

4.4.2 深度学习

深度学习是指基于深层神经网络模型和方法的机器学习。它是在统计机器学习、人工神经网络算法模型基础上，结合当代大数据和大算力的发展而发展出来的。随着技术的不断演进，TensorFlow 和 PyTorch 正在拓展深度学习在各领域的应用，展现出前所未有的潜力和价值，推动着数据驱动决策和智能化应用的发展。

1. 神经网络基础

神经网络的设计与学习机制是深度学习技术中最为关键的元素，它们通过精心设计的多层结构捕捉复杂的数据模式，其中包括前向传播和反向传播两个基本过程。前向传播负责将输入信息逐层传递并转换，最终产生输出；而反向传播则利用输出结果与预期目标之间的差异来反向调整网络中的权重和偏置，以此优化模型性能。这种迭代的训练方式使得神经网络能够有效学习数据中的复杂关系和模式，从而在各种任务（如图像和语音识别、自然语言处理）中展现出卓越的性能。

（1）神经网络结构

深度学习的核心在于其构建的复杂多层神经网络结构，这一结构能够有效地处理和学习数据中蕴含的丰富特征。每个神经网络层次由众多神经元组成，这些神经元负责接收来自前一层的输入信号，经过特定的激活函数处理，产生输出至下一层。激活函数的设计是为了引入非线性因素，使得网络能够捕捉到数据中的复杂模式和关系。随着数据在网络中的前向传递，每一层都在对输入信息进行更加深入和高级的抽象化处理，从而使网络能够识别从简单到高度复杂的数据特征。深度神经网络通过这样的分层次处理，将原始数据逐渐转化为易于分类或预测的高层次特征表示。

（2）前向传播

在神经网络中，前向传播是数据处理的第一步，它描述了如何将输入数据通过网络层推进，直至生成输出的过程。具体而言，每个输入数据点首先被送入网络的输入层，然后逐层向前传递至隐藏层，最终到达输出层。在这个过程中，每一层的神经元将接收来自上一层神经元的加权输入，再加上偏置项，通过激活函数计算得到输出。这些输出随后成为下一层的输入。在输出层，网络生成的最终输出代表了模型对给定输入数据的预测。前向传播过程根据当前的网络参数（权重和偏置）计算出预测值，为下一步的误差计算和参数更新奠定了基础。

（3）反向传播

反向传播用于根据模型输出和实际目标值之间的误差调整网络参数。在完成前向传播得到预测结果后，网络会计算损失函数，即预测值与真实值之间的差异。反向传播从这个损失函数开始，逆向通过网络传播误差信号，逐层计算损失函数对每个参数的梯度。这些梯度表明了为了减少总损失，权重和偏置需要如何调整。通过梯度下降或其他优化算法，网络参数随后被相应地更新。这个过程在多次迭代中重复进行，逐渐降低预测误差，提升模型性能。反向传播使得深度学习网络能够从错误中学习，不断自我优化，是实现复杂功能和高准确度预测的基础。

2. 深度学习框架

深度学习领域的显著发展与广泛普及，很大程度上归功于 TensorFlow 和 PyTorch 这两个强大的框架。它们为设计、训练和部署复杂的神经网络模型提供了关键的工具和资源，极大地推动了人工智能技术的进步。TensorFlow 由 Google Brain 团队精心打造，它凭借出色的灵活性和扩展性，满足了从基础研究到复杂商业系统开发的广泛需求。而 PyTorch 作为 Facebook 人工智能研究团队的产物，因对动态计算图的支持而迅速崭露头角。特别是在处理可变长度输入数据时，PyTorch 展现出了无与伦比的灵活性。这两个框架的优势互补，选择使用哪个框架往往依项目需求、开发者的个人偏好和具体任务的特点而定。随着这些框架的不断发展和改进，深度学习技术的应用前景将更加广阔，效率更高。

（1）TensorFlow

TensorFlow 是深度学习领域广泛使用的开源框架，它凭借灵活性和可扩展性，满足从初学者实验到企业级大规模系统开发的需求。TensorFlow 基于计算图技术，将复杂计算分解为简单操作的图形表示，提高了模型构建的直观性和性能优化能力。它支持跨平台部署（从桌面到移动设备），提供丰富的语言接口（特别是 Python），降低了使用门槛。此外，它还拥有强大的社区和资源库支持，为不同层次的开发者提供支持。Google 不断更新优化 TensorFlow，通过引入 TensorFlow Lite 和 TensorFlow.js 等工具扩展其应用范围。这些特性使 Tensor-Flow 成为机器学习和深度学习项目的综合平台，在学术研究和商业应用中展现出巨大潜力和价值。

（2）PyTorch

PyTorch 是一个相对较新的深度学习库，其最大的特点是支持动态计算图

（也称为"即时执行模式"）。这一特性为模型开发提供了前所未有的灵活性和直观性，尤其是在处理变化的输入长度时非常有效，如在序列数据和文本处理场景中。此外，PyTorch 提供了简洁直观的 API，使得模型的定义和实验过程更加直接和易于理解。PyTorch 还拥有一个活跃的社区和广泛的教程资源，为初学者和专业研究人员提供了极大的支持。它的这些优点不仅促进了研究和开发过程的迭代速度，也为从研究原型到生产部署的过渡提供了强大的加速能力。

深度学习算法，已经在图像识别、自然语言处理等多个领域推动了技术的革新。这一进展得益于深度学习框架，它们为研究人员提供了强大的工具和资源。这些框架不仅支持从数据的基础处理到高级模型的开发全过程，而且通过其灵活和直观的计算图、动态计算图等特性，极大地简化了模型的开发和优化过程。

4.4.3 强化学习

强化学习是机器学习中的一个重要分支，专注于如何在不断变化的环境中做出最优决策。它区别于传统的监督学习和非监督学习，通过代理与环境的互动来发现获得最大累积奖励的策略。在这个过程中，代理需要在未知的环境中通过尝试和错误来学习，不断调整其行为以适应环境，寻求最佳的行动方案。强化学习的核心挑战在于如何在探索未知领域和利用已知策略之间找到一个平衡点。通过这种机制，强化学习能够使模型在没有直接指导的情况下自我学习和进步，解决一系列从简单到极其复杂的问题。随着 Q-learning（quality-learning）、SARSA（state-action-reward-state-action）和深度 Q 网络（deep Q-network，DQN）等算法的发展，强化学习已经在诸如游戏、自动驾驶车辆等领域显示出巨大的应用潜力和实际价值，正不断拓展在智能决策和预测性数据分析中的应用范围。

1. 强化学习基本概念

强化学习是一种机器学习范式，其核心在于代理（agent）通过与环境（environment）的交互来学习如何做出最佳决策。在这个过程中，代理执行动作并接收环境的反馈。反馈通常以奖励或惩罚的形式出现，用来指导代理行为的调整。奖励信号是强化学习的关键，它为代理提供了学习的动力，即通过最大化长期累积奖励来改进其行为策略。这涉及一个关键的平衡问题：代理需要在探索（exploration）新行为以发现可能带来更大奖励的动作，与利用（exploitation）已知行为以获得已知的奖励之间找到平衡。"探索"允许代理发现新的知识和策略，而"利用"则使代理能够利用其已有知识获得奖励。有效的强化学习算法能够妥善处理探索与利用的权衡，指导代理在复杂多变的环境中做出最优决策。通过这种方式，强化学习模型能够在没有明确指示的情况下自我改进，适应环境变化，解决从简单到高度复杂的决策问题。

2. 关键算法

在强化学习领域，几种关键算法已经成为解决复杂决策问题的基石。Q-learning 算法表现突出，它不依赖于环境的模型，直接从代理与环境的互动中学习如何在特定状态下采取动作以最大化期望回报。这种算法通过更新一个 Q 表来记录每个状态-动作对的价值，使代理能够在未知的环境中做出决策。与 Q-learning 紧密相关的是 SARSA 算法，它同样是一种无模型学习方法，但在更新其值函数时考虑了当前行动后的下一个状态及动作，这使得 SARSA 在学习过程中更加谨慎，通常被视为一种在策略上更为保守的学习算法。

DQN 则是将深度学习技术应用于 Q-learning 的一种创新，通过使用深度神经网络来近似 Q 函数，DQN 能够处理远超传统方法的高维状态空间。这种结合了深度学习和强化学习的方法，能够让代理在视觉输入等复杂环境中学习策略，展现了强化学习在处理复杂任务中的巨大潜力。DQN 的成功应用，如在视频游戏和机器人导航中的表现，不仅验证了其在处理高维数据上的能力，也推动了强化学习技术的进一步发展和应用。

强化学习算法通过其独特的学习机制，为解决动态决策问题提供了一种高效的方法。强化学习的关键算法，通过不同的方式来解决探索与利用之间的权衡问题，有效地指导代理在复杂环境中做出决策。特别是 DQN 的引入，它将深度学习技术与强化学习技术相结合，为处理高维状态空间提供了强大的能力。

本章小结

本章通过描述性数据分析、探索性数据分析及预测性数据分析这 3 个方面的介绍，展示了数据科学的全貌。这 3 方面都是理解数据、揭示其内在特性和预测未来趋势的关键环节。描述性分析详细总结数据的各种属性；探索性分析对数据集进行初步探索，揭示主要特征和趋势；预测性分析利用机器学习、深度学习和强化学习等先进技术，构建模型预测未来事件或结果。这个过程不仅加深了对数据集的理解，而且为在各个领域内做出准确预测和决策提供了坚实的基础。从原始数据的探索到预测模型的构建，展现了数据分析在现代决策制定中的核心作用。

习题

一、选择题

1. 云计算的基本特征不包括以下哪一项？（　　　）

A. 按需自助服务　　　　　　　　B. 广泛的网络访问

C. 资源共享池　　　　　　　　　D. 固定资源分配

2. 下列哪种技术通常用于数据清洗和预处理？（　　　）

A. HTTP 协议　　　　　　　　　B. Python

C. HTML　　　　　　　　　　　D. CSS

3. 在数据可视化中，以下哪种工具最常用于创建交互式图表？（   ）

A. Matplotlib   B. Seaborn

C. Plotly   D. Numpy

4. 探索性数据分析的主要目的是？（   ）

A. 创建机器学习模型

B. 发现数据中的模式、趋势与异常

C. 数据存储与管理

D. 数据加密与保护

5. 在数据分析中，哪种方法最适合用来处理缺失值？（   ）

A. 数据标准化   B. 数据插值

C. 数据加密   D. 数据降维

6. 下列哪一种不是描述性统计量？（   ）

A. 均值   B. 中位数

C. 回归系数   D. 众数

7. 在预测性数据分析中，哪种算法最适合用于分类任务？（   ）

A. 线性回归   B. 决策树

C. 主成分分析   D. K-means 聚类

8. 四分位距用于衡量数据的什么特性？（   ）

A. 数据的集中趋势   B. 数据的离散程度

C. 数据的对称性   D. 数据的正态性

9. 在机器学习中，过拟合的主要原因是什么？（   ）

A. 数据量过少   B. 模型复杂度过高

C. 数据维度过低   D. 算法选择不当

10. 在描述性数据分析中，箱线图主要用来展示数据的什么信息？（   ）

A. 数据的集中趋势

B. 数据的分布情况和离群点

C. 数据的相关性

D. 数据的变化趋势

二、思考题

1. 讨论在数据分析过程中探索性数据分析的作用及其主要方法。请结合具体实例，说明如何通过该方法发现数据中的模式、趋势和异常。

2. 在预测性数据分析中如何选择合适的机器学习算法进行建模？请讨论选择的标准和考虑因素，并举例说明。

第5章　数据可视化

在数字化时代背景下，数据的普遍存在及其快速增长的规模与复杂性，使得数据可视化成为一项关键技术，它能将复杂数据转化为易于理解的视觉形式，从而加速数据分析过程并提高决策效率。本章主要介绍数据可视化的基本原理和关键实践方法，包括视觉层次结构、数据关系与模式识别、图形真实性与完整性，以及在设计中考虑多样性与包容性的重要性。同时，将探讨包括Tableau、Power BI、Pandas、NumPy、ECharts和阿里云（DataV）在内的多种数据可视化工具，这些工具展示了如何有效实施数据可视化项目。最后，通过石油钻井可视化大屏案例分析展示了数据可视化技术的应用实践。期望通过本章的学习，读者能够获得必要的数据可视化知识和技能，为今后的学术探索和职业发展奠定基础。

5.1　问题导入

石油钻井是石油勘探和开发过程中至关重要的一环，其作业效率和安全性直接影响到石油资源的开采效果。为了提高石油钻井作业的效率，减少成本并保障安全，现代钻井作业需要对各种参数进行实时监控和深入分析。

当前石油钻井数据的可视化和分析需求不断增加，通过展示钻井过程中关键参数的变化和相互关系，可为石油钻井提供科学的决策依据。在其过程中需要解决的主要问题包括：

① 如何展示石油钻井过程中各参数随深度变化的趋势？

② 如何探究钻井过程中各参数之间的相关性？

③ 如何识别并分析钻井作业中的异常点？

项目需求主要包含两部分，即折线图、散点图、直方图等类型的图表设计和鼠标悬停、图表切换等交互操作。项目功能需求分析结果如表5-1所示。

表 5-1　项目功能需求分析表

需求描述	解决方案	相关工具
钻井深度变化趋势分析	采用折线图展示	ECharts
钻压与转速关系分析	采用散点图展示	Matplotlib

需求描述	解决方案	相关工具
孔隙度分布分析	采用直方图展示	ECharts
地层特性影响因素分析	采用散点图展示	Matplotlib
钻进速度异常点检测	采用折线图展示	ECharts
水饱和度与孔隙度关系研究	采用散点图展示	Matplotlib
岩石电导率异常值识别	采用散点图展示	Matplotlib
钻井参数趋势分析	采用折线图展示	ECharts

为了实现项目需求，本章将主要介绍 ECharts、Matplotlib 及阿里云 DataV 等可视化工具。

5.2 可视化原理

数据可视化原理是确保信息有效传达的关键，涉及多方面的内容：合理的视觉层次结构能引导用户快速识别关键数据，比如通过对比度和颜色强调主要信息；数据关系与模式的揭示能展现变量之间的相关性或时间序列的趋势，这对理解复杂数据至关重要；图形的真实性与完整性要求设计者真实呈现数据；考虑到多样性与包容性，设计应兼顾不同用户的需求，如为色盲用户提供易辨识的配色方案，保证数据可视化的普遍可接受性。综上所述，这些原理不仅提升了数据视觉化作品的易理解性和互动性，也是数据科学领域中重要的交流工具。

微视频：
可视化原理

5.2.1 视觉层次结构

视觉层次的定义涉及数据可视化设计中一种核心的、策略性的安排，它依靠对视觉元素（如颜色、大小、形状、纹理等）的有意排列和层次化处理，建立信息呈现的优先级序列和清晰的组织结构。这种设计策略致力于引导用户的视线流动和认知过程，使数据的表达既直观易懂又逻辑清晰。通过创造一个明确的视觉引导路径，设计师能够控制信息的接收顺序，确保用户先注意到最关键的数据点，随后按照设计意图逐步深入更详细的信息层面。

在实施视觉层次时，需综合考虑各种视觉元素的相互作用及其对用户视觉感知的影响。例如，较大的元素、鲜明的颜色或独特的形状通常用来标示信息的高优先级，而较小、较淡或常规形状的元素则用于展示次要信息。此外，空间排布和元素间的距离也是构建视觉层次的重要方面，恰当的空间分隔不仅有助于区分不同的信息块，还能增强信息的可读性和整体视觉效果的和谐性。

1. 快速识别关键信息

视觉层次设计在帮助用户迅速锁定和识别数据可视化中的主要信息和关键

数据点方面非常重要。例如，通过增强关键数据点的颜色饱和度，或通过放大重要信息的显示尺寸，使这些信息在视觉上显得更为突出，从而确保用户能够在接触可视化内容的第一时间内迅速注意到这些重要的数据。又如，使用不同的形状来区分数据类型或数据优先级，使用户能够在复杂的数据集中迅速识别出核心信息。这种视觉上的差异化处理不仅增加了数据可视化作品的直观性和易理解性，而且在很大程度上提高了信息传递的效率，尤其是在处理大量或复杂数据时，能够有效地引导用户的注意力，确保他们不会错过任何关键信息。

2. 理解数据组织结构

在数据可视化的设计中，视觉层次的精心运用极大地促进了用户对数据组织结构的理解。例如，使用树状图可以有效地展示数据的层级结构，而流程图则可以说明操作的序列。这样结构化的视觉呈现不仅让数据的整体框架和组织结构一目了然，还使得用户能够轻松地从宏观视角理解数据架构，为深入分析和数据探索提供坚实的逻辑基础。

3. 促进深入分析

通过明确的视觉引导，视觉层次不仅简化了用户对数据整体结构的理解，而且有效地促进了从宏观概览到微观细节的深入分析。通过视觉层次的巧妙设置，为用户提供了一条清晰的探索路径，从而使用户在理解数据的基础上，能够进一步挖掘和分析数据背后的故事和规律。这种从总体到细节，从表面到深层的探索过程，极大地提升了信息解读的效率和深度，为用户揭示了复杂数据集中隐藏的价值，进而支持更加精准和深入的数据分析决策。

4. 增强信息的可访问性

数据可视化作品采用良好的视觉层次结构后，其信息可访问性显著增强，不仅可使数据分析和设计领域的专业人员易于理解和使用，而且也极大地降低了非专业用户的理解门槛，为他们提供了一种简便的数据解读方式。这种普适性的设计理念考虑到了不同背景和知识水平的用户需求，通过视觉元素的合理组织和层次分明的信息呈现，确保所有观众都能快速抓住数据的主旨和关键点。例如，使用直观的图标和符号可以帮助用户迅速识别数据类别，而颜色编码和大小变化则直观地表示数据的量级和趋势，这些视觉策略的应用不仅增强了数据的表现力，也使得复杂的数据分析结果变得易于消化和理解。此外，考虑到有视觉障碍等特殊需求的用户，通过包容性设计如色彩对比度调整和信息的文本描述，进一步提升了数据可视化作品的可访问性。通过这样的设计，数据可视化作品能够跨越专业界限，吸引更广泛的观众群体，从而在教育、科研、商业等多个领域发挥更大的作用，增强数据传播的影响力和效果。

5.2.2　数据关系与模式识别

数据可视化不仅能够揭示数据之间的复杂关系和模式，也支持深入的数据分析和决策。通过策略性地使用图形、颜色和布局，数据可视化增强了用户对数据层级关系和网络连接的理解，使得原本难以把握的信息变得清晰易懂。有效的数据可视化不仅能够提高信息呈现的吸引力，更重要的是还能提高分析效率和决策质量。

1. 揭示数据关系

数据可视化的作用不仅在于呈现数据，还在于通过视觉元素和布局深化用户对数据关系和模式的理解。图形元素的选择、颜色的运用，以及空间布局的策略性安排，共同揭示了数据集中隐藏的联系和规律，使得复杂的信息以一种更加直观和易于理解的方式呈现给观众。

（1）使用图形和颜色突出显示关联性

在数据可视化实践中，将图形元素与颜色巧妙结合可揭示数据之间的复杂关系。例如，折线图通过数据点的相连展示趋势，散点图揭示变量间的关系，而热力图则利用颜色渐变呈现数值密度。颜色的运用进一步增强了这些视觉元素的表现力，对比和渐变的颜色不仅美化了视觉呈现，还强化了数据之间的区别和联系，突出显示了数据的关键趋势和模式。因此，有效地运用图形元素和颜色不仅能提升作品的视觉吸引力，还能增强其分析功能和用户体验。

（2）利用布局强化数据间的联系

在数据可视化实践中，空间布局的运用极为关键，尤其是树状图和网络图，它们通过直观的视觉表示形式展示了数据之间的层级关系和网络连接。树状图通过节点和枝的结构展现数据的层级，使用户能够一眼看出各个数据点的上下级关系，非常适合展示组织结构或分类信息。而网络图则揭示了数据点间复杂的相互关系，通过节点之间的连线显示实体间的直接和间接联系，适用于社交网络分析、互联网结构探索等场景。这些布局方式不仅增强了视觉层次感，也大大提升了数据间关系的可读性和理解深度，使复杂数据的组织结构和内在联系在视觉上变得直观易懂，从而有效地支持了数据分析和决策制定过程。

2. 模式识别

在数据可视化实践中，模式识别为用户快速捕捉数据集内的关键信息和深层含义提供了强大的支持。

（1）便于用户发现规律

数据可视化的核心价值之一在于其能够通过直观的视觉表现形式，快速揭示隐藏在复杂数据集中的规律、异常值或趋势线，极大地降低用户在理解和分析复杂数据时的认知负担。例如，在时间序列分析中，折线图通过连接各个时间点的数据值，清晰地展示了变量随时间变化的趋势，如销售额的季节性波动或长期增长趋势；散点图通过在坐标轴上标示数据点的分布，揭示了不同变量间的潜在相关性或聚类模式，如消费者行为的变化趋势或市场细分。此外，通过颜色、形状或大小的差异化表示，数据可视化进一步强化对数据中重要模式的识别，例如，不同颜色的使用可以区分不同数据组，使得用户能够迅速识别出属于同一类别的数据点，或通过颜色的渐变来表示数据值的大小，强调数据中的高低点或异常值。

（2）促进深入分析和洞察

数据可视化是一种强大的分析手段，使用户能够通过识别出数据中的模式，深入挖掘并理解数据背后的原因和潜在的因果关系。这种模式识别功能促进了用户对数据的深度分析和洞察力的提升。例如，一旦在销售数据中识别出季节性模式，分析人员可以进一步探索为何在特定季节销售量会有所增加，可能是因为季节性促销活动、消费者购买行为的变化，或是外部经济因素的影响。这些发现可以为企业提供宝贵的信息，帮助他们调整营销策略，以应对未来的市场变动。此外，模式识别也可以揭示数据集中的异常值，这些异常值可能指向系统性的问题或新的未被发现的机会。通过这种方式，数据可视化成为一种探索性手段，使得用户不仅仅停留在数据的表面，而是能够深入数据的内在结构，发现那些不易观察到的复杂关系并进行深层次的洞察。因此，数据可视化在促进数据分析和洞察的过程中发挥着至关重要的作用，它简化了分析过程，使得复杂的数据集变得易于理解和操作，极大地提高了数据分析的效率和有效性。

5.2.3　图形真实性与完整性

在数据可视化领域，图形的真实性和完整性是构建信任关系及有效沟通的基础。本小节将深入分析如何使数据可视化的图形既真实又完整，以便提高作品的质量和增强用户信任度，确保数据可视化的成功实现。

1. 真实性

数据可视化中图形的真实性，对于提升可视化作品的质量和用户的信任度具有核心作用。可以通过准确的视觉元素表示、恰当的比例尺选择，以及避免误导性视觉元素的设计来维护数据的真实展现，以确保数据可视化作品能真实、公正地反映数据本身，增强整个可视化过程的有效性和可信度。

（1）确保视觉元素的准确性

在数据可视化设计中，确保视觉元素的准确性至关重要。必须确保这些视觉元素能够忠实地反映数据的实际情况，避免任何形式的夸张或缩减，使其以直观的方式准确传达复杂的数据信息。例如，在使用条形图表示数据时，每个条形的高度必须与其所代表的数值严格成比例，确保用户能够从图形中获得准确的信息。此外，颜色的选择和运用也应谨慎处理，确保不同颜色或渐变能准确地表达数据的变化或分类，而不仅仅是为了吸引注意力或美化图表。在选择视觉元素时，应避免使用那些容易引起误解的装饰性图案或不必要的复杂设计，以免分散用户的注意力，使其忽视数据的核心信息。

（2）恰当选择比例尺和视觉比例

在数据可视化中，恰当选择比例尺和维持一致的视觉比例是确保图形真实性的关键。正确的比例尺使得数据点之间的相对大小和差异能够被公正且准确地展现。因此，在创建图表时，应通过视觉元素（如图形的高度、长度或体积）来精确地反映数据值的真实比例。不恰当的视觉比例可能会导致用户对数据的误解，例如，过大或过小的比例尺可能无意中夸大或缩小某些数据点的重要性，而不一致的视觉比例，如同一图表中使用多个比例尺，会给用户造成混淆并导致执行比较操作变得困难。因此，应仔细选择比例尺，并严格维护视觉元素之间的比例关系一致，确保所有数据点真实、公正地反映其相对大小和差异，从而增强可视化作品的可信度和专业性，为用户提供一个清晰、准确的数据理解平台。

（3）避免误导性的视觉元素

在设计数据可视化作品时，应避免使用可能引起误解的视觉元素和装饰，还必须警惕那些可能扭曲数据真实性的视觉效果，尤其是不必要的 3D 效果和过度的装饰性图形。这些元素虽然在某些情况下可以增加视觉吸引力，但如果使用不当，则可能造成数据解读上的偏差，如 3D 条形图可能因为视角和深度效果而改变用户对条形图的相对大小感知，导致其误解数据的真实比例。因此，可视化作品在追求美观的同时，应优先考虑图形的清晰性和准确性，避免引入任何可能误导用户的视觉元素，通过简洁、直观的设计有效地传达数据信息，同时保证数据的真实性，提高可视化作品的整体质量和可信度。

2. 完整性

在数据可视化设计中，图形的完整性直接关系到信息的准确性和观众的信任度。可通过确保信息的全面展示、避免误导性的设计元素，以及提供清晰的数据解读指导等原则来确保图形的完整性，提升数据可视化的质量，使用户能够准确、全面地理解所展示的数据。

（1）确保信息的全面展示

在设计数据可视化作品时，应确保图形和图表能够全面展示所有关键信息，包括清晰的坐标轴标签、详细的数据来源、明确的单位标示等，以便为用户提供必要的上下文信息，确保他们能够全面且正确地解读所展示的数据。同时，应避免仅靠颜色或复杂视觉效果来传达关键信息，以防引起混淆。应使用图例明确颜色含义，直接标注比例，提升通用性和包容性，并考虑不同用户的需求，如为色盲用户添加纹理或标签来辅助区分颜色。这样的全面性和准确性不仅可以提升数据可视化的质量和作为沟通工具的价值，也能够确保信息的有效交流和知识的传播，极大地提高用户的理解度和作品的可用性。

（2）提供清晰的数据解读指导

为了确保数据可视化作品的完整性和易于理解，提供清晰的数据解读指导或图例至关重要，尤其是涉及复杂数据集或多个数据类别进行比较时。图例和解读指导不仅能够提升数据可视化的清晰度，也能极大地促进了用户对于数据背后含义的理解。例如，在一个包含多数据系列的折线图中，图例可以帮助用户区分各个数据系列，而在一个分类数据的散点图中，不同颜色或形状的标识则清晰地指示了数据点属于哪个类别。此外，对于使用渐变色展示数据密度或数值大小的热力图，图例是理解数据分布的关键。通过提供这些关键的信息解读工具，数据可视化作品不仅更加完整，也更具有实际价值和交流效率，从而使用户能够深入挖掘和理解数据的深层含义。

5.2.4　多样性与包容性

数据可视化在现代社会中扮演着至关重要的角色，它不仅是技术发展的产物，更是对人类多样性和社会包容性的深刻体现。本小节探讨设计的包容性、语言的清晰性与简洁性，以及适应性设计的关键要素。

1. 设计包容性

在当今多样化和全球化的社会中，设计数据可视化作品时考虑包容性和多样性不仅涉及道德责任，也是提高作品影响力和可访问性的关键策略。可以通过细致的设计考虑，包括视觉障碍的适配、文化敏感性的颜色选择、跨年龄段的信息表达以及多语言支持，来实现数据可视化的包容性。这不仅能够拓宽数据可视化的受众基础，还能促进信息的有效传递和知识的广泛共享，提升数据可视化作品的整体质量和社会价值。这种对包容性的深入考虑和实践，是确保数据可视化作品能够真正触及每一个人，并在全球范围内发挥其最大效用的基石。

（1）考虑视觉障碍的用户

在设计数据可视化作品时，考虑视觉障碍的观众是实现真正包容性设计的关键一步。例如，通过使用不同的线型（如实线、虚线、点线）或点的形状（如圆形、方形、三角形）来区分图表中的不同系列，可以显著提高数据的可读性和可访问性。这种综合使用色彩、纹理和形状的方法，不仅能够满足视觉障碍用户的需求，也能够丰富整个用户群体的视觉体验，确保每个人都能以平等的方式访问和理解数据可视化中的信息。

（2）文化敏感性的颜色选择

在设计数据可视化作品时，深入考虑文化敏感性对颜色的选择至关重要，因为颜色在不同文化中可能具有截然不同的含义。例如，红色在某些文化中象征着幸运和喜悦，而在其他文化中可能表示危险或警告。同样，白色在一些文化中代表纯净和无瑕，但在其他文化中可能与忧思和祭奠相关联。这种颜色的文化差异要求设计师在选择颜色方案时必须谨慎，确保所选颜色不会在目标受众的文化背景中引起误解或不适。为了避免这种文化偏见，可以进行针对性研究或选择更为中性的颜色方案，并考虑提供自定义颜色选项，让用户可以根据自己的文化背景和偏好进行调整。通过这样的方法，数据可视化作品能够更好地跨文化传达信息，确保全球观众都能准确理解所呈现的数据，从而提升作品的全球包容性和沟通效果。

（3）适应不同年龄段的设计

在设计数据可视化作品时，适应不同年龄段用户的需求是提高信息传递效率和确保广泛理解的重要因素。年轻用户可能对新兴技术和复杂数据表示有较高的适应性，而儿童和老年用户可能更倾向于简化且直观的信息展示。为了跨年龄段有效传达信息，应采取易于理解的视觉策略，如使用鲜明的图形、明确的标签和直观的图例。例如，对于儿童观众，可以利用具有教育意义的动画或互动元素吸引其注意力，同时传达简化的数据概念；对于老年人，则应确保文字足够大，颜色对比度高，以及操作界面简单直观，减少其认知负担。此外，考虑到视觉和认知能力的差异，设计应支持自定义设置，如允许用户调整字体大小、颜色方案或简化视觉元素，从而满足不同年龄段用户的特定需求。通过这种综合且考虑周到的设计方法，数据可视化作品可以为所有年龄段的观众提供清晰、易于理解的信息，确保数据的广泛可访问性和有效沟通。

（4）多语言支持

在全球化的今天，数据可视化越来越需要跨越语言障碍，以便观众无论具备何种语言背景都能理解和利用这些信息。为了实现这一目标，应考虑实现多语言版本的数据可视化，确保核心信息、图表说明和交互提示都能够以观众的母语呈现。这不仅涉及文字内容的翻译，还包括对于数据表达和文化敏感性的考虑，以确保所有的信息都是文化中立的，避免误解。若条件不允许制作完整的多语言版本，至少应设计易于翻译的界面，如使用通用符号、图标和简洁的语言标签，使得第三方能够轻松地添加翻译。此外，可以考虑利用现有的翻译技术和工具（如自动翻译插件）来提供实时的语言转换支持。通过这种方式，数据可视化作品不仅能够触及更广泛的国际观众，还能促进全球范围内的信息共享和知识传播，真正实现数据可视化的全球包容性。这种多语言支持的策略，最终将提升数据可视化的影响力和实用性，使其成为连接不同文化和语言背景人群的桥梁。

2. 语言的清晰性与简洁性

在当今全球化的时代，构建数据可视化作品时应注重语言的清晰性和简洁性。数据可视化设计应采用易懂的语言、简化复杂说明、利用视觉辅助以及考虑文化差异对语言使用的影响，提升数据可视化作品的全球吸引力和理解度。

3. 适应性设计的关键要素

随着信息技术的飞速发展和移动设备的日益普及，数据可视化的设计面临着新的挑战和机遇。在这样的背景下，适应性设计变得尤为关键，其目的在于确保数据可视化作品在不同设备和平台上都能提供一致的体验。适应性设计的关键要素包括实现跨设备可读性、优化互动性、支持辅助技术，以及采用多模态内容呈现方式，以满足广泛用户群体的需求。

（1）跨设备可读性

在当今信息时代，人们越来越多地通过各种移动设备接触和交互数据，这就要求数据可视化设计在跨设备的可读性上做到无缝适配。为了确保可视化作品在各种屏幕尺寸和分辨率下都能保持出色的可读性和互动性，设计时应采用响应式设计策略，并且创建的作品应能够根据屏幕大小动态调整布局和展示内容。例如，对于在大屏幕显示器上展示的复杂图表，设计师可能需要为小屏移动设备版本简化设计细节，如通过减少图例数量、简化图表元素或调整图表布局来保持核心数据的清晰呈现；同时，确保交互元素（如按钮和滑动条）在小屏幕上依然易于操作，以维护良好的用户体验。

（2）优化互动性

互动性能够增强用户对数据的理解，并且激发用户对数据的探索兴趣。通过设计灵活的交互方式，如工具提示、动态图表和可筛选的数据视图，用户可以更深入地探索数据背后的含义。例如，当用户将鼠标悬停在图表上时可以显示详细的数据点信息，或者通过下拉菜单可以选择不同的数据维度，从而获得个性化的视图。这种互动性不仅提升了用户的参与感，还使数据可视化作品更具吸引力和实用性。

（3）支持辅助技术

随着技术的发展，越来越多的用户依赖于辅助工具来获取信息，因此设计中必须考虑到这些需求。例如，为图表和数据元素添加适当的文本标签和描述，能够帮助使用屏幕阅读器的用户更好地理解内容。同时，确保所有交互功能可以通过键盘而不仅仅是鼠标操作，这对于行动不便的用户至关重要。

（4）多模态内容呈现

在设计数据可视化作品时，引入多模态内容呈现方式是提升包容性和增强用户体验的有效策略。通过结合文本说明、音频解说、动态图表以及互动元素，可以为不同需求和偏好的用户群体提供多样化的信息访问途径。例如，音频解说可以帮助视觉障碍人群理解复杂的数据集和图表，而动态图表和互动元素则能够吸引更广泛的用户，使他们能够主动探索和理解数据。此外，结合文本和视觉元素的呈现不仅有助于强化信息的传递，还可以为那些偏好阅读或视觉学习的用户提供支持。通过多模态内容的设计，数据可视化作品不仅能够提高其可访问性和包容性，也能够通过多种感官渠道丰富观众的体验，促进更深层次的理解和参与。

本节通过深入探讨视觉层次结构、数据关系与模式识别、图形真实性与完整性，以及多样性与包容性这 4 个核心原理，提供了创建有效数据可视化作品所需的理论基础。这些原理不仅能够指导设计师如何呈现数据，也能够帮助用户更好地理解和分析可视化结果。正确运用这些原理能够增强数据可视化的清晰度、可用性和影响力，使之成为将复杂数据转化为决策支持的强大工具。通过掌握这些原理，用户可以创造更加包容、可访问且具有洞察力的数据可视化作品。

5.3　数据可视化工具

微视频：
数据可视化工具

在数据驱动的时代，数据可视化作为一种强有力的沟通手段，能够将复杂的数据集转换成直观、易理解的视觉表现形式，帮助人们更快地识别模式、趋势和异常。从企业决策支持系统到日常业务报告，数据可视化工具和库在提高决策效率、加强数据洞察力方面发挥着不可或缺的作用。本节将深入探讨几种主流的数据可视化工具和库，包括 Tableau、Power BI、Pandas、NumPy、

ECharts 和阿里云(DataV)，以及它们在数据可视化领域的应用和优势。

5.3.1　Tableau

Tableau(图 5-1)是一款领先的数据可视化工具，它凭借强大的数据分析和可视化功能而广泛应用于各个行业。Tableau 支持用户通过简单的拖曳操作来创建直观且富有洞察力的图表和仪表板，这使得数据分析变得既简单又高效。本小节将深入探讨 Tableau 的核心特点及其在数据可视化中的具体应用方法。

图 5-1　Tableau

1. Tableau 的核心特点

Tableau 包含如下核心特点：

（1）直观的拖曳式界面

Tableau 的设计理念旨在通过直观的拖曳式界面来简化数据分析和可视化过程，使之成为一种既易于学习又易于使用的工具。这种设计允许用户无须编程即可快速创建、调整和分享数据图表，极大地降低了数据可视化的门槛。

（2）丰富的图表类型

Tableau 的支持范围覆盖广泛的图表类型，为用户提供了强大的数据可视化能力。无论是进行简单的数据对比所需要的条形图和折线图，还是进行复杂数据集的空间分析所需要的地图和散点图，抑或是展示数据密度分布的热力图，Tableau 都能够提供相应的图表类型来满足不同的数据展示需求。

（3）强大的数据连接能力

Tableau 展现了强大的数据连接能力，这是它在数据分析和可视化领域的显著优势。通过支持广泛的数据源连接，包括本地文件(如 Excel、JSON)、数据库(如 SQL Server、Oracle)、云服务(如 Amazon Web Services、Google Cloud Platform)，以及 Web 数据服务(如 Google Analytics、Salesforce)，Tableau 为用户提供了一个多元化的数据整合平台。

（4）灵活的数据处理能力

Tableau 灵活的数据处理能力极大地优化了数据分析的前置工作流程，使用户在进行数据可视化之前无须依赖其他软件执行烦琐的数据预处理。通过直接在 Tableau 内部对导入的数据执行各种操作，如合并不同的数据源、分割数据列，以及创建自定义的计算字段等，用户可以快速地准备和优化数据集，从而更高效地进入数据分析阶段。

2. Tableau 在数据可视化中的应用

Tableau 提供了一套全面的工具和功能，使得从数据导入到最终的故事讲述一系列可视化操作变得既简单又直观。无论是处理原始数据，还是设计互动式仪表板和构建数据故事，Tableau 都能让这一过程高效且富有成效。

（1）数据导入

Tableau 将数据从各种来源载入分析环境，其用户界面直观易用，仅需几次点击操作就能快速完成数据的导入过程，无须复杂的配置。

（2）视图创建

用户通过拖曳操作将数据字段放置到图表的关键区域进行视图创建，包括行、列、颜色、大小等，其操作简单直观，极大地降低了数据可视化的门槛，使不具备编程背景的用户也能轻松创建出丰富多样的图表。

（3）仪表板设计

Tableau 提供了强大而直观的平台以满足不同用户对数据可视化的需求。它支持多种图表类型，如条形图、折线图、散点图和地图等，使用户能从多个角度探索和展示数据。

（4）故事讲述

Tableau 的故事讲述功能强大，旨在帮助用户通过数据来讲述引人入胜的故事。通过将一系列视图和仪表板有机组织起来，可以创建一个连贯的叙述流程，引导用户深入理解数据背后的故事。在这一过程中，用户不仅可以加入详细的文本描述来阐述数据分析的背景、过程和结论，还能利用导航元素（如按钮和链接）在不同的视图和仪表板之间自由切换，以探索数据的不同方面。

5.3.2　Power BI

Power BI（图 5-2）可以将复杂的数据分析流程转化为简洁、高效的决策支持工作。它不仅简化了从数据建模到深入分析的过程，还通过动态交互和直观的可视化手段使数据的探索、理解与分享变得非常便捷。本小节将介绍 Power BI 的核心功能，以及它们如何共同作用，帮助用户轻松揭示并利用数据中的深层洞察。

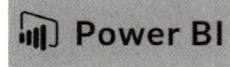

图 5-2　PowerBI

1. 核心功能

Power BI 作为业界领先的商业智能平台，集成了先进的数据建模功能、实时数据处理能力，以及对各种数据源的支持，帮助企业轻松地从庞杂的数据集中提取关键信息，优化决策流程。Power 的核心功能如下：

（1）数据建模

Power BI 在数据建模方面提供了强大而灵活的功能，使用户能够轻松地定义来自不同数据源的数据之间的关系，从而创建出复杂的计算列和度量值。这一特性不仅使数据分析过程更深入，也极大地增强了生成复杂报表的能力。特别是 Power BI 内置的数据分析表达式（data analysis expressions，DAX）语言，为用户执行高级数据操作提供了强大的支持。DAX 是专门为数据建模和报表制作而设计的，它包含一系列丰富的函数和运算符，能够处理各种数据类型和关系。用户可以利用 DAX 进行复杂的数据计算、时间智能函数计算以及条件逻辑计算，这使得 Power BI 不仅仅是一个数据可视化工具，还是一个强大的数据分析平台。通过 DAX，用户能够解锁数据分析的潜力，进行更深层次的洞察，从而支持数据驱动更为显著的决策过程。

（2）实时数据处理

Power BI 的实时数据处理功能提供了即时监控关键业务指标变化的能力。通过实时仪表板和报表，用户可以基于最新的数据进行分析和决策，这大大提高了响应市场和业务变动的速度。在快速变化的商业环境中，能够实时跟踪业务性能和市场动态对于企业来说至关重要。不管是监控销售数据、客户活动还是社交媒体互动，Power BI 都能提供实时的数据反馈，确保企业能够捕捉到每一个商机并及时做出调整。

（3）丰富的数据源支持

Power BI 具有强大的连接能力，能够无缝整合多种数据源，为企业提供高效的数据分析平台。它支持从本地数据库、云服务、API 接口到 Excel 电子表格等多种数据格式的接入，使用户能够轻松地将分散的数据集中到一个统一的分析环境中。这种广泛的数据源支持能力不仅简化了数据整合的流程，还为用户提供了更全面的数据视角，有助于发现隐藏在不同数据集中的关联和趋势。通过灵活的数据连接和整合，Power BI 能够帮助企业更好地利用其数据资产，从而推动数据驱动的决策制定。

2. Power BI 在数据可视化中的应用

Power BI 通过综合的数据处理和建模功能，以及先进的可视化技术，为用户提供了直观、互动的分析体验。特别是其动态报表和自然语言查询功能，极大地提高了数据分析的效率和便捷性。

（1）动态报表

Power BI 的动态报表功能能够使用户根据自身需求定制和探索数据。通过利用过滤器、切片器以及其他交互元素，用户能够在报表中进行深入的数据探索、自由筛选和查看所需信息。这种动态性极大地提升了报表的可用性，并简化了从复杂数据集中发现关键洞察的过程。更重要的是，Power BI 允许用户根据自己的查询需求实时调整视图和分析角度，即时观察数据变化的影响。这种动态报表的灵活性和交互性是 Power BI 在数据可视化领域的显著优势，不仅增强了用户体验，也为数据驱动的决策提供了强有力的支持。

（2）自然语言查询

Power BI 引入了自然语言查询功能，使用户能够以自然的提问方式直接从数据中寻求答案，极大地简化了数据的探索和分析过程。用户只需输入查询问题，Power BI 即可快速返回准确的数据视图和答案。这种直观的交互方式不仅提高了数据分析的效率，也显著降低了数据使用的门槛，让更广泛的用户群体能够直接参与数据驱动的决策过程。通过支持自然语言的查询，Power BI 将数据分析的可访问性和实用性推向了新的高度，进一步扩展了数据可视化的边界和潜力。

在现代商业环境下，Power BI 凭借其卓越的数据建模功能、实时数据处理能力和对各类数据源的支持，已成为企业数据分析和决策的核心工具。

5.3.3　Pandas

Pandas(图 5-3)强化了 Python 语言在数据科学应用中的地位，它提供了丰富的数据处理功能，范围涉及从数据清洗到转换，再到简化的数据可视化过程。Pandas 库通过其 DataFrame 结构高效地管理结构化数据，使得复杂数据集的处理变得直接而简单。它不仅优化了数据分析的前期准备工作，还通过内置的绘图功能，让初步的数据探索及分析结果的可视化过程变得简单。本小节将探讨 Pandas 的核心功能及其在可视化中的应用。

1. 核心功能

Pandas 是 Python 数据科学生态系统的核心库之一，它具备强大的数据处理和分析能力，在数据科学和分析领域得到了广泛应用。特别是在数据清洗和数据转换方面，Pandas 提供了丰富的功能。

图 5-3　Pandas

（1）数据清洗

Pandas 库提供了全面的数据清洗功能，极大地简化了数据预处理的工作。它能有效应对数据分析中常见的数据质量问题，例如在处理缺失值问题方面 Pandas 提供了多种选项，如填充缺失值、删除缺失数据所在的行或列，甚至应用复杂的插值方法来估算缺失值，以此满足不同的数据处理需求。在去除数据集中的重复记录方面，Pandas 的去重功能可以确保数据集的唯一性和准确性，为后续的数据分析提供了可靠的基础。此外，Pandas 的过滤数据功能允许用户根据特定条件快速筛选出目标数据子集，不仅提升了数据处理的效率，也增加了操作的灵活性。借助这些强大的数据清洗功能，Pandas 可以高效地解决数据质量问题，确保分析结果的准确性和可信度。

（2）数据转换

Pandas 的数据转换功能也同样强大，这对于确保数据准确性和进行时间序列分析尤为关键。此外，Pandas 中还有两项强大的功能：数据分组(groupby)和聚合(aggregate)。它们允许用户根据一个或多个键将数据集分组，并对每个分组执行汇总统计或其他数学运算，这在进行数据分析时至关重要，如计算每个类别的平均值、最大值、最小值等。这些数据转换工具极大地扩展了用户处理和分析数据的能力，使得从复杂的原始数据中提炼出有用信息、将数据转换为更适合分析的格式成为可能。

2. Pandas 在简单可视化中的应用

Pandas 在数据可视化领域同样展现出巨大的实用性。结合 Matplotlib 库，Pandas 为用户提供了便捷的绘图接口，从而使数据可视化变得既简单又高效。

（1）内置的绘图方法

Pandas 通过与 Matplotlib 库紧密集成，向用户提供了一个强大而又方便的工具集，用于快速将数据转化为视觉图表。这一功能可使 Pandas 的 DataFrame 和 Series 对象直接生成图表。通过调用 plot( )方法，用户能够轻松创建包括折线图、柱状图、散点图、饼图在内的多种类型图表，能够满足绝大多数日常数据可视化的需求。这些图表不仅覆盖了数据可视化的基本形式，还能通过一系列参数的自定义，如图表样式、颜色选择、标签添加等，允许用户按照个人偏好或报告需求进行调整，以实现最佳的视觉呈现效果。Pandas 的绘图功能为用户提供了一个强有力的工具，使他们能够在数据探索和分析过程中快速得到直观的视觉反馈，进而深入挖掘数据背后的故事和洞见。

（2）数据可视化的实例

利用 Pandas 的绘图功能，用户得以便捷地对数据进行初步的可视化分析和探索，从而揭示数据中潜在的信息和模式。例如，绘制时间序列数据的折线图不仅可以使用户明显观察到数据随时间的变化趋势，还能识别出周期性模式或是突出的异常值，为深入的分析提供线索。同样，通过创建柱状图，可以有效地比较不同类别间的数据差异，如在销售分析中对比各产品类别的销售额，从而直观展现各类别的销售强弱。这些实例说明 Pandas 不仅仅是数据处理的利器，其内置的绘图方法也为数据分析提供了强大支持，使其成为在数据科学初步探索阶段不可或缺的工具。

5.3.4 NumPy

NumPy（图 5-4）也是 Python 数据科学生态系统的核心库之一，它具备出色的多维数组处理能力和全面的数学函数库，在数据处理和分析领域使用广泛。特别是在数据可视化的准备工作中，NumPy 的功能显得尤为重要。它不仅提供了强大的基础统计分析工具，而且还拥有高效灵活的数组操作能力，极大地促进了数据分析和可视化的过程。本小节将探讨 NumPy 在数据处理中的优势，以及它在数据可视化前数据准备阶段的应用。

图 5-4 NumPy

1. NumPy 在处理数据中的优势

在数据科学的快速发展背景下，NumPy 凭借其高性能多维数组处理能力和全面的数学函数库，在处理和分析大规模数据集方面发挥着重要作用。作为 Python 生态系统中的一个基础库，NumPy 专为数值计算设计，通过高效的数组操作和数学函数支持，显著提升了科学计算和数据分析的效率。

（1）高性能的多维数组对象

NumPy 的核心特性之一是其高性能的多维数组对象 ndarray，它在科学计算和数据处理方面的应用极为广泛，特别是在处理大规模数据集时表现尤为出色。与 Python 的原生列表类型相比，ndarray 提供了更加高效的数据存储和处理能力。这得益于 ndarray 在内存中的连续存储方式，以及它对编译语言级别操作的支持，从而大大降低了计算开销。ndarray 对象的设计不仅支持快速的矢量化计算，避免了昂贵的 Python 循环，还实现了并行操作和广播功能，极大地提高了处理多维数据的效率和灵活性。这些特性使得 NumPy 成为进行复杂数值分析和数据处理不可或缺的工具，无论是在科研计算、机器学习模型构建，还是在大数据分析领域，NumPy 的高效和强大功能都得到了充分的利用和认可。

（2）丰富的数学函数库

NumPy 提供了丰富的数学函数库，涵盖从线性代数到统计运算，再到傅里叶变换等多个重要的数学领域。该函数库不仅支持数据科学中的复杂数学运算需求，其底层的性能优化还确保了这些运算能够以极高的效率执行。特别是在数据分析和机器学习等领域，这些数学函数库能够让研究者和开发者快速进行数据变换、聚合和过滤等操作，显著缩短了从数据处理到洞察发现的时间周期。这种高效性不仅源自 NumPy 对底层计算的优化，还得益于其提供的函数能够直接作用于 ndarray 对象，减少了不必要的数据复制和转换。因此，无论是进行基础的数据清洗任务，还是需要复杂数学计算的高级数据分析项目，NumPy 都能提供强大而高效的支持，这使其成为科学计算和数据分析中不可或缺的工具。这些综合的数学和性能特性，让 NumPy 在提供解决方案的同时，也为数据科学领域的发展和进步提供了坚实的基础。

2. NumPy 在数据可视化前数据准备阶段的应用

NumPy 提供了一系列强大的工具，以优化数据可视化前的准备工作。NumPy 在数据准备阶段的应用包括基础统计分析和复杂数组操作等方面，这些功能可有效组织和分析数据，为数据可视化项目提供必要的支撑。

（1）基础统计分析

在进行数据可视化之前，基础统计分析提供了一种方式来捕获和理解数据集的特性及其内在的趋势。NumPy 强大的统计函数可以方便地进行这类分析，这些函数包括计算平均值、中位数、标准差、方差等统计量，它们是评估数据集分布、集中趋势和变异性的基石。通过这些基本的统计分析，不仅能更深刻地理解数据的本质，还能在数据可视化的过程中作出更加明智的设计决策，如选择适当的图表类型和视觉编码方法。此外，这些统计分析结果也为解释和呈现数据提供了坚实的支撑，进而能够以数据为依据，清晰地传达信息。

（2）数组操作

数据可视化的准备阶段旨在确保数据被适当地组织和调整，以满足特定的可视化设计需求。例如，通过切片和索引能够轻松地提取出感兴趣的数据子集，而维度变换则能够重塑数据的结构，以便更好地适应不同的图表类型和可视化技术。这些操作不仅提升了处理数据的灵活性，还显著简化了数据预处理过程，确保在进行数据可视化时可以依赖准确且经过高效处理的数据。因此，NumPy 的数组操作工具是进行数据可视化之前不可或缺的一环，它们不仅加快了数据准备的速度，还为最终的可视化作品的成功奠定了基础，确保了数据的准确性和表现力。

5.3.5　ECharts

ECharts（图 5-5）是一个基于 JavaScript 的开源图表库，专门用于设计高效、灵活的数据可视化图表。其强大的功能集、广泛的图表类型支持、灵活的配置

选项，以及卓越的交互性协同运作，使得
动态和互动式图表的创建变得既简单又直
观。作为数据可视化的重要工具，ECharts
广泛应用于多个领域，如数据分析、监控
系统以及数据报表制作等，助力用户以更
直观的方式展示和解读数据。本小节将深
入探讨 ECharts 的核心功能以及互动式图
表在可视化中的应用。

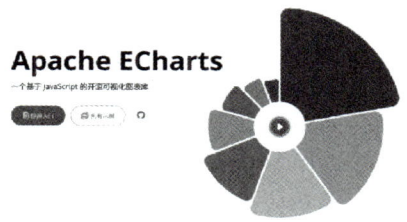

图 5-5　ECharts

1. 核心功能

ECharts 作为一个开源、高度灵活且功能丰富的 JavaScript 图表库，包含支
持多种动态图表、丰富的配置项，以及良好的互动性等核心功能。

（1）支持多种动态图表

ECharts 以其强大的图表库著称，它为用户提供了一系列广泛的图表类型，
从基本的条形图、折线图到复杂的饼图、散点图以及地图等，覆盖了几乎所有
可能的数据可视化需求。这些图表类型的支持并不限于静态展示，还能够展现
动态效果，极大地增强了数据的表现力和用户的交互体验。ECharts 的这种能
力特别适用于需要动态展现数据变化的场景，如监控销售数据的趋势或者在地
图上动态分析地理信息分布。

（2）丰富的配置项

ECharts 提供了丰富的配置项，使用户能够根据自己的需求深度定制图表
的细节，创建独具特色的数据可视化作品。在调整图表的颜色方案以匹配企业
品牌的视觉风格、选择合适的字体大小和类型以提高信息的可读性，以及在图
表中放置图例和提示框以增强数据的解释性等方面，ECharts 都提供了相应的
配置项来满足这些需求。可以通过这些配置项调整图表的布局、改变图形的大
小，甚至控制动画的播放方式，从而确保图表不仅在视觉上吸引人，而且在传
达数据信息时更加有效。这种灵活性和高度的可定制性使 ECharts 能够用于广
泛的应用场景。

（3）良好的交互性

ECharts 图表的设计不仅注重视觉展示的丰富性和定制化的灵活性，还强
调了交互性，并将其作为提升用户体验的关键因素。图表中集成的缩放、拖
曳、点击等交互操作功能使用户能够与图表进行直接的互动，不仅增加了数据
探索的趣味性，也极大地提高了信息获取的效率。这种良好的交互性使用户不
仅仅是被动的信息接收者，而是变成了主动的数据探索者。通过与数据的这种
直接交互，用户可以更深入地挖掘数据背后的故事和规律，发现那些可能在静
态图表中被忽略的重要洞察。

2. 互动式图表在可视化中的应用

在当前数据驱动的决策制定过程中，互动式图表不仅增强了数据的表现
力，也提高了用户的参与度和理解度。ECharts 制作互动式图表的过程如下：

（1）初始化图表

首先在网页上精确定义一个 DOM（document object model，文档对象模型）元素充当图表的承载容器。这一步可通过插入一个具有唯一 ID 或类名的 <div> 标签来实现，以确保后续操作能够精确地与该容器进行交互。在其基础上，开发者可调用 ECharts 提供的 echarts. init 方法，针对指定的 DOM 元素初始化图表实例。该初始化过程是构建互动式图表的关键一步，为图表实例的创建提供了必要的环境和条件。

（2）配置选项

在构建互动式图表的过程中，配置选项步骤直接影响到图表的功能和视觉呈现。ECharts 库提供了一套详尽的配置项，允许开发者自定义图表。具体来说，通过 series 配置项，开发者可以详细指定图表展示的数据类型和来源，为图表的核心内容设定基础；legend 配置项允许开发者自定义图例的显示方式和位置，增强图表的解读性；tooltip 配置项则提供了动态显示数据详情的能力，当用户将鼠标悬停在图表的某个部分时，可以展示更加具体的数据信息。这些配置项不仅增加了图表的互动性和用户体验，也极大地扩展了图表的应用场景，使得开发者能够根据具体需求创建出功能丰富且视觉效果颇佳的数据可视化作品。

（3）绑定数据

ECharts 为开发者提供了极其灵活的数据绑定方式，支持从多种数据格式进行数据加载，包括流行的 JSON 格式、数组等。这种多样化的支持使得将数据绑定到图表的过程变得异常简便和高效。开发者可以通过在图表的配置项中直接指定静态数据，实现快速的图表生成。同时，ECharts 还提供了 API 支持动态加载数据，这一特性尤其适用于需要展示实时数据更新的场景，如股票价格变动、实时监控系统等。这种动态数据绑定能力不仅让图表的展示更加丰富和动态化，也大大增强了图表与用户之间的交互体验。用户可以看到数据的即时变化，从而获得最新的洞察。此外，ECharts 的数据绑定机制还支持高度自定义的数据处理，开发者可以对数据进行预处理、筛选和转换，确保图表能够准确地展现出所需的数据视图。这样的设计使得 ECharts 不仅仅是一个图表工具，更是一个强大的数据可视化解决方案，能够满足从简单到复杂的各种数据展示需求，无论是静态数据报告还是动态数据展示，都能以高效、准确的方式完成数据到视觉的转换。

（4）渲染图表

在使用 ECharts 创建互动式图表的过程中，首先需要在网页中定义一个 DOM 元素作为图表的容器，并利用 ECharts 的 echarts. init 方法初始化一个图表实例。此后，开发者通过 ECharts 提供的丰富配置项，详细定义图表的类型、数据和样式，从而实现个性化的图表设计。接下来，将数据通过灵活的绑定方式与图表关联以确保图表能够准确反映数据的当前状态。最终，通过调用图表实例的 setOption 方法，传入已准备好的配置项和数据，ECharts 根据这些信息渲染出既动态化又具有丰富交互性的图表，其中包括缩放、拖曳、点击事件等交互功能。整个过程不仅显示了 ECharts 在技术层面的先进性，也突显了其在提供优质用户体验方面的考虑，确保所产生的图表既美观又实用，为数据展示与分析提供了一种既灵活又高效的解决方案。

5.3.6　阿里云（DataV）

阿里云（DataV）（图 5-6）作为一款领先的数据可视化大屏制作工具，提供了一整套强大的功能，从丰富的可视化组件库、灵活的布局设计到实时数据展示，这些功能使其成为构建数据监控中心、报告展示大屏的理想选择。通过简化的操作和强大的定制能力，DataV 使用户能够将复杂数据转化为直观、互动的视觉作品，极大地提升了数据的表现力和沟通效率。本小节将深入探讨 DataV 在数据可视化大屏领域的应用，以及如何构建数据大屏。

图 5-6　DataV

1. 数据可视化大屏应用

在数字化和数据驱动的今天，数据大屏已成为一种重要的工具，用于展现深刻的数据洞察和业务动态。特别是在可视化技术不断进步的背景下，DataV 凭借丰富的可视化组件、灵活的布局设计及卓越的实时数据处理能力，在数据大屏的创建和展示上呈现出显著的优势。无论是监控金融市场、管理生产线，还是跟踪社交媒体动态，DataV 的实时数据展示能力都可以帮助决策者及时响应市场变化，展现了其在当代数据可视化领域的领先地位和广泛应用潜力。

（1）丰富的可视化组件

DataV 提供了一个丰富且多样化的预定义可视化组件库，涵盖基础的图表类型（如柱状图、折线图、饼图等）、地图、文字标签、视频播放器、轮播图，以及一系列复杂的交互组件。其广泛的组件范围基本覆盖了数据大屏展示的所有需求，也为追求高级视觉效果和个性化展示的用户提供了强大的支持。通过灵活选择并组合这些可视化组件，用户能够根据特定的展示目标和视觉要求创造出既丰富又吸引人的数据展示效果。

（2）灵活的布局设计

DataV 在数据大屏的布局设计方面提供了极高的灵活性和自由度，这种灵活的布局设计能力使得用户可以根据具体的展示需求和数据特性，设计出既符合数据逻辑又颇具视觉效果的数据大屏方案。DataV 的用户界面设计工具支持精细的布局调整，包括组件的对齐、分布，以及创建层次分明的视觉效果，使得最终的数据大屏不仅信息丰富、逻辑清晰，而且在视觉表现上也达到了高水准。通过这种高度个性化的布局设计，DataV 帮助用户突破传统数据展示的限制，将数据转化为有力的视觉叙述，有效地提升了数据的沟通效果和观众的参与感，为数据可视化领域带来了新的创意和灵感。

（3）实时数据展示能力

在需要持续监控和实时展示数据的应用场景（如金融市场监控、生产线管理以及社交媒体监测等）中，DataV 的实时数据展示能力显得尤为关键。DataV 通过与实时数据源的直接连接实现了数据的即时接收、处理和更新，确保数据大屏上展示的信息始终处于最新状态。这种强大的实时数据处理和展示能力不仅让数据大屏成为实时监控和分析的有力工具，也极大地增强了数据大屏在各种实时应用场景下的应用价值。决策者依托 DataV 提供的实时数据展示功能，能够实时捕捉到关键业务指标的最新变化，从而基于最新的数据作出更加迅速和准确的响应。这不仅优化了决策流程，还显著提升了企业对市场变化的适应能力和响应速度，为实时数据分析和决策支持提供了强大的技术支撑。

2. DataV 构建数据大屏

在当今数据主导的决策环境中，数据大屏已成为展现企业洞察和动态的关键工具。DataV 作为一款专业的数据可视化大屏制作工具，提供了从数据整合到视觉展现的一站式解决方案，使构建具有交互性和动态效果的数据大屏变得轻松而高效。DataV 构建数据大屏的过程涵盖项目创建、组件配置、数据绑定，交互和动画设置，以及大屏的最终发布与分享等步骤。通过这一系列操作，DataV 能够帮助用户快速打造出既美观又实用的数据大屏，进一步加深数据的可视化表达和交流，为基于数据的决策提供有力的视觉支持。

（1）项目创建

首先要在 DataV 平台上创建一个新的数据大屏项目。有两种方式创建项目。方式一：用户可以通过 DataV 提供的丰富模板库创建项目。这些模板涵盖了从金融、交通、教育到医疗等各个行业的特定需求和场景，每个模板都经过精心设计，以确保用户能够快速启动并实现行业标准的数据可视化项目。选择模板作为项目的起点，不仅可以大幅度简化设计和开发流程，还能确保项目的专业度和视觉吸引力。方式二：用户可以从零开始创建项目，这为追求个性化和有特定展示需求的用户提供了极大的自由度。用户可以根据自己的创意和需求自定义设计大屏的每一个组件和细节，从布局到配色，从数据绑定到动画效果，每一个环节都可以精细调整，确保最终的大屏项目完美契合用户的展示目标和视觉风格。无论是选择现成的模板快速部署，还是从零开始打造独一无二的大屏，DataV 都为用户提供了强大的工具和灵活的操作界面，使得创建数据大屏项目变得简单而高效。

（2）组件配置

在创建项目后，用户可以根据自己的具体需求和目标观众的偏好，从 DataV 组件库中精选合适的组件加入大屏项目。每个组件的布局位置、尺寸大小以及外观样式（包括颜色、字体、图例等）都可以通过用户界面中的简单拖曳操作和参数设置进行个性化定制。这种灵活的配置方式可使每个数据可视化项目能够准确反映出设计者的意图，并且保证了最终大屏的信息传达是清晰且效果显著的。

（3）数据绑定

这一步是指对每个选定组件进行数据源配置，进行数据绑定。在其过程中，用户需指定数据接口并根据需求设定数据的刷新频率，这对保持大屏展示内容的实时性和准确性非常重要。通过精确的数据绑定设置，DataV 能够确保大屏上的每个数据点都是准确无误、最新的，从而使得数据大屏成为一个强有力的实时数据可视化工具，无论是用于业务监控、数据分析还是公共展示，都能够有效地满足用户的需求。

（4）交互和动画设置

DataV 提供了丰富的功能来允许用户为大屏添加各种交互操作和动画效果，从而显著提升数据可视化的用户体验。例如，组件的点击事件可使数据的探索变为交互式，鼠标指针的悬浮效果增加了数据呈现的层次感和信息的易获取性，页面切换的动画则让数据的呈现更加流畅和引人入胜。通过这些细节的设计，DataV 能够帮助用户构建信息量丰富且视觉效果出众的数据大屏。

（5）发布与分享

在完成数据大屏的设计和配置后，用户可以借助 DataV 的发布功能将自己的项目公开。平台会自动为每个项目生成独特的访问链接和二维码，便于用户将这些视觉化数据故事与外界分享。这个过程不仅极大地方便了数据的传播，也为项目的可访问性提供了便利。无论是通过社交媒体、电子邮件还是嵌入各类网站和应用程序，DataV 的数据大屏都能轻松连接预期的观众，实现数据的广泛分享和交流。这种发布与分享机制不仅让数据的价值得以最大化利用，也为用户提供了一个展示数据分析成果、故事讲述和视觉设计能力的平台。通过 DataV，复杂的数据集转化为视觉上引人入胜的故事，使得数据背后的深刻见解能够被更广泛的观众理解和欣赏，从而促进了知识的传播和决策的支持。

5.4　案例：石油钻井可视化大屏

石油钻井作为石油勘探和开发的关键环节之一，对于提高石油资源开采效率和保障作业安全具有重要意义。钻井过程中涉及的各项参数，如钻井深度、钻压、转速、钻进速度等，直接影响着钻井作业的效率和成本。因此，对这些参数进行深入分析和理解，能够为石油行业提供重要的技术支持和决策依据。本项目基于提供的石油钻井数据集，通过数据分析和数据可视化大屏的应用探究钻井过程中各项参数之间的关系，以及这些参数随钻井深度的变化趋势。通过对钻井深度趋势、钻压与转速关系、孔隙度分布、地层特性影响因素等进行分析，揭示钻井作业中存在的规律性变化和潜在问题，为钻井作业的优化和管理提供科学依据。

微视频：
案例：石油钻井
可视化大屏

5.4.1　字段描述

石油钻井可视化大屏案例数据集的记录包含如下字段：钻井深度、钻井钻头的钻压、钻井钻头的转速、平均钻进速度、孔隙度、页岩体积比、孔隙水饱和度、岩石电导率。字段说明如表 5-2 所示。

表 5-2　石油钻井数据集字段说明表

字段名称	字段含义	字段数据类型	备注
Depth	钻井深度	浮点数	钻井测量点的深度，单位为米
WOB	钻井钻头的钻压	浮点数	钻井钻头所受的钻压，单位为千磅力
SURF_RPM	钻井钻头的转速	浮点数	钻井钻头的转速，单位为转/分钟
ROP_AVG	平均钻进速度	浮点数	钻井过程中的平均钻进速度，单位为米/小时
PHIF	孔隙度	浮点数	地层的孔隙度，可能是由地层岩石组成、孔隙率等因素影响的测量指标
VSH	页岩体积比	浮点数	地层中页岩的体积比例，可能对地层特性和钻井效率有影响
SW	孔隙水饱和度	浮点数	地层孔隙中的水饱和程度，可能影响钻井液的使用和地层性质
KLOGH	岩石电导率	浮点数	地层岩石的电导率，可能反映地层的导电性质或渗透性

5.4.2　数据分析和可视化及实现

1. 钻井深度趋势分析

需求：分析钻井深度随时间的变化趋势。

方法：绘制钻井深度字段（depth）随时间变化的折线图，观察深度变化情况。

实现关键代码：

```python
def analyze_drilling_depth_trend(self):
    time = list(range(1, len(self.df) + 1))
    line = Line()
    line.add_xaxis(time)
    line.add_yaxis(
        "Depth",
        self.df['Depth'].tolist(),
        markpoint_opts = opts.MarkPointOpts(data = [opts. MarkPoint-
            Item ( type _ = " max "),  opts. MarkPointItem ( type _ = "
            min")]),
        markline_opts = opts.MarkLineOpts(data = [opts.MarkLineItem
            (type_="average")])
```

```
)
line.set_global_opts(title_opts=opts.TitleOpts(title=
    "Drilling Depth Trend"))
return line
```

2. 钻压与转速关系分析

需求:探究钻井钻头的钻压与转速之间的关系。

方法:绘制钻井钻头的钻压字段(WOB)和钻井钻头的转速字段(SURF_RPM)的散点图,观察两者之间的相关性。

实现关键代码:

```
def analyze_weight_on_bit_vs_surface_rpm(self):
    self.df['WOB'] = self.df['WOB'].astype(float)
    self.df['SURF_RPM'] = self.df['SURF_RPM'].astype(float)
    self.df = self.df.dropna(subset=['WOB', 'SURF_RPM'])
    scatter = Scatter()
    scatter.add_xaxis(self.df['WOB'].tolist())
    scatter.add_yaxis("WOB vs. SURF_RPM", self.df['SURF_RPM'].
        tolist())
    scatter.set_series_opts(label_opts=opts.LabelOpts(is_show=
        False))
    scatter.set_global_opts(
        title_opts=opts.TitleOpts(title="Weight on Bit vs. Surface
            RPM"),
        xaxis_opts=opts.AxisOpts(name="钻压(千磅力)", min_=self.df
            ['WOB'].min(), max_=self.df['WOB'].max()),
        yaxis_opts=opts.AxisOpts(name="钻头转速(转/分钟)", min_=
            self.df['SURF_RPM'].min(), max_=self.df['SURF_RPM']
            .max()),
    )
    return scatter
```

3. 孔隙度分布分析

需求:了解不同深度下的孔隙度分布情况。

方法:将 depth 字段根据指定步长分组,计算每个深度区间内的孔隙度分布,并生成箱线图来可视化这些分布。

实现关键代码:

```
def analyze_porosity_distribution(self):
    self.df['Depth_Interval'] = pd.cut(self.df['Depth'], bins=
range(int(self.df['Depth'].min()), int(self.df['Depth'].max())+
100, 100), right=False)
```

115

```
porosity_data = []
for interval, group in self.df.groupby('Depth_Interval'):
    porosity_data.append(group['PHIF'].tolist())
boxplot = Boxplot()
boxplot.add_xaxis([str(interval) for interval in self.df['Depth_
    Interval'].unique()])
boxplot.add_yaxis("孔隙度分布", boxplot.prepare_data(porosity_
    data))
boxplot.set_global_opts(
    title_opts=opts.TitleOpts(title="Porosity Distribution"),
        xaxis_opts=opts.AxisOpts(name="深度区间（米）"), yaxis_
        opts=opts.AxisOpts(name="孔隙度")
)
return boxplot
```

4. 地层特性影响因素分析

需求：分析地层特性（钻井深度、孔隙度、页岩体积比）之间的相关性。

方法：从数据集中提取钻井深度（depth）、孔隙度（PHIF）、页岩体积比（VSH）3 个字段，计算它们之间的相关性矩阵，并将该矩阵以可视化的形式展示出来，用于展示数据集中不同字段之间的相关性强度。

实现关键代码：

```
def analyze_strata_properties_correlation(self):
    columns = ['Depth', 'PHIF', 'VSH']
    data = self.df[columns]
    correlation_matrix = data.corr()
    heatmap_data = []
    rows = correlation_matrix.index.tolist()
    cols = correlation_matrix.columns.tolist()
    for i, row in enumerate(rows):
        for j, col in enumerate(cols):
            heatmap_data.append([i, j, correlation_matrix.loc[row,
                col]])
    heatmap = (
        HeatMap().add_xaxis(rows).add_yaxis("相关系数", cols,
            heatmap_data).set_global_opts(title_opts=
            opts.TitleOpts(title="Depth PHIF VSH Heatmap'"), visu-
            almap_opts=opts.VisualMapOpts(min_=-1, max_=1),)
    )
    return heatmap
```

5. 钻进速度异常点检测

需求:识别并分析钻进速度异常的测量点。

方法:使用平均钻进速度字段(ROP_AVG)进行异常点检测,并分析异常点的原因。

实现关键代码:

```python
def analyze_rop_outliers_detection(self):
    # 计算平均值和标准差
    mean_rop = self.df['ROP_AVG'].mean()
    std_rop = self.df['ROP_AVG'].std()
    # 计算 Z 分数
    self.df['z_score'] = (self.df['ROP_AVG'] -mean_rop) / std_rop
    # 筛选异常值(Z 分数绝对值大于 3)
    outliers = self.df[np.abs(self.df['z_score']) > 3]
    # 创建折线图
    line = (
        Line()
        .add_xaxis(self.df['Depth'].astype(str).tolist())
        .add_yaxis(
            "ROP_AVG",
            self.df['ROP_AVG'].tolist(),
            markpoint_opts =opts.MarkPointOpts(
                data =[
                    opts.MarkPointItem(
                        name =f"Z: {row['z_score']: .2f}",
                        coord =[str(row['Depth']), row['ROP_AVG']],
                        value =row['ROP_AVG'],
                        itemstyle_opts =opts.ItemStyleOpts(color ="
                            red"),
                    )
                    for _, row in outliers.iterrows()
                ]
            ),
        )
        .set_global_opts(
            title_opts = opts.TitleOpts(title = " ROP Outliers
                Detection"),
            yaxis_opts =opts.AxisOpts(
                name ="平均钻进速度 (ROP_AVG)",
                min_ =self.df['ROP_AVG'].min(),
                max_ =self.df['ROP_AVG'].max(),
```

```
        ),
        xaxis_opts=opts.AxisOpts(
            name="深度（米）",
            type_="category",
        ),
        tooltip_opts=opts.TooltipOpts(trigger="axis")
    )
)
return line
```

6. 孔隙水饱和度和孔隙度关系研究

需求：探讨孔隙度和孔隙水饱和度之间的关系，并对其影响进行深入分析。

方法：根据数据集中 PHIF 和 SW 两个字段，以散点图的形式呈现，有助于深入分析孔隙度和孔隙水饱和度之间的关系。

实现关键代码：

```
def analyze_porosity_saturation_relation(self):
    sorted_df = self.df.sort_values(by='PHIF')
    scatter = Scatter()
    scatter.add_xaxis(sorted_df['PHIF'].astype("str").tolist())
    scatter.add_yaxis("孔隙水饱和度", sorted_df['SW'].tolist(),
        label_opts=opts.LabelOpts(is_show=False)
    )
    scatter.set_series_opts(label_opts=opts.LabelOpts(is_show=
        False))
    scatter.set_global_opts(
        title_opts=opts.TitleOpts(title="Porosity-Saturation Re-
            lation"),
        xaxis_opts=opts.AxisOpts(name="Porosity"),
        yaxis_opts=opts.AxisOpts(name="SW"),
    )
    return scatter
```

7. 岩石电导率异常值识别

需求：识别可能存在的岩石电导率异常值，并分析其原因。

方法：根据数据集中 PHIF 和 KLDGH 两个字段，以散点图的形式呈现，有助于分析岩石电导率与孔隙度之间的关系。

实现关键代码：

```
def analyze_rock_conductivity_outliers_detection(self):
    sorted_df = self.df.sort_values(by='PHIF')
```

```
scatter = Scatter()
scatter.add_xaxis(sorted_df['PHIF'].astype("str").tolist())

scatter.add_yaxis("岩石电导率", sorted_df['KLOGH'].tolist(),
    label_opts=opts.LabelOpts(is_show=False)
)
scatter.set_series_opts(label_opts=opts.LabelOpts(is_show=
    False))
scatter.set_global_opts(
    title_opts=opts.TitleOpts(title=" Rock Conductivity
        Outliers Detection"),
    xaxis_opts=opts.AxisOpts(name="Porosity"),
    yaxis_opts=opts.AxisOpts(name="KLOGH"),
)
return scatter
```

8. 钻井参数趋势分析

需求:分析钻井参数(如钻井钻头的钻压、钻井钻头的转速、平均钻进速度等)随钻井深度的变化趋势。

方法:使用数据集中的钻井深度字段(Depth)和其他可用的钻井参数字段进行趋势分析。

实现关键代码:

```
def analyze_line_pressure_trend(self):
    line_pressure = Line()
    line_pressure.add_xaxis(self.df['Depth'].astype("str").
        tolist())
    line_pressure.add_yaxis("Line Pressure (WOB)", self.df['WOB'].
        tolist())
    line_pressure.add_yaxis("Line Pressure (SURF_RPM)", self.df
        ['SURF_RPM'].tolist())
    line_pressure.add_yaxis("Line Pressure (ROP_AVG)", self.df
        ['ROP_AVG'].tolist())
    line_pressure.set_global_opts(title_opts=opts.TitleOpts
        (title="Line Pressure Trend"))
    return line_pressure
from pyecharts.charts import *
from pyecharts import options as opts
from pyecharts.charts import Page
import numpy as np
```

```
class DrillingDataAnalyzer:
    def __init__(self, data_file):
        self.df = pd.read_csv(data_file)


class DataVisualizationScreen:
    def display_analysis_results(self, analyzer):
        line = analyzer.analyze_drilling_depth_trend()
        scatter_wob_surf_rpm = analyzer.analyze_weight_on_bit_vs_
            surface_rpm()
        bar_porosity_distribution = analyzer.analyze_porosity_dis-
            tribution()
        scatter_strata_properties = analyzer.analyze_strata_prop-
            erties_correlation()
        line_rop_outliers = analyzer.analyze_rop_outliers_
            detection()
        scatter_porosity_saturation = analyzer.analyze_porosity_
            saturation_relation()
        scatter_rock_conductivity_outliers = analyzer.analyze_rock_
            conductivity_outliers_detection()
        line_pressure = analyzer.analyze_line_pressure_trend()
        page = Page(layout=Page.SimplePageLayout)
        page.add(line)
        page.add(scatter_wob_surf_rpm)
        page.add(bar_porosity_distribution)
        page.add(scatter_strata_properties)
        page.add(line_rop_outliers)
        page.add(scatter_porosity_saturation)
        page.add(scatter_rock_conductivity_outliers)
        page.add(line_pressure)
        return page
```

　　上述代码实现了一个完整的石油钻井数据分析和可视化流程。它首先引入了必要的库，其中 Pandas 用于数据处理，Pyecharts 用于生成各种图表。定义了两个类：DrillingDataAnalyzer 和 DataVisualizationScreen。DrillingDataAnalyzer 类是数据分析的核心，包含多个方法用于钻井数据分析，如钻井深度趋势、钻头载荷与钻头转速关系等。每个方法生成对应类型的图表对象以备后续展示。DataVisualizationScreen 类负责将数据分析结果整合到一个页面中展示，其 display_analysis_results 方法调用 DrillingDataAnalyzer 类中的方法来获取图表对象，并将它们添加到一个页面中，最后将页面保存为 HTML 文件。

```
if __name__ == "__main__":
    data_file = r'x:\datas\ROPdata.csv'
    analyzer = DrillingDataAnalyzer(data_file)
    screen = DataVisualizationScreen()
    page = screen.display_analysis_results(analyzer)
    page.render('data_visualization.html')
```

上述代码提供了一个一站式的数据分析和可视化解决方案，将钻井数据的处理、分析和展示整合在一起。用户只需输入数据文件路径，代码便会自动加载数据、进行多方面的分析，并生成丰富多样的图表，最终以 HTML 文件形式呈现。这种流程不仅简化了数据分析的步骤，还使得用户能够通过直观的图表更深入地了解钻井过程中的各种参数变化和关联关系。有了这些分析结果，用户能够更准确地把握钻井过程中的变化趋势，进而做出更加合理和及时的决策，提高钻井效率和安全性。

5.4.3 案例总结

本案例展示了如何结合现代数据处理和可视化技术，开发一个针对石油钻井行业的实时监控和分析系统。在当今信息时代，大数据已经成为企业决策和运营管理的重要支撑，而钻井作业作为石油行业的核心环节之一，其数据量庞大、复杂多样。因此，如何利用现代数据处理和可视化技术将这些海量数据转化为有用的信息，为石油钻井行业提供实时监控和深度分析，成为当前亟需解决的重要问题。

精确的技术选型：选择了 Pandas 和 Pyecharts 等现代数据处理和可视化工具，以满足大数据处理和实时可视化的需求。这些工具具有强大的功能和高效的性能，为项目的顺利实现提供了可靠的技术支持。

数据透明度和决策支持：通过可视化大屏（图 5-7）展示钻井数据的分析结果，提升了数据透明度，使用户能够快速了解钻井过程中的各项指标变化。这有助于用户基于数据做出更明智的决策，优化钻井作业流程，提高效率和安全性。

该可视化大屏不仅提升了数据透明度，使得钻井过程中的各项指标和数据变化一目了然，而且通过对数据的深度分析和可视化呈现优化了基于数据驱动的决策过程。工程师和决策者可以通过大屏上的图表和数据展示实时监控钻井作业的状态和趋势，及时发现并解决可能存在的问题，提高决策的准确性和响应速度。

项目成果和未来展望：通过本项目的实施，成功搭建了一个功能完善的石油钻井数据分析和可视化平台。未来将继续改进系统，加强数据分析算法的优化，引入更多实时监测和预测功能，进一步提升钻井作业的智能化水平，实现更高效、更安全的钻井过程。

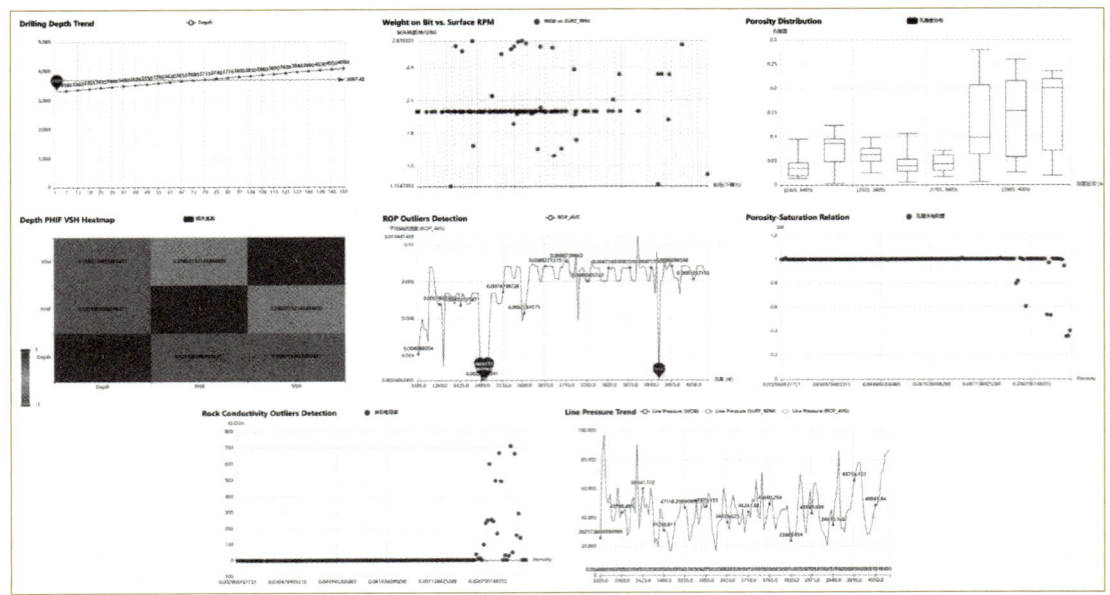

图 5-7　石油钻井可视化大屏截图

本章小结

　　本章深入介绍了数据可视化的原理以及数据感知的内容，并通过石油钻井可视化大屏案例详细讲述了数据可视化在现实社会的应用。数据可视化是通过图形、图表、地图等视觉元素将复杂的数据信息转化为直观易懂的图像，帮助用户快速理解数据的含义、趋势和关系。其核心原理包括视觉层次结构、关系与模式识别、图形真实性和完整性、多样性与包容性。数据感知部分内容则详细介绍了 Tableau、Power BI、Pandas、NumPy、ECharts 和阿里 DataV 等常用的数据可视化工具和库，以及它们在数据可视化领域的应用和优势。

习题

一、选择题

1. 下列哪种数据可视化工具通常用于创建交互式图表？（　　　）

A. Numpy　　　　　　　　　　　B. Seaborn

C. Pandas　　　　　　　　　　　D. Tableau

2. 下列哪种图表最适合用来展示数据分布？（　　　）

A. 折线图　　　　　　　　　　　B. 饼图

C. 直方图　　　　　　　　　　　D. 散点图

3. 在数据可视化中，视觉层次结构的目的是？（　　　）

A. 增加数据量　　　　　　　　　B. 强调关键数据

C. 提高数据复杂性　　　　　　D. 减少图表数量

4. 在数据可视化中，树状图主要用于展示什么？（　　　）

A. 数据的分布　　　　　　　　B. 数据的时间序列

C. 数据的层级结构　　　　　　D. 数据的相关性

5. 以下哪种工具特别适合用于大屏数据展示？（　　　）

A. Tableau　　　　　　　　　　B. Power BI

C. ECharts　　　　　　　　　　D. Pandas

6. 在设计交互式数据可视化时，以下哪一项是关键考虑因素？（　　　）

A. 数据存储　　　　　　　　　B. 交互元素的易用性

C. 数据加密　　　　　　　　　D. 数据备份

7. 在数据可视化中，比例尺的选择对以下哪一项有直接影响？（　　　）

A. 数据的准确性　　　　　　　B. 图表的复杂性

C. 数据的可视性　　　　　　　D. 图表的大小

8. 在处理大数据集的可视化时，以下哪种技术最为有效？（　　　）

A. 手动创建图表　　　　　　　B. 使用简单的图表工具

C. 利用高级数据可视化库　　　D. 减少数据量

9. 在设计数据可视化时，为了确保数据的完整性，以下哪一项是必要的？
（　　　）

A. 使用鲜艳的颜色　　　　　　B. 保留所有关键数据

C. 增加图表数量　　　　　　　D. 选择复杂的图表类型

10. 在全球化数据可视化项目中，以下哪种做法有助于跨越语言障碍？
（　　　）

A. 使用大量的文本说明　　　　B. 提供多语言版本

C. 使用本地语言　　　　　　　D. 减少语言的使用

二、思考题

1. 讨论在数据可视化设计中，如何通过视觉层次结构来提高信息传递的效率和准确性。请结合具体实例，说明如何应用视觉层次结构来突出关键数据点。

2. 在全球化的数据可视化项目中，如何确保设计的包容性和多样性？请讨论设计过程中需要考虑的因素，并举例说明如何通过包容性设计来满足不同文化和背景的观众需求。

第6章 数据安全与治理

在当前快速发展的数字化时代，数据已成为各种组织①最宝贵的资产之一。无论是在决策制定、策略规划还是在日常运营中，数据的作用都至关重要。随着数据量的急剧增长和应用场景的不断扩展，数据安全与治理的挑战日益严峻，不仅涉及技术层面的处理，还包含法律、伦理和策略等多维视角。本章旨在深入讨论和分析数据安全与治理的核心理念、关键策略以及最佳实践，为读者构建一个涵盖数据安全性、合规性和有效性的全方位数据治理框架。通过详细阐述如何实现数据质量的持续改进和数据价值的最大化，本章将引导读者认识到在保护数据资产的同时，如何有效地管理和利用数据，以支持组织的长期发展和竞争优势的构建。此外，本章还将探讨当前数据安全与治理领域面临的主要挑战，以及应对这些挑战的策略和技术，确保读者在复杂的数据环境中做出合理的决策，并维护数据的完整性和可靠性。

6.1　问题导入

在当今数据驱动的时代，数据安全与治理已成为组织关注的重点。随着数据量的增加和数据应用的广泛化，如何保障数据的安全性、隐私性以及合规性，是每个组织必须面对的重要问题。具体来说，本章将围绕以下几个核心问题展开讨论：

① 如何确保数据的质量？数据质量是数据驱动决策有效性和业务发展的基础，涉及准确性、完整性、一致性、可信度和时效性等关键维度。需要探讨如何通过数据审核、数据清洗报告和数据质量得分卡等工具识别和解决数据质量问题，确保数据准确、完整、一致且符合业务需求。

② 如何确保数据的安全性？数据安全性是指保护数据免受未经授权的访问、使用、篡改或破坏。需要探讨如何通过加密技术、访问控制和审计机制来保护数据的安全，防止数据泄露和篡改。

③ 如何保障数据的隐私性？随着各项隐私法规的相继落地实施，保护用户隐私已上升为法律义务和社会责任。需要探讨如何通过匿名化、数据脱敏和隐

---

① 本章涉及的"组织"是广义概念，包含企业、政府机构、事业单位、社会团体等实体。

私计算等技术来保护个人隐私，确保数据使用符合相关法律法规。

④ 如何实现数据治理？数据治理包括数据的管理、质量控制和合规性检查。需要探讨如何建立有效的数据治理框架，定义和实施数据标准、政策和流程，以确保数据的准确性、一致性和可追溯性。

⑤ 如何有效管理数据资产？随着技术进步和数据量的爆炸式增长，组织需要实施高效的数据资产管理策略，包括精确分类、严格监控与审计，以及建立灵活的数据工作流和跨部门协作机制。需要探讨如何通过这些措施确保数据资产的安全性、合规性，并实现价值最大化，支持组织持续发展，增强竞争优势。

⑥ 如何应对数据安全与治理中的新挑战？数据安全与治理面临着不断变化的挑战，如数据的跨境传输、安全威胁的多样化和数据管理复杂性的增加。需要探讨如何通过最新的技术手段和管理策略来应对这些挑战，确保数据安全与治理体系的有效性和可持续性。

为了系统性地解决上述问题，本章将详细介绍各种数据安全技术、隐私保护方法和数据治理策略，并提供相应的案例分析。表 6-1 列出了数据加密、访问控制、数据匿名化、数据合规性检查等需求的解决方案。

表 6-1　数据安全与治理问题解决方案

需求描述	解决方案	相关工具
数据加密	使用对称加密和非对称加密技术	AES、RSA
访问控制	实施基于角色的访问控制	Active Directory、IAM
数据匿名化	采用数据脱敏和匿名化技术	k-anonymity、数据伪装工具
数据合规性检查	使用合规性管理工具和自动化检查	OneTrust、BigID

此外，本章将探讨如何在实践中应用这些技术和方法，确保数据安全与治理体系的全面性和有效性。

6.2　数据质量

在当今数据驱动的商业环境中，数据质量不仅是确保决策有效性的基础，也是推动业务发展的关键因素。高质量的数据可以帮助组织捕捉市场机会，优化运营效率，提升客户满意度，而质量不佳的数据则可能导致错误决策并增加潜在风险。因此，持续改进和优化数据质量，确保数据准确、完整、一致、可信和时效，已成为组织数据治理工作的重中之重。本节将深入探讨数据质量的关键维度、评估方法，以及如何通过数据审核、数据清洗报告和数据质量得分卡等工具和策略系统地提升数据质量，以支撑组织的数据治理目标和业务决策需求。通过全面理解和应用这些策略，组织可以构建一个强大的数据质量管理

微视频：
数据质量

体系，最大化数据的潜在价值，以支持其长期发展和竞争优势的构建。

6.2.1　数据质量内容

对于任何致力于通过数据驱动其业务增长和优化运营的组织来说，深入理解和系统评估其数据的关键质量维度，是确保数据真实性和有效性、提高决策质量和维护企业竞争力的必要条件。这种评估涉及多个层面，包括数据的准确性、完整性、一致性、可信度和时效性等关键质量维度。只有在这些关键维度上都达到高标准，数据才能被认为是高质量的，能够支撑有效的业务决策和策略规划。因此，对数据质量的深入理解和系统评估不仅是数据治理和管理的基础，也是实现数据价值最大化、推动业务增长和维护组织竞争优势的关键。组织需要投入相应的资源和技术，建立一套全面的数据质量管理机制，不断监控、评估和改进数据质量，以确保在数据驱动的决策过程中，每一步都建立在坚实可靠的数据基础之上。

1. 准确性

准确性是数据质量评估的核心要素，因为它直接决定了数据能否真实反映其代表的实体或事件。数据的准确性不仅影响到数据分析的结果，还能决定这些结果的可信度和决策的有效性。在实际应用中，数据的准确性可以通过多种方法进行验证和提升。例如，在商业环境中，销售数据的准确性直接影响到库存管理、财务报告和市场策略的制定。如果数据不准确，可能会导致库存积压、财务预算误判以及市场机会的错失。因此，确保数据准确性的措施，如定期校验数据与源数据的一致性、建立先进的数据收集技术以及实施严格的数据处理流程，对于提高数据的可靠性和支持有效决策至关重要。随着大数据和机器学习技术的发展，数据准确性的评估和提升也可以通过更加智能化的方法来实现，例如，利用机器学习模型识别和纠正数据中的异常值。总之，通过持续关注和优化数据的准确性，可以极大地提升数据价值，支持更为精准和有效的决策过程。

2. 完整性

数据完整性的关键作用在于确保从数据收集到分析的全过程中，每一项必要的信息都被完整无缺地记录和保留。它涵盖了数据在每一个阶段（收集、存储、处理、传输）的完整性保障措施。在实际操作中，完整性的保障需要从确保数据收集的全面性入手，比如在进行市场调研时确保所有的调查问卷都被回收，并且数据录入时不遗漏任何一份有效问卷的信息。在数据存储和处理阶段，通过利用数据库管理系统内置的数据完整性约束功能（如主键和外键约束），可以有效预防数据丢失或错误。在数据传输过程中，也需要通过加密技术和安全协议来保证数据在网络传输过程中的安全性和完整性。此外，定期进行的数据质量审查和监控可以及时发现数据缺失或不一致的问题，并采取修正或补充措施，以保证数据分析的准确性和决策的有效性。因此，数据完整性的维护是一个涉及技术、管理和流程多方面的复杂工作，它直接影响到数据分析的质量和基于这些分析所做决策的可靠性。通过全面关注和提升数据的完整性，可以为企业提供更加可靠和全面的信息支持，从而在竞争激烈的市场环境中占据优势。

3. 一致性

数据的一致性是确保在整个组织内部，以及在不同数据集、系统和应用之间，所有的数据表示和处理方式均保持统一的关键特性。这意味着无论数据如何流转或被不同部门和团队使用，其含义、格式和值都应保持一致，避免出现矛盾或冲突。数据一致性的核心在于确保数据的整体准确性和可靠性，从而使得基于这些数据的分析、报告和决策能够反映真实、一致的信息。为了保障数据的一致性，需要从数据架构设计入手，确保数据输入时采用严格的验证规则，避免错误或不一致数据的产生。在数据整合和迁移的过程中，采用适当的数据清洗和转换技术，来保证不同来源的数据一致性。此外，对于跨系统和平台的数据应实施统一的数据管理政策和标准。例如，在一个多元化的企业信息环境中，客户信息可能存储在不同的系统中，通过数据一致性管理可确保在客户关系管理系统、销售系统或市场营销平台中，客户的基本信息（如姓名、联系方式和交易记录）都被统一地表示和更新。这样的措施不仅提升了数据的内部一致性，也增强了数据在整个组织中的可信度和价值，支持了数据驱动决策的有效性。因此，持续关注和努力提升数据一致性，对于实现高效、准确的数据治理和利用具有重要意义。

4. 可信度

可信度是衡量数据真实性和正确性的关键指标，决定了数据在决策和分析过程中的可靠性。一个数据集的可信度取决于其来源的可靠性以及数据处理过程的严谨性。确保数据来源的可靠性，意味着所有数据必须来自经过验证的、信誉良好的渠道，从而可以减少数据收集过程中的误差和偏差。同时，数据处理流程的严谨性同样重要，涉及数据的录入、存储、转换以及分析等各个环节，都应遵循严格的标准和程序，以确保数据在处理过程中的准确性和一致性得到维护。为此，建立一个包含数据标准、质量控制流程和数据安全政策的全面数据治理框架变得至关重要。这样的框架能够确保数据在整个生命周期内的可信度，从而使得数据能够有效支持企业的决策制定和业务运营。综上，通过确保从数据来源到处理的每一步数据都是真实和正确的，可以显著提高数据的可信度，进而增强数据使用的安全性和有效性，为基于数据的决策和分析提供坚实的基础。

5. 时效性

数据的时效性是指数据能反映最新的信息或趋势，以确保后期数据分析的结果具有实时性，能更加充分体现出数据分析结果给组织带来的价值。在当今快速变化的商业和技术环境中，时效性对于组织保持竞争优势、做出快速响应以及优化运营决策至关重要。实效性强的数据能够帮助组织捕捉市场变动，理解消费者行为的最新趋势，以及监测和预测业务性能。例如，在零售行业，实时销售数据可以帮助组织快速调整库存水平，优化供应链管理；同时，实时的社交媒体数据分析可以揭示消费者偏好的变化，指导营销策略的调整。为了保证数据的时效性，组织需要采取有效的数据管理和技术措施，包括构建自动化的数据收集和处理系统，确保数据能够在收集后得到迅速处理和分析。此外，云计算和边缘计算技术的应用也为实时数据处理和分析提供了强大的支持，使得数据可以在接近产生源的地方得到快速处理，从而减少数据传输和处理的延迟。与此同时，建立强健的数据更新机制，定期清理和更新过时的数据，也是确保数据时效性的重要措施。通过这些方法，组织能够确保数据的实时性和准确性，为决策提供即时的、有价值的见解，进而在激烈的市场竞争中占据有利位置。

6.2.2　数据质量评估

数据质量评估是一个多维度过程，旨在确保数据集满足既定的标准和需求。通过结合定量和定性的方法，组织可以全面理解数据的质量状况，并采取针对性的措施进行优化和改进。这一过程的关键在于通过数据审核、数据清洗报告以及数据质量得分卡等手段，细致地识别并解决数据集中的各种问题，确保数据能够准确、完整、一致地反映现实情况。进一步地，通过规则验证、统计方法、用户中心的评估和比较分析等技术手段，数据质量评估从多个角度出发，旨在评估和提升数据的准确性、完整性、一致性，以及满足用户需求的能力。这样的系统化评估过程不仅帮助组织识别并修正数据质量问题，而且可以确保数据驱动的决策和业务优化活动能够基于可靠和准确的数据进行，对于提升数据的价值和支持组织的持续发展具有至关重要的意义。因此，建立并持续维护一个全面的数据质量评估体系，成为提高组织决策质量和业务性能的基础。

1. 数据审核

数据审核指对数据集准确性、完整性和一致性等多个关键维度的综合检查。通过仔细审查数据，数据审核能够揭示数据集中存在的错误和不一致性，为后续的数据清洗和质量改进工作提供坚实的基础。这一过程通常需要专业的数据分析师或数据质量专家深入数据集进行细致的分析，使用各种工具和技术手段来识别潜在的数据问题。例如，数据准确性的检查可能涉及比较数据记录与原始来源或标准值，以确认数据是否正确反映了事实；数据完整性的检查则需要确保所有必要的信息都被捕获，没有遗漏的字段或记录；而数据一致性的评估则关注数据在不同系统或报告中的表述是否一致，确保数据的整体可信度。此外，数据审核还可能包括验证数据是否符合预定的格式和类型规范，以及是否遵循特定的数据管理标准和流程。通过这样全面而深入的数据审核，不仅可以提高数据的质量和可靠性，也为基于这些数据做出的决策提供了坚实的支撑，确保了数据驱动策略的有效实施。因此，数据审核是数据质量管理不可或缺的一环，对于维护数据的准确性、完整性和一致性至关重要。

2. 数据清洗报告

数据清洗报告详细记录数据清洗过程中遇到的问题及其解决方案,为数据质量的持续改善提供了可靠的依据。它详细描述了从数据重复、缺失值、格式不一致,到错误输入和过时信息等问题的发现和修正过程,包括问题识别、原因分析、解决策略,以及清洗技术的应用等。每一步都旨在深入了解数据质量的现状,通过数据去重、插补、格式化等方法来系统地解决这些问题。更重要的是,数据清洗报告通过评估清洗活动对提升数据质量的影响,可以指导未来的数据管理策略,确保数据支持的决策和业务流程的优化能够基于准确和可靠的数据。因此,这不仅是一种记录当前数据存在问题的实践,更是一种通过持续监控和评估,推动数据质量持续改进的策略,对维护和提升整体数据质量具有不可或缺的价值。

3. 数据质量得分卡

数据质量得分卡为数据集的不同质量维度提供了量化的评分,使得数据质量的评估结果更加直观和量化。它通常包括一系列预定义的质量指标,通过这些指标,可以系统地评价数据质量并识别优先需要改进的地方。这一方法不仅针对数据集本身进行分析和修正,也针对数据如何满足业务需求和用户期望进行评价,确保数据能有效支持决策和业务活动,使得数据质量管理成为提升数据价值、支持组织发展的系统化过程。

4. 数据质量评估方法

数据质量评估方法旨在确保数据集满足预定的标准和需求。通过深入检查数据的结构、内容和关系,识别模式、异常、离群值和约束,为理解数据的现状及其潜在问题提供基础。该方法包括采用基于规则的验证来检查数据的准确性、格式一致性及业务规则的遵守情况,同时应用统计技术(如异常值检测、分布分析和相关性分析)来量化数据错误和不一致性。此外,以用户为中心的评估考虑数据在满足用户需求和期望方面的表现,关注数据的相关性、可理解性和有用性;而比较分析方法通过将数据集与基准标准或参考数据进行比较,验证数据的准确性和一致性。

6.2.3 数据质量改进与优化

数据质量改进与优化是确保数据持续满足组织需求的关键过程,它不仅包含一次性修正措施,而且涵盖数据清洗、数据丰富、数据整合,以及建立数据质量标准等一系列持续活动。这一过程直接影响到数据的准确性、可用性和可靠性,决定了数据驱动决策的有效性和业务流程的顺畅性。在当前快速变化的数据环境中,组织必须不断评估和调整其数据管理策略,以确保数据质量能够满足不断变化的业务需求。通过细致入微的数据清洗、有效的数据丰富、精准的数据整合以及明确的数据质量标准设定,组织能够确保其数据资源的高质量,支撑高效、准确的数据分析和决策制定过程。此外,实施持续的监控和维护机制,对于维持数据长期的高质量状态、充分利用数据价值以及推动业务成长和创新具有决定性的作用。

1. 数据清洗

数据清洗旨在识别并纠正数据中的错误和不一致性，提升数据的准确性和一致性。在这个过程中，各种类型的数据问题（如拼写错误、重复记录、格式错误以及数据缺失等）将会被仔细检查和纠正。例如，纠正拼写错误通常需要对数据进行详细审查，涉及自动化的拼写检查工具或手动审查；删除重复记录需要识别并合并或删除重复的数据项，避免在数据分析时产生误导；修正格式错误涉及将数据标准化为一致的格式，确保数据在整个数据集中保持一致；解决数据缺失问题则可能需要填充缺失值或采用其他方法来处理缺失数据，确保数据分析的完整性。定期进行数据清洗不仅能够提高数据的质量，还能支持更准确的数据分析和决策制定，是数据管理中不可或缺的一环。通过细致的数据清洗工作，组织能够确保其数据资源保持高质量状态，为后续的数据分析和业务决策提供坚实的基础。

2. 数据丰富

数据丰富通过引入外部数据源来增加现有数据集的信息量和价值，从而支持更全面和深入的分析。在实践中，这涉及整合来自不同渠道和平台的数据，以填补现有数据集中的信息空白；或者提供额外的上下文，从而使数据分析的结果更为丰富和准确。例如，一个零售商可能会将其顾客交易记录与社交媒体行为数据相结合，以获得更深入的顾客洞察和改善其市场营销策略。通过添加缺失的信息或增强数据集的细节，数据丰富不仅提高了数据的维度和质量，还为挖掘数据中潜在的洞见和趋势提供了更为坚实的基础。此外，数据丰富还能够提升数据的可用性和可靠性，使决策者能够依据更完整、详细的数据视图做出更明智的决策。因此，数据丰富通过补充关键信息和细节，不仅增加了数据集的复杂度，也极大地提升了其分析和应用的潜力，为组织带来了宝贵的业务洞察。

3. 数据整合

数据整合是指将分散在不同来源和系统中的数据集中到一个统一的数据仓库，以实现信息的整合和一致性。这一过程涵盖从识别和连接数据源，到提取、清洗、转换数据，最终将其加载到统一的存储系统中的一系列步骤。数据整合的目的是打破数据孤岛，促进跨部门和团队的信息共享，确保所有决策制定都基于完整和准确的数据。通过整合来自不同渠道和平台的数据，组织可以获得一个全方位的客户视图，优化供应链管理，提高运营效率，并促进创新。此外，数据整合还有助于提高数据的质量和可用性，因为它通过标准化数据格式和协议，确保了数据在整个组织中的一致性和可访问性。随着大数据技术的发展，数据整合也越来越多地依赖于先进的数据管理工具和平台（如数据湖和云服务），这些工具支持处理大规模数据集，使组织能够灵活地整合和分析来自内部和外部的多样化数据源。因此，有效的数据整合策略不仅是数据管理的基础，也是推动组织实现数据驱动决策和维持竞争优势的关键因素。

4. 建立数据质量标准

建立数据质量标准是指为数据管理过程中的各个方面设定明确和可度量的标准和指标，确保数据在整个生命周期内的质量得到有效的控制和提升。通过定义具体的质量要求（如数据的准确性、完整性、一致性和时效性），组织可以确保其数据集能够可靠地支持业务决策和运营。制定这些标准不仅需要考虑数据应用的具体场景和需求，还需参考行业最佳实践和法规要求，从而形成一套全面覆盖数据收集、存储、处理、分析和共享各环节的质量管理体系。这些标准为数据质量的持续评估提供了基准，使组织能够通过定期的审查和监控及时发现数据质量问题并采取相应的改进措施。此外，明确的数据质量标准还有助于增强数据治理的透明度，提升跨部门的沟通和协作，进而推动数据驱动文化的形成。在实践中，建立有效的数据质量标准需要跨职能团队的合作，包括数据管理专家、业务分析师和 IT 专业人员等，共同确保所设立的标准既切实可行，又能满足组织的长期发展目标。随着数据环境的不断演化，这些标准和指标也需要定期评估和更新，以适应新的业务需求和技术变革，确保组织能够在快速变化的市场中保持竞争力。

5. 持续监控和维护

实施持续监控和维护可确保数据在全生命周期内保持高质量标准。这一过程依赖于先进的数据质量工具和技术，能够自动化地识别和纠正数据中的问题，如不一致性、重复项、错误和过时信息等。通过建立实时监控系统，组织能够快速响应数据质量的变化，及时发现问题并采取措施进行修正或更新，从而避免潜在的错误数据对业务决策和运营效率的负面影响。此外，持续的数据质量维护不仅包含对现有数据的监控，也涉及对数据管理流程和标准的定期审查和更新，以适应业务需求的变化和新技术的发展。这要求组织在策略、人员和技术层面进行投资，培养跨部门的数据治理团队，推广数据质量意识，并采用最佳实践和工具来支持数据质量的持续改进。有效的持续监控和维护机制不仅提高了数据的准确性和可靠性，也为组织提供了稳定和可持续发展的数据环境，支持了基于数据的智能决策和业务创新。

6.3 数据安全

随着技术的发展和数据应用场景的日益丰富，保护数据免受未经授权的访问、泄露、窃取或篡改变得尤为重要。数据安全的重点不仅在于采用高效的技术手段（如加密、访问控制和网络监控等），还涉及符合法规的策略制定和有效的组织管理。要实现这一目标，必须对评估数据质量的关键维度进行深入理解和分析，确保数据不仅是安全的，而且是准确、可用和可靠的。通过这种方式，可以确保数据资产的价值最大化，同时维护数据的安全性和合规性，为组织的长期发展奠定基础。

微视频：
数据安全

6.3.1　数据安全组成

在讨论数据安全的全局框架时，面对的不仅仅是保护措施的集合，而是一个包括物理安全、网络安全、应用安全、终端安全、数据加密和身份认证在内的复杂系统。该系统的构成元素多样且复杂，需要从多角度深入理解并应对数据安全挑战。本小节旨在通过细致探讨这些关键领域，为组织和个人提供结构化、全面的安全视角，确保其在数据驱动的世界中能够有效地保护关键信息免受威胁。这种全方位的安全策略不仅涉及技术层面的解决方案，也包括组织文化和策略层面的考量，其目的在于确保数据安全体系能够适应不断演变的安全环境，为数据保护提供坚实的基础。

1. 物理安全

物理安全是构筑数据安全防线的基石，主要保障数据中心、服务器、网络设备以及其他关键的硬件设施免受物理侵害，包括未经授权的入侵、盗窃、自然灾害（如地震、洪水、火灾等）及其他形式的物理损害。为了实现这一目标，需要在物理层面采取一系列严格的控制措施和监控机制，包括安装高质量的安全门锁，使用生物识别系统（如指纹或虹膜扫描仪）控制入口权限，部署视频监控系统实时监控关键区域，以及设置安全警报系统及时应对任何未授权访问的尝试等。此外，对于防范自然灾害带来的威胁，采用冗余电源供应、不间断电源（uninterruptible power supply，UPS）系统，以及高效的灾难恢复计划，都是保护数据安全不可或缺的措施。通过实施这些物理安全措施，可以有效地降低关键数据和基础设施面临的风险，为数据的数字安全提供坚实的物理基础。

2. 网络安全

网络安全是数据保护策略的核心环节，涉及多种技术和协议的应用，旨在保障数据在传输过程中的安全性与完整性。通过部署先进的防火墙、入侵检测系统（intrusion detection system，IDS）以及入侵防御系统（intrusion prevention system，IPS），组织能有效监控和防御外部攻击及内部威胁，确保网络边界的坚固防线。此外，网络安全不仅涉及防御性技术，还包括增强数据传输的安全性。在这方面，应用安全协议成为关键，它们通过加密数据传输来保护数据免受拦截和篡改的风险。超文本传输安全协议（hypertext transfer protocol secure，HTTPS）为网站和服务器之间的交互提供了安全的加密通道，安全外壳（secure shell，SSH）协议则在远程服务器管理中确保数据传输的安全。这些措施共同构成了网络安全的基础，不仅防护了数据在复杂网络环境中的传输过程，也增强了数据的机密性和完整性，为组织的数据安全管理提供了坚实的技术支撑。通过综合应用这些技术和协议，组织能够有效地应对日益增长的网络安全挑战，保护关键数据免受各种网络威胁的侵害。

3. 应用安全

应用安全的实践是确保软件应用在设计、开发、部署和运行各阶段均维持高安全性标准的综合性工作。它要求开发团队从设计阶段就开始考虑安全问题，通过实施系统开发生命周期（system development life cycle，SDLC）框架，将安全措施和最佳实践融入每个开发阶段。应用安全包括：代码审计，利用自动化工具和专家评审识别并修复潜在的安全漏洞；漏洞扫描，通过定期的自动化扫描快速发现新出现的安全问题并加以解决；安全测试（如渗透测试、模糊测试等），通过模拟各种攻击场景评估应用程序的防御能力。除了这些技术手段外，教育和培训开发人员进行安全编码的最佳实践也至关重要，以此来提高他们对安全威胁的意识并能够在日常开发工作中实施安全措施。通过这样全面的方法可以有效地降低应用程序受到的安全威胁，保护用户数据不受侵害，维护组织声誉和客户信任。

4. 终端安全

终端安全包括一系列措施和策略，旨在保护用户的个人计算机、移动设备及其他终端设备免受各种安全威胁，如恶意软件攻击、数据泄露和其他网络犯罪活动的侵害。这需要在设备的物理安全和软件防护上都采取有效措施。关键的安全实践包括安装和维护防病毒软件以及其他安全工具，这些工具能够识别并隔离恶意软件，防止它们损害系统或窃取敏感信息。同时，需要定期更新操作系统、应用程序及防病毒软件，包含对已知安全漏洞的修补等，以便降低被攻击的风险。此外，对于来自未知或不可信来源的应用和文件要保持警惕，避免安装或打开可疑链接，这是预防恶意软件和钓鱼攻击的有效策略。对用户进行安全最佳实践的教育（如使用复杂密码、开启双因素认证、备份重要数据等），也是保护终端安全的重要环节。通过这些综合性的措施，可以大幅提升终端设备的安全性，确保个人和企业数据的完整性与隐私保护。

5. 数据加密

数据加密是指将数据转换成不可读的格式，确保只有拥有正确密钥的用户才能访问原始信息。这一过程在数据的存储和传输阶段尤为重要。即便数据在这些阶段被不法分子截获，也会因没有对应的密钥而无法被解读，从而保护了数据的机密性和完整性。数据加密技术主要分为对称加密和非对称加密两种形式。对称加密使用相同的密钥进行数据的加密和解密，适用于需要快速处理大量数据的场景，但其管理密钥的安全成为一项挑战。非对称加密则使用一对密钥（即公钥和私钥，其中公钥用于加密数据，而私钥用于解密），适用于需要高安全性的数据交换场景。根据不同的用途和场景合理应用这两种加密方式，可以提供灵活高效的数据保护方案。在实践中常常综合使用这两种加密技术，如使用非对称加密交换对称加密的密钥，这样结合了两者的优势，即非对称加密的高安全性和对称加密的高效率。此外，实施加密技术还需考虑到加密算法的强度、密钥的安全存储和管理，以及加密过程的透明性和可监控性，确保整个加密体系的安全可靠。通过这些措施，数据加密成为保护信息不被未授权访问的强有力工具。

6. 身份认证

身份认证技术的核心目的是确保数据安全和访问控制的精确性。它通过一系列验证机制，如密码、生物识别技术（包括指纹识别、面部识别等），以及双因素或多因素认证系统，确保只有被授权的用户能够访问特定的数据或系统。由于生物识别提供了一种难以被复制或盗用的身份验证方式，因此这些手段大大增强了安全性。进一步地，双因素认证和多因素认证技术通过要求用户提供两种或更多形式的验证（通常是知识因素如密码、拥有因素如智能卡或手机，以及生物因素等），极大地增强了验证过程的安全性。这种复合型认证方法在防止未授权访问、减少数据泄露风险方面发挥着重要作用，尤其是在保护敏感数据和关键信息系统的场景中。随着技术的进步和安全威胁的不断演变，身份认证技术的发展也在不断创新中，比如采用更加复杂的算法、利用机器学习技术来识别异常行为等，这些都是为了确保认证机制能够在多变的安全环境中保持其有效性和前瞻性。

6.3.2 数据安全法规

数据安全在数字化时代已成为全球关注的焦点。面对数据泄露风险的增加和保护个人隐私的需求，世界各国和地区纷纷采取行动，制定了一系列数据保护法规。这些法规的目的在于增强对个人数据的保护，明确规定数据的收集、处理与传输的合理框架，保证数据处理活动的透明和公正，同时也使个人对自己的数据拥有更多的控制权。下面将概述几项主要的国际数据保护法规，揭示全球在数据保护方面的共同努力与成就。

1. 欧盟通用数据保护条例

欧盟通用数据保护条例（General Data Protection Regulation，GDPR）自 2018 年 5 月 25 日全面实施，为个人数据保护在全球范围内设定了新的标杆。此法规不仅加强了个人在欧盟内的数据保护权利，同时对所有处理个人数据的组织，不论其地理位置，施加了一致且高标准的要求。GDPR 通过扩展数据主体权利和确立数据处理的原则，确保数字化时代个人信息的安全和隐私得到全面保护。GDPR 要求组织在数据收集、处理和存储过程中必须采取严格的安全措施，并明确规定了违规的高额罚款，确保组织对数据保护的重视。因此，GDPR 不仅对欧盟内的组织产生了深远影响，也促使全球的组织重新评估并加强其数据保护措施，推动了全球数据保护标准的提升，体现了对个人隐私权的极高重视和保护。

（1）个人数据的广义定义

在 GDPR 框架下，个人数据的定义得到了广泛的解释和应用，覆盖了任何能够直接或间接关联到的被识别或可识别自然人的信息。这种广义性不仅确立了一个全面的保护范围，还体现了 GDPR 对隐私权的强化及数据保护的严肃态度，强调了在当今数字化时代个人信息的边界远超传统的识别信息（如姓名和联系方式等）。按照 GDPR 的视角，个人数据包括但不限于个人的基本信息（如名字和姓氏）、在线标识符（如 IP 地址和 cookie 标识）、位置数据（如 GPS 信息）、生物识别数据（如指纹或面部识别信息），以及更加细化的数据类别（如健康、基因、经济、文化或社会身份等信息）。

同时，它意味着组织在处理任何形式的个人数据时必须采取高度谨慎的态度，确保在收集、处理、存储和传输这些数据时遵循 GDPR 规定的原则和要求。这要求组织明确数据收集的目的和法律基础，实施适当的安全措施来保护数据免受未授权访问或处理，并保证数据主体（即信息的主人）能够行使自己的权利，如访问权、更正权、删除权等。

（2）数据主体权利的扩展

GDPR 标志着个人数据保护方面的重大进步，通过赋予数据主体一系列明确的权利，显著增强了个人对自身数据的控制力。这些权利不仅体现了对隐私的尊重，还确立了数据处理活动中个人的主体地位。首先，访问权允许个人了解其数据是否被处理以及如何被处理；更正权保障数据准确性支持修正不完整或错误数据；而删除权则赋予个人在法定条件下要求数据删除的权利。其次，数据携带权支持用户跨平台迁移其提供的数据，这无疑增加了数据的流动性和个人的自主权；反对权限制直接营销等特定数据处理行为。最后，个人在自动决策中的权利包括，防止完全基于自动化决策对个人权益的损害，尤其是当这些自动决策对个人权利和自由产生显著影响时。

通过扩展这些权利，GDPR 不仅强化了个人对自己数据的掌控，也促使组织必须采取透明化数据处理流程与问责机制。这些规定体现了 GDPR 的核心原则，即保护个人隐私和数据安全，并确保数据处理活动的合法性、公正性和透明性。在这一框架下，个人被赋予了更大的权力来监督和管理自己的数据，而组织则被要求在处理个人数据时遵守更高标准的责任和义务。

（3）数据处理原则

GDPR 确立了一系列原则，旨在保护个人数据处理的合法性、公平性和透明性。这些原则要求组织在处理数据前必须获得数据主体明确的同意，并确保数据主体能够清晰了解其数据的使用方式。此外，GDPR 强调数据收集的目的必须明确，并且数据的使用仅限于实现这些目的，避免数据的滥用。

存储限制原则指出，个人数据只应在实现其收集目的所必需的时间内被保留，之后则应予以删除或匿名化处理，以防数据过时或被不当使用。完整性和机密性原则保障了数据的安全处理，防止数据被未授权访问或意外丢失，保证数据在整个处理过程中的机密性和完整性。责任归属原则要求组织采取适当措施，明确显示组织遵守了 GDPR 的所有规定，确保处理活动的透明度和责任性。通过这三大核心原则，GDPR 旨在加强对个人数据的保护，要求组织对其数据处理行为承担更大的责任。这些原则不仅提升了数据处理的标准，还确保了数据主体的权利得到尊重和保护。组织必须展现出高度的谨慎和责任感，确保所有个人数据的处理活动都符合这些既定的高标准，以保障个人数据的安全和隐私。

（4）数据保护影响评估

在 GDPR 框架下实施的数据保护影响评估（data protection impact

assessment，DPIA）是一种预防性措施，旨在评估和减轻数据处理活动可能对个人隐私造成的风险。该过程要求组织在项目初期就识别出可能影响个人数据安全的因素，并评价其隐私影响等级。DPIA 的实施有助于提高组织对数据保护重要性的认识，通过对数据处理活动的深入分析，确保隐私风险被有效识别和管理。

作为 GDPR 的核心合规工具，DPIA 具有双重价值。它促使组织在设计和实施数据处理活动时采取预防措施，以便确保个人数据的安全和隐私得到有效保护。此外，DPIA 支持实践隐私设计原则，即从系统和流程设计之初就考虑隐私保护，确保个人数据在其整个生命周期内得到安全处理。通过 DPIA，企业不仅能确保其数据处理活动遵守法律要求，还能显著提高对个人隐私的保护水平，加强数据主体对其个人数据控制的信心。

（5）数据保护官

在 GDPR 框架下设立了数据保护官（data protection officer，DPO）这一角色，以确保组织满足 GDPR 的要求。在特定情况下，类似公共机构、大规模监视个人数据的组织，以及处理特殊类别数据的实体，都必须指定 DPO。DPO 负责监督组织的数据保护策略及实践，包括向员工提供数据保护培训、监督 DPIA 的实施，并作为组织与监管机构之间的联络点。此外，DPO 也是数据主体解决个人数据相关问题的首选渠道，负责处理数据访问请求和投诉，确保组织内部的数据处理活动与 GDPR 的高标准相符。

DPO 兼具合规监督与文化建设双重职能。通过定期审查和更新数据保护策略，DPO 负责确保组织的数据处理活动保持最新状态，以便适应法律法规和最佳实践的不断变化。在评估新技术、处理流程和商业模式时，DPO 提供专业的数据保护建议，确保从设计之初就将数据保护原则纳入产品和服务的开发中。这种角色强调了在组织内部推广以数据保护为中心的文化的重要性。

（6）跨境数据传输

在 GDPR 框架下，跨境数据传输的规定显著增强了个人数据在全球范围内的安全传输保障。GDPR 明确要求任何从欧盟国家向非欧盟国家或国际组织转移个人数据的行为须确保接收方国家提供适当水准的数据保护，或者通过采用标准合同条款、绑定性企业规则等机制来保护数据。这些措施旨在确保个人数据在跨境传输过程中不会被降低保护标准，维持与 GDPR 相当的保护水平。相关组织在进行跨境数据传输前需要进行彻底的风险评估，并采取相应的保护措施，比如与数据接收方签订包含 GDPR 标准合同条款的协议，或确保接收方已实施绑定性企业规则，这些都是为了提供跨境数据传输的保护机制。

此外，GDPR 还规定了一些特定的例外情况，允许在没有其他适当保护措施时，在特定情况下进行数据传输。例如个人明确同意的情况，或者对执行合同或保护重要公共利益至关重要的情形。这些例外情况要求组织必须仔细考虑并合理利用，以确保在进行跨境数据传输时依然能够保护数据主体的权利和自由。通过这些细致的规定和要求，GDPR 不仅加强了组织在处理个人数据时的责任和谨慎度，还推动了全球数据保护标准的提升。这为个人数据的国际流动设立了新的全球性保障措施，确保了数据在全球化的数字环境中受到连续且有效的保护，体现了对数据主体权利的深切关注和保护。

（7）违规处罚

GDPR针对违反其规定的组织进行罚款，以确保组织严肃对待个人数据的处理。根据GDPR，违规的组织可能面临的最高罚款可达其全球年营业额的4%或2 000万欧元（取两者中的较高值）。这种罚款的规模在国际数据保护法律中是前所未有的，明确了数据保护的重要性，并为保护个人隐私设定了新的全球标准。

此外，GDPR的罚款机制还包括一系列合规要求，如数据保护影响评估、违规通报和数据主体权利的保障。通过这样的机制，GDPR不仅提高了数据保护的标准，也激励着组织在全球范围内推动数据保护和隐私保护的进步，确保个人数据在数字时代的安全和尊严。

2. 美国加州消费者隐私法案

加州消费者隐私法案（California Consumer Privacy Act，CCPA）旨在加强美国加利福尼亚州居民对个人数据的控制权，它是标志着美国在个人隐私保护方面的一个关键里程碑，特别针对商业实体如何收集、处理以及出售加州消费者的个人信息。CCPA自2020年1月1日起生效，它通过为消费者提供一系列明确的权利，包括知情权、访问权、删除权、反对出售个人信息权以及非歧视权，确保加州居民能够有效地控制自己的个人信息。这些规定要求组织实现数据处理活动时保持透明度和责任感，同时也强化了对消费者隐私的保护，促进了组织在数据处理和隐私保护方面的自我提升。CCPA的实施不仅影响加州，也促使美国全国和全球范围内的组织重新审视并加强自身的数据保护措施，以符合这些新的高标准。

（1）知情权

在CCPA框架下，知情权确保消费者能够完全理解并掌握组织使用个人信息的方式和理由。这一权利强调组织必须以透明的方式公开其数据收集及处理的流程，并且明确地向消费者解释所收集个人信息的类型及其具体目的。组织需要在其网站上公示清晰且详细的隐私政策，完整地说明数据处理活动的全貌，包括各类个人信息的收集范围，如个人身份信息、联系方式、网络标识符、浏览和搜索历史等，以及组织收集这些信息的明确目的，如满足服务提供、营销活动或其他商业相关目的。此外，知情权允许消费者主动获取关于其个人信息的更多细节。这要求组织在收到消费者的查询后，提供一份过去12个月内关于个人信息收集、使用及分享情况的详细报告。这一做法大大增强了消费者对于个人数据的掌控力，同时也提升了组织在数据处理上的透明度与责任心。

为了满足知情权的要求，组织须采用更加严格的数据管理体系，以确保完全符合CCPA的规定。这包括不定期更新隐私政策、保证隐私政策的易获取性，以及建立高效响应消费者查询的渠道。这种做法不仅在消费者层面提升了隐私保护的标准，也促使整个行业在数据的透明处理及个人隐私保护方面取得了显著进步。

（2）访问权

CCPA 赋予消费者的访问权，确保消费者可以对他们的个人信息拥有更深层次的了解和控制。访问权的适用范围广泛，从基本的个人身份信息，如姓名和联系方式，扩展到更为复杂的数据，例如互联网浏览行为、位置信息等。CCPA 要求组织在这些方面做到完全透明，并且对消费者的查询做出准确无误且全面的响应。为了满足访问权的要求，组织必须构建和保持一套高效且有效的内部流程，以确保能够迅速且准确地处理消费者的数据访问请求。这一措施不仅符合法律规定，而且是提升消费者信任度和企业声誉的良机。对消费者隐私权的尊重和数据保护的重视，已经成为强化组织与客户之间长期关系并确保遵守法律规定的核心要素。访问权的实施，象征着在个人隐私权保护的法律及组织实践领域内的一个重大进步。它通过保障个人信息处理活动的透明度显著提高了消费者对其个人数据的控制能力，同时也推动了整个行业在隐私保护方面的前进。

（3）删除权

CCPA 内置了删除权，允许消费者主动向组织提出删除个人信息的请求。这项权利体现了对个人隐私深度的尊重和保护，同时也强化了消费者对于个人信息的控制能力，确保消费者有权决定其个人数据的命运。依据 CCPA 规定，消费者有权要求组织在不再需要这些信息时进行删除，以此保障其个人信息的安全以及隐私权利。然而，法案也明确了若干例外情况，允许组织在特定情况下保留必要的个人信息，包括但不限于为了提供关键服务或产品、防止或侦测安全事件、纠正错误、履行法律义务，或者是在组织内部基于合理业务用途进行的处理活动。这些例外情况为组织提供了必要的操作灵活性，确保在符合法律规定的同时也能继续提供服务并保护消费者利益。例如，当个人信息对完成某项交易或提供服务至关重要，或组织因法律要求需要保留某些数据时（如遵守税务规定等），则可以合法拒绝消费者的删除请求。同时，保留特定信息对于组织维护系统的完整性和安全性同样重要，如用于识别和预防欺诈行为、纠正技术缺陷等内部目的。

虽然存在这些合理的例外情况，CCPA 通过加强消费者的删除权建立了保护隐私与满足组织运营需求之间的平衡。组织需建立高效的数据管理和响应流程，以确保能够迅速且准确地处理消费者的删除请求。这要求组织在技术层面做好充分准备，并在政策与程序层面做出相应调整。

（4）反对出售个人信息权

CCPA 的反对出售个人信息权使消费者能够明确指示组织不得将其个人信息出售给第三方。这项权利体现了对消费者隐私的极高尊重，确保了消费者在个人数据的使用和管理上拥有决定权。为了便于消费者行使此权利，CCPA 要求所有相关组织在其网站上清晰地提供一个选项，如标明"不出售我的个人信息"的链接，使消费者能够轻松表达自己的偏好。这一要求促使组织必须在其隐私政策中详细说明反对出售个人信息的权利，并提供简单的步骤供消费者执行，确保消费者的选择得到尊重和执行。

组织需要对其数据收集和处理流程进行全面的审查和调整，以符合 CCPA 的规定，确保能够有效响应消费者的反对请求。这包括技术上的调整，以及策略和流程上的更新，以通知消费者他们的权利并指导他们如何行使该项权利。这种对消费者权利的强调不仅增强了个人对自己信息命运的控制，也推动了组织向更加负责和透明的数据管理方向发展，建立消费者的信任和企业的良好声誉。

（5）非歧视权

CCPA 的非歧视权保障了消费者在行使其隐私权利时不会受到任何不公正对待。这项权利确保所有消费者，无论他们是否选择行使 CCPA 提供的特定权利，都将享有相同水平的服务和尊重。组织必须遵循这一原则，不得因消费者行使其隐私权利而采取任何形式的歧视措施，包括但不限于拒绝提供商品或服务、收取额外费用、降低服务质量，或提供差异化的商品或服务条件。这项规定强调消费者的隐私权利是基本权利，不应影响消费者享受商品和服务的能力或条件。

非歧视权的设立，旨在营造一个公平的消费环境，其中消费者的隐私选择不会成为他们接受服务或享受优惠的障碍。为了遵守非歧视权，企业可能需要调整其内部流程，确保所有消费者请求都以公平和一致的方式处理，同时在提供商品或服务时维持一致的标准和价格。通过这种方式，非歧视权不仅保护了消费者免受因行使隐私权利而可能遭遇的不利后果，也促使企业更加注重建立透明、公平的客户关系。这一规定有助于提高消费者对企业隐私保护措施的信任，营造一个更加健康、公平的市场环境。非歧视权的实施显示了立法者对平衡消费者权利与企业责任的关注，强化了隐私保护在当代数字经济中的重要性，并为保护消费者权益树立了新的标准。

3. 中国个人信息保护法

中国个人信息保护法（Personal Information Protection Law，PIPL）自 2021 年11 月 1 日正式生效，标志着我国在全球个人信息保护法律体系中迈出关键一步。PIPL 旨在强化个人隐私与数据安全的保护，规范个人信息的处理过程，以保障个人合法权益，同时响应社会对隐私保护需求的增长。PIPL 的颁布体现了我国对于个人隐私权和数据安全的高度重视，其内容与国际数据保护法律（如 GDPR）存在许多相似之处，展示了我国在数据保护领域的立法意图及其跨境监管能力。PIPL 的实施为数据科学与工程领域带来新的挑战和机遇，要求从业者不仅需要精确理解并遵守 PIPL 规定，还必须在数据处理的各个环节中全面遵循法律要求。这可能需要对数据处理流程进行重大调整，加强数据安全措施，同时采纳数据匿名化、差分隐私、同态加密等先进技术以保障个人隐私。此外，PIPL 也鼓励专业人员探索与隐私保护原则相符的新技术，促进隐私保护技术与数据伦理的发展，为数据科学与工程的可持续进步提供重要的思考与实践方向。

（1）适用范围

PIPL 对数据收集、存储、使用、处理、传输、提供及公开等个人信息处理全流程设定严格的规范。其广泛的适用性不仅涵盖中国境内活动，也扩展至境外活动，涉及向境内提供商品、服务以及分析评估境内个人行为的场景。通过设定这样的法律框架，PIPL 展现了中国在全球数据保护法律体系中的立法意图和跨境监管能力。

（2）处理原则

PIPL 的处理原则核心是确保个人信息的处理活动遵循合法、正当、必要的基本原则，严格限制过度收集个人信息的行为。这要求任何涉及个人信息处理的实体在开始收集信息之前必须定义一个明确且合法的目的，并确保收集的数据量不超过实现该目的所必需的最小范围。为了保证处理活动的透明度，相关实体还需要向数据主体明确其信息处理的目的、方式及范围，从而使数据主体能够在充分了解的基础上做出知情的决策。这些规定共同促进了个人信息处理的公平性和理性，保障了数据主体的合法权益，同时也为数据处理设定了严格的法律边界。

（3）数据主体权利

PIPL 为数据主体提供了一系列的权利，包括但不限于查询、访问、更正、删除自己的个人信息，以及请求解释个人信息处理规则的权利。这些权利的设定体现了法律对个人隐私权的尊重和保护，旨在确保数据主体对其个人信息拥有充分的知情权和控制权。此外，PIPL 允许个人在某些条件下拒绝组织处理其个人信息，这进一步增强了个人在数据处理活动中的主导地位，确保了个人信息处理活动既合法又透明。组织在处理个人信息时必须严格遵守这些规定，保证数据主体的权利得到有效实施，从而建立企业和个人之间基于信任的数据处理环境。

在数据科学与工程领域，深入理解并实施 PIPL 的相关规定关注技术的合规性，重视保护和尊重数据主体的权利。在执行数据分析、挖掘等活动时，确保合法性、正当性，并适时获取数据主体的同意，这是基本要求。同时，应建立透明的响应机制，满足数据主体的查询和访问需求，采用数据匿名化等隐私保护措施以保护数据主体隐私。这种方法论不仅符合 PIPL 的规定，也促进了在数据处理中的伦理实践，为数据科学与工程项目中维护个人隐私权和推动数据伦理的实践提供了重要的指导。

（4）数据处理者责任

PIPL 对数据处理者设定了严格的责任，要求组织在处理个人信息时必须建立健全的保护制度，并采取适当的安全措施。这包括实施有效的技术手段和管理策略，以防止个人信息的泄露、损毁或丢失。此外，数据处理者还需确保其处理活动的透明度，明确告知数据主体个人信息的收集和使用细节，保障数据处理的合法性、正当性和必要性。这些规定强调了数据安全和隐私保护在现代信息社会中的重要性，对于维护个人隐私权益和促进健康的数字环境发挥着关键作用。

在数据科学与工程的实践中，遵循 PIPL 所规定的数据处理者责任不仅是遵守法律的直接要求，更是确保数据处理活动既安全又负责的基础。对于涉及数据收集、分析与应用的每一步，采取合适的安全措施和管理策略（如高级加密、严格的访问控制和数据匿名化）成为减少信息泄露风险的关键手段。此外，确保处理过程的透明度（包括清晰的隐私政策和数据使用说明）对于建立使用者的信任至关重要。这种对数据安全和个人隐私保护的承诺，不仅体现了对 PIPL 的遵守，也反映了数据科学领域对维护个人隐私权的深刻理解和尊重，这对推动该领域可持续、负责任的发展起到了关键作用。

（5）跨境数据传输

PIPL 为跨境数据传输设立了严格的条件，旨在保障个人信息在境外处理时能获得与我国境内相同水平的保护。PIPL 要求进行安全评估并与境外接收方签定数据保护协议，以确保境外方在处理个人信息时遵守其保护标准。这些规定体现了我国在全球数据流动中对个人信息保护的高度重视，意在防止数据跨境流转时可能发生的信息泄露和滥用风险，保护数据主体的合法权益不受侵害。

在数据科学与工程的实际应用中，对于促进数据专业领域内全球视野和法律意识的发展至关重要。在日益全球化的数据环境中，掌握如何在跨国项目中遵循各国的数据保护法规，特别是保证数据流动和处理活动满足 PIPL 等国际法律要求，成为确保数据安全、合法的关键。这样的知识和实践不仅提升了数据处理工作的安全性和合规性，而且也支持了跨境项目的有效执行，为数据科学的全球合作和创新提供了稳固的法律和伦理支持。通过这种方式，在强调数据保护的同时还能够推动技术和知识的跨界流动，从而促进了数据科学与工程领域的健康发展和国际交流。

（6）重大数据处理活动监管

PIPL 对于处理个人敏感信息以及具有较大影响的数据处理活动实施了严格的前置监管机制。根据 PIPL，企业在开展此类数据处理活动之前，必须进行个人信息保护影响评估并依法向监管部门备案。影响评估包括但不限于评价数据处理活动对个人信息安全的影响，确定采取的保护措施是否充分，以及是否存在数据泄露、滥用等风险。此举旨在加强对敏感信息处理的控制，确保数据处理合规合法，通过透明度提升构建公众信托体系。

在数据科学与工程的实际应用中，PIPL 合规要求应贯穿从项目设计到实施的全生命周期，强化个人隐私的保护。这种法律规范的遵循，不仅促进了技术创新和解决方案的开发，同时加强了对数据主体权益的尊重，也为保护个人信息设置了更高的行业标准，展示了数据科学与工程领域对于维护数据安全和隐私权的承诺。

（7）法律责任

PIPL 的颁布和实施标志着我国在个人信息保护领域迈出的重要一步，旨在加强隐私权益保障与数据处理活动的法治化。对组织而言，这意味着必须加强数据保护措施和内部管理，提升对用户隐私权利的尊重和保护。对个人而言，PIPL 提供了坚实的法律保障，增强了个人对自身信息的控制能力。PIPL 不仅彰显了我国在全球数据保护法律体系中的积极参与，也为国际数据交流与合作提供了法律基础。在数据科学与工程领域，PIPL 促使专业人员必须全面遵守法律规定，在数据收集、分析及可视化等活动中融入先进技术以保护个人隐私。同时，鼓励探索符合隐私保护原则的新技术，推动有关技术深入研究。PIPL 的实施为确保技术创新与个人隐私保护之间平衡提供了新的高标准，推动数据科学与工程领域向负责任的发展方向迈进，展示了数据处理活动中维护隐私权和安全的深刻理解与承诺。

（8）国内相关其他法律

2021 年，《中华人民共和国数据安全法》颁布并实施。该法旨在有效规范数据处理活动，保障数据安全，促进数据开发利用，保护个人和组织的合法权益，维护国家主权、安全和发展利益。该法适用于中国境内的数据处理活动及其安全监管，对境外活动若损害中国利益的也依法追责。该法明确了数据的定义，包括电子或其他方式记录的信息，涵盖收集、存储、使用、加工、传输、提供、公开等处理活动；确立了数据分类分级保护制度，对国家核心数据实行严格管理；规定了数据安全保护义务，要求数据处理者采取技术和管理措施保障数据安全，加强风险监测，及时采取补救措施应对数据安全缺陷或漏洞；强调了国家支持数据安全技术研究、标准体系建设、人才培养等，促进数据安全检测评估、认证等服务的发展。同时，该法明确了法律责任，对违反数据安全法的行为依法追究法律责任。

6.3.3　数据安全面临的挑战

在当今快速发展的数字化时代，数据安全已成为全球关注的核心议题。技术的迅猛发展带来了广阔的可能性，同时也带来了前所未有的安全挑战。从网络空间的高级持续性威胁（advanced persistent threat，APT）到内部安全威胁，从物联网（internet of things，IoT）设备的安全隐患到云计算平台的保护问题，再到移动计算的安全隐患以及人工智能与机器学习技术的安全威胁，安全问题正变得越来越复杂。这一系列挑战要求必须采取更加灵活、全面的安全策略和措施，以确保在不断变化的技术环境中保障敏感数据和信息系统的安全。

1. 高级持续性威胁

APT 是网络安全领域中最复杂和隐蔽的攻击类型之一，背后往往有着高度组织化的团队，如国家支持的黑客组织或犯罪集团。这些攻击者运用先进技术、社会工程学和网络渗透技巧，对政府机构、国防系统、高科技企业等高价值目标发起针对性攻击，目的是长期潜伏在目标网络中，在不被发现的同时持续窃取或监视数据。APT 攻击的特点在于其隐蔽性和持久性，攻击者会尽一切可能维持其在系统内的隐藏状态，通过复杂的命令及控制通道与外界沟通，以减少被侦测的风险，这使得传统安全防御措施难以侦测到这些攻击。

针对 APT 攻击的防御需要采取多层次的综合安全策略。组织需要加强安全意识培训，提高员工对社会工程学攻击的警觉性，同时实施严格的入侵检测和应对机制，利用异常行为分析、端点检测与响应（endpoint detection and response，EDR）和网络流量分析等先进安全技术来识别并隔离潜在的 APT 活动。此外，通过定期的安全审计、实施数据加密和访问控制也是有效防御 APT 攻击的重要手段。相关组织还应与其他机构和安全研究组织共享情报，以便更好地识别和防御这些复杂的攻击，进而保护组织的信息资产免受侵害。

2. 内部安全威胁

内部安全威胁的应对策略要求组织从技术、管理和文化三个层面构建协同防御体系。针对技术层面，应实现对内部行为的深度监控和精准分析，包括对员工日常操作的日志记录和异常行为进行实时分析；部署先进的内部威胁检测系统，如基于机器学习的行为分析工具。这些工具能够学习员工的正常工作模式，并及时报警任何偏离常规的行为，从而在潜在威胁成为真正的安全事件之前就进行干预。此外，还应对敏感数据和关键资产进行加密保护，并对高风险操作实施严格的审计和控制，防止内部安全威胁造成重大损失。

在管理层面，应制定和执行严格的安全政策和流程以防范内部安全威胁，涉及对数据访问权限的精细管理，确保严格遵循最小权限原则，使员工仅能访问其完成工作所必需的信息；对员工进行持续的安全培训以强化员工的安全责任意识，包括对新员工进行基础培训和对所有员工定期进行高级安全教育；建立明确的内部报告机制，鼓励员工在不受惩罚的前提下报告安全漏洞或可疑行为，以便早期发现和解决内部安全威胁。

在文化层面，组织文化的构建是长期而微妙的过程，以安全为中心的企业文化能够极大地减轻内部安全威胁的风险。这要求领导层通过自身言行树立安全第一的榜样，营造既重视安全也支持员工成长和开放沟通的环境。在这样的文化背景下，员工更加愿意且有能力成为组织安全防护体系的积极参与者，而非潜在的威胁来源。

通过这三个层面的综合施策，组织可以建立一个既强大又灵活的防御体系，有效应对来自内部的安全威胁，保障组织和员工的共同利益。

3. IoT 设备安全

随着 IoT 技术的快速发展和广泛应用，越来越多的智能设备被集成在日常生活和工业系统中，从智能家居到智慧城市、从生产线到供应链管理，IoT 设备提供了极大的便利。然而，这些设备的普及也带来了新的安全挑战。很多 IoT 设备在设计和制造时并没有将安全作为首要考虑因素，它们常常缺乏有效的安全防护措施，比如加密通信、数据保护和访问控制等，导致其非常容易受到各种网络攻击的威胁。

IoT 设备的安全漏洞不仅限于设备本身，还涉及整个生态系统，包括设备与设备之间的通信、设备与云平台的数据传输，以及用户的隐私保护等多个层面。攻击者可以利用这些漏洞进行数据窃取、身份盗用、远程控制，甚至组织更大规模的网络攻击，如分布式拒绝服务（distributed denial of service，DDoS）攻击。此外，随着 IoT 设备在关键基础设施（如能源、交通和医疗等领域）中的应用越来越广泛，其安全问题也变得更加严峻，对社会和经济的影响日益深远。

加强 IoT 设备的安全性不仅是技术问题，也是全社会需要共同面对的挑战。这要求从政策制定、标准建立到技术创新、用户教育等多个方面入手，形成全面的安全防护体系。例如：推动制定更为严格的安全标准和法规，指导 IoT 设备生产商在设计初期就融入安全功能；开发新的技术手段，如利用人工智能进行异常行为检测和安全防护；加强用户对 IoT 设备安全性的认识和防范意识，确保其在享受物联网带来便利的同时，也能有效保护自身和社会的安全。

4. 云计算安全

云计算的广泛应用为企业带来了前所未有的便利，它使得存储、处理和分析数据变得更为高效和灵活。企业可以根据需要迅速调整资源，实现成本优化和业务敏捷性。然而，随着越来越多的敏感和关键数据被迁移到云平台，确保这些数据的安全变得至关重要，特别是实施数据隔离、访问控制和加密措施，这些措施对于防止未授权访问、数据泄露和滥用尤为关键。组织和云服务提供商需要共同努力，确保数据处理活动符合最高的安全标准。

云服务的一个主要挑战在于数据安全责任的界定并非总是清晰，这要求组织必须与服务提供商紧密合作，共同建立透明且高效的安全管理机制。此外，随着业务向云的转型，企业需要对云安全策略进行持续的评估和调整，以应对不断演变的威胁。这包括实施综合的安全架构，涵盖身份验证、数据加密、网络安全以及安全运维等多个方面；同时，加强对员工的安全意识培训，确保员工了解在云环境下操作数据的正确方法。

云计算虽为企业提供了极大的灵活性和效率，但随之而来的安全挑战也不容忽视。通过实施严格的数据隔离、访问控制和加密措施，以及建立与云服务提供商的密切合作关系，企业可以有效应对这些挑战，确保其数据资产在云环境中的安全。在这一过程中，持续进行安全评估和员工教育同样发挥着重要作用，这些措施共同促进了企业在云计算时代的安全和成功。

5. 移动计算的安全

目前，数据安全的挑战已逐步扩展到移动计算领域。移动设备因其高度便携性而频繁连接到各种网络环境，从而增加了敏感数据在传输过程中被拦截的风险。应用程序的多样性虽然增强了功能性，但也为恶意软件提供了便捷的入侵路径，这两方面共同加剧了数据泄露的风险。应对这些挑战的关键在于采取综合的安全措施，包括加强移动设备的安全设置、实施移动设备管理（mobile device management，MDM）解决方案来监控和管理企业内部的移动设备使用情况，以及提升用户对于移动安全风险的认识。此外，更新和优化安全策略，以便有针对性地防御新兴的安全威胁，对于确保移动计算环境的长期安全至关重要。这要求技术、政策和教育紧密配合，构建一个安全稳固的移动计算生态。

6. 人工智能与机器学习技术面临的安全挑战

人工智能（artificial intelligence，AI）和机器学习（machine learning，ML）技术在众多行业的广泛应用，不仅开辟了新的可能性，也带来了新的安全挑战。算法操控和数据投毒等问题突显了数据安全和模型可靠性方面的挑战，攻击者能够利用机器学习模型的漏洞进行恶意操作。这要求在开发和部署 AI 与 ML 解决方案时采取综合的安全措施，如进行彻底的安全审查以确保数据质量、使用模型加固技术以提高系统的抗攻击能力，以及通过持续监控和及时更新模型来防御新兴的攻击手段。

确保 AI 和 ML 系统的安全性及可靠性是一个动态且持续的过程，它要求技术上的持续创新和改进，并需要跨学科的专业人才参与其中。这些专业人才需在设计和部署先进技术时深入考虑并解决伴随的安全问题，以充分发挥 AI 和 ML 技术的潜力，同时有效管理和减轻可能的风险。只有这样，才能在享受 AI 和 ML 带来的好处的同时，确保技术应用的安全性和可靠性。

总之，随着技术进步和数字化转型，数据安全挑战变得更加复杂和多样化。保护数据安全的关键在于不仅要有技术上的创新和防御，还需要全面管理人员、政策和流程，以确保能够应对当前和未来的安全挑战。

6.3.4 隐私保护

隐私保护是确保合理收集与使用个人信息的关键，涉及信息的存储和传输等环节，直接关联个人隐私的安全性和保密性。有效的隐私保护策略需综合考虑各种措施与技术，包括制定透明的隐私政策、执行隐私影响评估（privacy impact assessment，PIA）、实施最小权限原则等，以便加强对个人信息的保护，确保其处理过程的合法性与透明度。随着技术发展和法律要求的不断演进，组织必须持续评估和更新其隐私保护措施，以确保隐私策略的有效性与适应性，从而在促进数据利用的同时，坚守保护个人隐私的底线。

1. 制定隐私政策

制定隐私政策是确保隐私保护有效性的基石，为个人信息的处理活动设立了明确的法律和伦理框架。一项细致的隐私政策应明确阐述信息收集的目的、处理范围、存储时长及其使用和共享的条件，确保数据处理活动的透明度与合法性，并且需要明确指出数据主体的各项权利，包括但不限于访问、更正、删除个人信息的权利以及如何有效行使这些权利，以此加强个人对其信息的控制能力。对组织来说，在制定隐私政策时应避免使用复杂的技术术语或法律条文，以便非专业的数据主体也能清晰理解其内容。通过透明地分享信息处理的方式和目的，以及尊重和保护数据主体的隐私权利，组织可以显著提升其信誉和公众对其隐私保护措施的信任度。

2. 执行隐私影响评估（PIA）

PIA 是一个结构化的过程，涉及对数据收集、处理和存储等活动的深度分析。这个过程不仅要求技术上的精确性，还涉及对法律、政策和程序的全面评审，确保所有数据处理活动严格遵循现行的隐私法规和标准。组织必须与不同部门紧密合作，包括但不限于法律顾问、数据保护官以及 IT 和业务团队，以确保对项目潜在的隐私影响进行全面的评估。此外，PIA 的执行应成为一项常规活动，尤其是在项目实施阶段出现重大更改时更应重新进行评估，以确保隐私保护措施始终有效。通过实施 PIA，组织能够在项目的早期阶段识别潜在的隐私风险，并采取措施来缓解这些风险，从而保护数据主体的隐私。这不仅显示了组织对个人隐私保护的承诺，也有助于增强公众对其数据处理实践的信任。有效的 PIA 能够促进组织创建一个透明且负责任的数据处理环境，为个人隐私提供坚实的保障。

3. 实施最小权限原则

实施最小权限原则旨在确保对个人信息的访问被严格限制为完成指定任务所需的最少量。这一原则通过细致的访问控制管理来实现，即为每个用户或系统分配适当的权限级别，防止过度授权引发的安全漏洞。实际上，这意味着仅当员工或系统确实需要访问特定数据以履行其职责时，才会为其授予相应的访问权限。此外，实施最小权限原则还涉及定期的权限审查和调整，确保在员工职位变动或项目完成时及时撤销不再需要的权限，避免潜在的安全风险。

实施最小权限原则的组织能够有效减少由于权限设置不当或管理不严导致的数据泄露及滥用风险。这种做法不仅需要技术手段的支持，例如实施访问控制列表和基于角色的访问控制系统，同时也需要建立一种组织文化，确保每个团队成员都理解并认同这一原则的重要性。此外，有效实施最小权限原则还依赖于自动化工具的辅助，这些工具可以帮助管理和监控权限配置，减轻人力管理的负担，提升整体的效率和安全性。通过持续地实施最小权限原则，组织不仅能够提升其数据保护策略的强度，还能构建一个更加安全和可靠的信息处理环境。

6.4 　数据资产

微视频：
数据资产

在现代信息化社会，数据资产已演变为数字化转型时代的战略基础设施。在数字技术生态系统持续演进的背景下，组织在业务活动中产生和处理的数据量以惊人的速度增长，从而极大地增强了数据资产在支持企业持续发展和竞争优势中的作用。因此，实施高效且全面的数据资产管理策略，包括对数据资产进行精确的分类、执行严格的数据监控与审计程序，以及建立高效和灵活的数据工作流与跨部门协作机制，对于组织来说至关重要。这一过程不仅依赖于先进的技术和系统的支持，更需要组织制定一套全面而详细的管理策略和流程，确保在复杂多变的商业环境和技术创新背景下，组织的数据资产能被充分利用并转化为战略决策的有力支撑。通过这样的努力，组织能够保障信息安全，提升运营效率和决策质量，从而在激烈的市场竞争中获得优势，推动其向高效创新的方向发展。

6.4.1　数据资产分类

数据资产分类是对组织内部所有数据按其特性、用途或价值等标准进行系统化分组的过程。这一过程不仅有助于明确数据的保护级别，还能够指导组织制定更有针对性的数据使用和保护策略，从而有效地支持组织的业务运营和决策制定。

1. 数据资产的定义和重要性

数据资产是指组织为支撑业务运营而创建、收集、维护和使用的数据集合。在信息时代，数据资产的管理已成为企业核心竞争力的关键组成部分。高效的数据资产管理不仅支持企业战略规划和日常决策，而且还直接影响到运营效率和信息安全。数据资产管理的重要性体现在以下几个方面：

① 增强决策支持。数据资产管理通过整合和分析组织内外的数据资源，为管理层提供准确的业务洞察和预测。这种基于数据的决策支持系统能够帮助组织更好地理解市场趋势、客户需求和内部运营状况，从而制定更有效的战略规划和日常决策。

② 提升运营效率。有效的数据资产管理能够帮助组织优化业务流程，自动化重复任务，减少冗余操作。通过对数据流程进行优化，组织可以减少数据处理时间，提高数据准确性，从而提升整体工作效率。此外，数据资产管理还支持企业资源规划（enterprise resource planning，ERP）系统的实施，通过集成各个业务单元的数据，实现资源的最优配置和使用，降低运营成本。

③ 确保数据安全和合规。数据资产管理不仅包括实施技术安全措施，而且还涉及建立数据治理架构，以确保数据处理活动符合法律法规要求。

2. 常见的数据资产分类方法

数据资产分类为组织提供了一种系统化管理和保护数据的方法。通过明确数据的属性和重要性，组织可以实现优先级排序、资源分配，并确保遵循相关法律和合规要求。以下是三种常见的数据资产分类方法。

（1）按数据敏感性分类

数据的敏感性反映了其对组织运营的重要性及其泄露所可能造成的损害程度。按数据敏感性，组织通常将数据资产分为 4 个主要级别：公开级、内部级、敏感级和机密级，每个级别都需要采取相应的保护措施。

公开级数据是指可以公开访问且不含有敏感信息的数据。这类数据的泄露或公开不会对企业或个人造成任何直接的负面影响。例如，公开发布的行业报告、产品说明书、市场营销材料等。对于公开级数据，企业可能不需要采取额外的保护措施，但仍应确保其准确性和一致性，以维护企业形象和品牌信誉。

内部级数据是指仅限企业内部成员使用的数据，这类数据包括内部沟通文档、员工通讯录、内部培训资料等。虽然这些数据的泄露不会对企业造成重大的财务损失，但可能会影响企业的内部运营和泄露员工隐私。因此，企业通常会采用访问控制和用户身份验证等措施来保护这类数据，确保只有授权人员才能访问。

敏感级数据包含一定的敏感信息，未经授权的泄露敏感级数据可能会对组织或个人造成损害。这类数据包括客户信息、合同条款、财务数据等。针对敏感级数据，组织需要采取更严格的保护措施，如数据加密、访问日志审计、数据泄露预防技术等，防止数据的非授权访问和泄露。

机密级数据是组织运营中最为重要且敏感的数据，包括商业秘密、核心技术、专利信息等。这类数据的泄露可能会直接威胁到组织的竞争地位和长期发展。对于机密级数据，组织通常会采取最高级别的保护措施，包括但不限于物理隔离存储、多重身份认证、数据访问控制和定期安全审计。

通过按数据敏感性分类，并采取与之相匹配的保护措施，组织能够有效地管理和保护其数据资产，降低数据泄露的风险，同时满足不断变化的法律和行业合规要求。这不仅是组织保障数据安全的必要做法，也是建立客户和市场信任的关键基础。随着组织数据量的增加和安全威胁的多样化，对数据资产进行敏感性分类并实施适当的保护措施，已成为组织数据管理策略中不可或缺的一环。

（2）按数据类型分类

数据类型的分类是根据数据的具体内容和用途来进行分类，这是组织管理和保护数据资产的另一种重要方法。按数据类型，数据资产通常可以分为 4 种主要类型：个人数据、财务数据、操作数据和知识产权数据。

个人数据包含涉及个人身份和隐私的信息，如个人的姓名、地址、电子邮件地址、电话号码、社会保障号码等。这类数据的保护至关重要，因为个人数据的泄露可能会侵犯个人隐私，甚至导致身份盗用和其他相关犯罪活动。企业必须按照相关数据保护法规对个人数据实施严格的管理和保护措施，包括加密存储、访问控制和用户数据的合法收集与使用。

财务数据涵盖企业的财务状况和运营结果的各种信息，包括收入、支出、利润、资产负债表等。这类数据对于组织的财务规划、预算管理和投资决策至关重要。财务数据的准确性、完整性和保密性对于保障组织的经济利益和市场信誉非常重要。因此，组织通常采取高级别的安全措施来保护财务数据，如实施内部控制系统、进行定期的财务审计和使用安全的数据传输协议。

操作数据是指那些支持组织日常运营的数据，如库存数据、订单信息、物流数据、生产调度信息等。这类数据对于提升组织的运营效率和服务质量具有重要意义。有效的操作数据管理可以帮助组织实时监控生产和供应链状况，优化存货管理，提高对市场变化的响应速度。保护操作数据的安全也非常重要，防止因数据丢失或泄露而造成运营中断或业务损失。

知识产权数据包括组织的专利、商标、版权等与知识产权相关的信息。

这类数据是组织核心竞争力和创新能力的体现，对保护组织的技术创新和品牌价值至关重要。知识产权数据的保护需要组织结合法律和技术手段，如申请法律保护、签定保密协议、限制访问权限等，防止知识产权遭到侵犯和盗用。

通过按数据类型进行分类，组织可以更有针对性地制定数据管理策略和保护措施，确保不同类型的数据资产都能得到有效管理和保护。这种分类方法有助于企业识别数据资产的价值和风险，采取适当的措施来优化数据资产的利用，同时遵守数据保护法规，保护数据安全和企业声誉。

（3）按业务功能分类

数据资产还可以根据其在组织业务活动中的功能和作用来进行分类，这种分类方式便于组织根据业务需求来优化数据的使用和管理。按业务功能，数据资产可分为市场营销数据、销售数据和人力资源数据等，每一类数据在组织的运营和决策中都扮演着独特的角色。

市场营销数据是组织用于分析市场趋势、消费者行为和竞争环境的数据。这类数据包括消费者行为数据、市场调研结果、竞争对手分析、广告效果评估等。市场营销数据的有效分析和利用可以帮助组织精准定位目标市场，设计有效的营销策略，提升品牌影响力和市场份额。保护市场营销数据的安全是至关重要的，因为它直接关系到组织的市场竞争策略和商业机密。

销售数据涵盖了与组织销售活动相关的所有信息，如销售额、客户反馈、销售渠道效率分析、客户购买历史等。这类数据对于优化销售策略、提高客户满意度和增加销售收入具有重要意义。通过对销售数据的深入分析，组织可以识别销售趋势、调整产品和服务，以及提升客户服务质量。同时，对销售数据的保护也不容忽视，以防竞争敏感信息泄露。

人力资源数据关系到组织员工的各类信息，包括员工档案、绩效评估结果、薪酬和福利信息、培训记录等。这类数据的管理对于提升员工满意度、优化人力资源配置和促进企业文化建设等方面发挥着关键作用。人力资源数据中包含了大量的个人隐私信息，因此必须严格遵守相关的数据保护法规，并采取适当的安全措施来保护员工的个人信息安全。

按业务功能对数据资产进行分类，不仅有助于组织更有效地组织和管理数据，也使得数据分析和决策支持更加精准和高效。对于每一类数据，组织都需要根据其特点和用途，制定相应的管理策略和保护措施，确保数据的有效利用和安全保护。在信息技术快速发展的今天，组织通过优化数据资产的管理，可以更好地支持业务发展，提升竞争力和创新能力。

3. 分类后的数据管理策略

数据资产分类为组织提供了明确的指导，以便根据数据的不同特性和价值采取适当的管理措施。在这一基础上，组织需要进一步制定和实施具体的数据管理策略，保护和最大化数据资产的价值。

首先，应制定差异化的保护措施。为了确保数据资产的安全性，组织必须采取综合性的保护策略，包括实施针对不同敏感性级别的数据的分层保护措施、定期进行安全风险评估以识别和应对潜在的安全威胁，以及加强员工的数据安全意识和技能培训。这要求对机密级和敏感级数据采取高级保护措施，如加密和访问控制，同时对公开级数据实施基本保护。通过持续监控、风险评估和教育培训，组织可以有效防范内外部安全威胁，确保数据的完整性和可用性。这样的综合保护策略不仅降低了数据泄露的风险，还为组织的持续增长和创新提供了坚实的安全基础。

其次，应优化数据存储和访问。在当前信息化时代，优化数据存储和访问策略是组织维护数据安全与提升效率的关键。要实现有效管理，组织需依据数据的敏感性和价值制定存储计划，确保敏感数据加密存储在安全的环境下，同时保障数据可用性以支持业务需求。实施细粒度访问控制，确保只有授权人员根据其职责需求访问特定数据，采用基于角色的访问控制（role-based access control，RBAC）和最小权限原则来降低未授权访问的风险。此外，引入多因素认证、数据加密和定期安全审计等高级技术手段，在保护数据隐私的同时提升处理效率和灵活性，为组织的持续运营和创新发展打下坚实基础。通过这样全面而精细化的策略，组织能够确保数据按需安全存储，同时满足快速访问需求，为组织提供坚实的数据安全保障和效率优化。

此外，还应加强合规性管理。通过制定和执行针对性的数据管理策略，企业能够在确保数据安全和合规性的同时，优化数据的存储和利用效率。这不仅涉及技术层面的措施，如加密、访问控制等，也包括组织管理层面的努力，如合规性培训、政策制定等。随着数据量的增加和法规要求的变化，企业必须持续评估和调整其数据管理策略，确保能够适应不断发展的业务需求和技术环境，从而保护和增值其数据资产。

6.4.2　数据监控与审计

数据监控与审计通过对数据访问及操作进行持续监控和定期检查，帮助企业发现并解决数据安全与合规性问题。这一过程使得组织能够及时识别潜在的安全威胁和不合规行为，确保数据的完整性和保密性得到有效保护。

1. 数据监控的实施方法和目的

数据监控通过一系列技术和策略，实现对数据访问和处理活动的实时跟踪与分析。这些措施帮助组织及时识别并应对数据安全威胁，从而保护数据免受未经授权的访问和滥用。

（1）实施实时监控

实施实时监控是组织确保数据安全的关键步骤，涉及部署自动化监控工具以实时追踪数据访问和操作细节，如访问者身份、时间、地点和具体操作，为安全分析提供日志和审计轨迹。这种监控不仅提高了对潜在威胁的应对速度和准确处理，增强数据透明度和治理能力，还支持严格的数据保护法规和合规要求，是维护组织数据资产安全、声誉和客户信任的重要手段。

（2）加强审计和合规性检查

定期的安全审计，依托于数据监控工具生成的日志和报告，对组织的数据保护措施进行全面评估。这一过程不仅涉及安全策略的检查和技术防护措施的效果评估，如评估加密和访问控制的实际运作，还包括根据审计结果适时调整和优化安全策略；同时，确保数据处理活动遵守最新的数据保护法规和行业标准，减轻合规风险和法律责任，保护组织免受数据泄露和安全事件的影响，增强客户和合作伙伴的信任。通过持续审计和监控，企业可确保数据处理既安全又合规，进而保持企业的竞争力和良好声誉。

2. 数据审计的实施方法和目的

在信息安全管理中，数据审计是一种系统的审查过程，旨在评估数据处理活动的合规性、安全性，并确保数据处理和管理符合组织内部的政策及外部的法律要求。

（1）建立全面的审计日志系统

审计日志系统的核心功能是记录和保存所有数据访问和操作的细节，为事后的审计提供一条完整的证据链，也为分析和评估数据访问模式及安全威胁提供基础。审计日志系统需要确保数据的完整性和安全性，包括对日志数据的加密存储和定期备份，以防数据被篡改或因系统故障而丢失。同时，通过实施定期的日志审查和备份策略，可以有效地提高数据恢复能力和审计的准确性。此外，审计日志系统应支持高级查询和报告功能，使安全团队能够迅速检索特定事件的详细信息，并生成定制的报告以满足合规性审查的需求。在整个设计和实施过程中，保障审计日志系统的高性能和可扩展性也至关重要，以应对组织数据量的持续增长和复杂的查询需求。通过这种全面的审计日志系统，组织不仅能有效监控数据访问行为，提高数据管理的透明度和可追溯性，还能及时发现和应对安全事件，在切实保护资产和维护声誉方面发挥关键作用。

（2）实施定期和事件驱动的审计

在组织的数据治理体系中，实施定期和事件驱动的审计是确保数据安全和合规性的关键措施。这种双轨审计策略不仅要求组织按照既定的时间表执行全面的审计计划，持续检查数据管理和保护措施的有效性，还要求在发生特定事件或发现异常行为时迅速采取行动，进行深入的审计分析。事件驱动的审计特别关注安全漏洞的应对，通过对事件的原因进行深入分析，组织能够及时识别和修补安全缺陷，减轻潜在的影响，并采取相应的预防措施防止未来安全事件的发生。此外，定期审计的范围应当超出技术层面，扩展至数据保护政策和流程的评估，确保各部门和员工的行为与组织的数据保护标准和最佳实践保持一致。通过这样的综合审计策略，组织不仅能够增强其数据安全防护，还能促进内部的合规文化，确保在处理数据时能够遵循适用的法律法规和行业标准，从而在维护组织声誉和客户信任的同时减少法律和财务风险。

（3）目的和效果评估

数据审计的核心目的在于通过深入分析过往的数据处理过程，确保所有操作均符合既定的合规性标准和安全策略。这项工作不仅关乎防止数据的泄露或被不当使用，更涵盖了对数据管理体系内潜在弱点的识别与改进。审计过程中揭示的任何问题或安全隐患都应被视为优化数据处理流程和加强数据保护措施的重要契机。这要求组织不仅要对问题进行修正，还需要将这些问题视为学习和改进的机会，在组织内部形成持续改进的文化。通过定期的审计活动，组织能够确保其数据管理和保护措施始终处于最佳状态，同时也能够适应快速变化的技术环境和日益严格的合规要求。此外，高效的数据审计流程还能提升组织的数据治理能力，增强数据使用者和利益相关者的信任，从而在维护数据安全的同时，为企业的长期发展和市场竞争力提供坚实的基础。

3. 数据监控与审计在合规性中的作用

随着数据保护法规的日益严格，组织对数据的处理活动需要满足越来越高的合规性要求。数据监控与审计是企业合规性策略的核心组成部分，不仅用于证明企业的合规性，也是识别和管理数据处理风险的重要工具。

数据监控与审计的实施为组织提供了一种有效手段，详尽记录和分析其数据处理活动的全方位细节，包括每一次数据的访问、修改，以及传输的具体时间、地点、参与人员和执行动作等。这种全面的记录不仅对于内部管理至关重要，在组织面临法律法规审查或需要证明其数据处理活动合规时，更是扮演着不可或缺的角色。通过向监管机构展示详细的审计日志和监控记录，组织能够明确证明其遵循相关数据保护法规的努力和成效，展现出其对合规性管理的重视和承诺。这种透明度和可验证性不仅有助于增强监管机构和公众对组织的信任，也为组织构建了一道防线，减少了因合规问题而导致的潜在法律风险和财务损失。因此，建立和维护一个全面的数据监控与审计体系，是组织在当今数字化时代保护自身和客户数据不受侵犯，同时确保合规性的关键策略之一。

通过实施数据监控与审计，组织不仅能够增强对数据处理活动的透明度，还能强化对数据保护责任的认识，促进跨部门的合作。这种机制使得所有数据处理活动都得到了详细的记录和监控，提升了数据使用和流通的监控能力，同时也帮助组织及时发现并应对数据安全和合规风险。组织内部对数据保护的广泛认识鼓励不同部门之间建立有效的沟通和协作机制，共同遵守数据保护政策，从而加强组织的数据保护文化及合规性水平。此外，对外展示组织在数据管理透明度和责任感方面的积极态度，可以增强品牌信誉和客户信任，在数据泄露和侵犯隐私事件日益增多的现状下，这种积极的措施成为组织竞争优势的重要部分，有助于树立组织负责任和值得信赖的市场形象。总的来说，加强数据监控与审计不仅提升了数据管理的透明度和组织的责任感，也促进了内部合作与沟通，为组织的安全合规及持续发展提供了坚实支撑。

6.4.3　数据工作流与跨部门协作

数据工作流与跨部门协作机制是指在组织内部关于数据的收集、存储、处理、分析和共享等一系列有序过程，以及各部门相互之间的协作关系。这些机制确保数据能够在正确的时间、以正确的格式被正确的人员访问和使用，从而最大化数据的潜在价值。

1. 数据工作流的设计和优化

数据工作流涵盖数据的收集、存储、处理、分析与报告的全过程。设计和优化这一流程，对于任何依赖数据驱动决策的组织至关重要。高效的数据工作流可以加快决策过程，提高数据质量，减少错误和延误，从而在竞争激烈的市场中获得优势。

数据管理和分析的标准化操作涉及数据的命名规范、格式化标准、数据质量标准的制定与实施，以及确立一系列可操作的流程，以保障数据的一致性、准确性和可比较性。这样的做法确保了组织内所有团队成员在进行数据处理和分析时都能遵循相同的规范和流程，从而提高数据的可靠性和有效性。例如，统一的数据命名规范有助于减少数据处理中的混淆和错误，而一致的格式化标准则使数据分析更加高效、准确。此外，制定严格的数据质量标准并确保其在全组织范围内得到有效执行，可以显著提升数据分析的准确度和可靠性，进而支持组织做出更加科学合理的决策。总之，通过实施标准化操作，组织不仅能够提高数据治理的水平，还能够加强跨部门之间的协作，优化数据资产的管理和利用，从而在数据驱动的商业环境中获得竞争优势。

对数据工作流进行持续监控和优化非常重要，组织应对数据流转过程中的每个环节进行实时监控，及时发现并解决任何瓶颈或低效问题。这种监控不仅关注数据处理速度，也涉及数据质量和安全性的持续评估。通过建立一个基于监控结果和用户反馈的反馈驱动改进机制，组织可以快速适应新的数据需求、技术变化及市场趋势，提升数据处理的灵活性和响应能力。例如，引入自动化工具以简化数据清洗和整合过程，或采用先进的数据分析技术以提升效率和准确度。该机制还能推动跨部门信息共享与目标对齐，使其保持组织在数据驱动的时代中的竞争优势。

数据工作流的设计和优化是一个持续的过程，需要组织对其数据管理实践进行定期评估和调整。通过实施自动化流程、标准化操作和持续监控与优化，组织可以确保其数据工作流程既高效又可靠，为数据驱动的决策提供坚实的支撑。在快速变化的商业环境中，一个灵活、优化的数据工作流是组织保持竞争力和创新能力的关键。

2. 跨部门协作的促进

促进跨部门协作旨在确保数据流通无阻、信息共享自由，以及各部门之间能够在数据使用和管理上紧密合作。实现这一目标需要明确的策略和措施，以支持不同部门间的有效沟通和协同工作。

（1）明确角色和责任

在数据管理和应用的过程中，为各团队及个人明确定义角色和责任是至关重要的，涉及分配具体的工作职责、明确数据处理和决策权限，以及确保每位员工了解如何正确处理和共享数据。此外，建立一个跨部门的数据管理小组或委员会，由各主要部门的代表组成，负责监督数据管理实践，解决数据相关的争议和挑战，同时推动组织内数据治理文化的建立。这种做法不仅可以减少误解和重复工作，提高数据利用效率，还能确保数据处理和使用活动符合组织的总体战略并遵循相关法律法规，支持组织的长期发展和成功。

（2）共享平台和工具

在构建高效和协同的工作环境中，建立统一的数据共享平台和提供协作工具成为组织数字化转型的关键。通过云计算、数据中台等技术架构，组织能够创建一个中央化的数据存储和访问点，确保所有相关部门可以轻松地访问和处理所需数据。这不仅促进了数据的高效流动，减少了工作重复和信息孤岛现象，还有助于加强团队之间的沟通和协作，从而大幅提升工作效率和项目管理的灵活性。此外，整合项目管理工具、协同文档系统和即时通信平台，形成闭环协作生态，进一步促进了不同部门和团队成员之间的实时交流和数据共享，为快速决策和创新提供了坚实的基础。

（3）培训和文化建设

建立数据能力认证体系，将工具使用纳入员工职业发展路径，不仅能够提升员工的数据素养，而且能够通过数据沙盘演练实现跨部门业务场景模拟，促进跨部门的紧密合作与知识共享。此外，通过建设积极的数据共享文化，鼓励开放透明的沟通，企业强调数据作为共同资产的重要性，激发了团队协作和创新思维，提高了工作效率和决策质量。这种文化与实践的结合，不仅加强了数据的有效利用和保护，也为企业持续成长和在竞争激烈的市场中保持竞争力提供了坚实基础。

3. 数据工作流与跨部门协作对组织的影响

数据工作流与跨部门协作是现代企业数据管理的两大核心要素，它们直接影响着数据的处理速度、决策的准确性以及组织的灵活性和创新能力。优化这两个方面能够显著提升组织对数据资产的利用效率，进而在激烈的市场竞争中脱颖而出。

（1）提高数据利用效率

在当前快速发展的信息化背景下，组织引入先进的自动化工具和技术可以显著减少手动操作环节，通过标准化流程提升数据处理的准确性和时效性。同时，建立统一的协作平台和标准化接口，能够有效打破部门间数据壁垒，确保关键数据在安全权限范围内实现高效流转与共享应用。这种技术架构与协作机制的双重优化，使数据资产真正成为驱动业务创新和战略决策的核心要素。

（2）促进决策的科学化

在当今数据主导的商业环境中，科学决策成为企业成功的关键。准确、及时的数据支撑和高效的数据工作流程，使管理层能够获得全面的洞察和深入的分析，为合理且精确的决策提供强大支持。通过跨部门的紧密协作，数据信息能够无缝流动，确保各决策层获得所需的信息，增强决策的及时性和适应性。数据驱动的决策模式减少了对个人直觉的依赖，降低了做出错误判断的风险，可确保企业决策更加客观、科学。这一过程不仅提高了决策的质量和执行效率，还促进了企业资源的优化配置和业务流程的持续改进。因此，建立一个以数据为核心的工作流程和协作机制，是提升企业决策科学化水平，加强竞争力和市场适应能力的有效途径。

（3）增强组织的竞争力

在当前的商业环境下，组织的竞争力极大地依赖于其对市场变化和客户需求的快速响应能力，这种能力需要通过两个关键要素实现，高效的数据工作流能够确保信息迅速流动，缩短决策周期，从而提升策略调整效率与市场机遇捕捉能力。同时，为了在激烈的市场竞争中保持领先地位，组织必须建立和维护以数据驱动为核心的协同体系。通过知识共享机制激发创新活力，在提升市场响应速度的同时培育持续竞争优势。

总的来说，构建高效的数据工作流和紧密的跨部门协作，对于提高组织的数据利用效率、促进决策科学化以及增强组织竞争力具有至关重要的作用。组织应当重视数据管理流程的优化和跨部门协作文化的建设，确保能够充分利用数据资产，驱动组织向着高效化、智能化和更具竞争力的方向发展。通过实施相应的策略和措施，组织可以有效应对日益复杂的市场环境，实现可持续的成长和成功。

6.5 数据治理

数据治理是确保数据资产质量、安全性和合规性的关键实践。良好的数据治理框架不仅支持组织的战略规划和日常运营，还直接影响组织的信誉、客户信任以及长期的可持续发展。随着数据量的增长和数据应用场景的多样化，建立有效的数据治理机制变得尤为重要。数据治理的核心在于制定和执行明确的数据政策、标准和流程，确保数据的准确性、一致性、完整性和可追溯性。通过这种方式，组织可以最大化数据资产的价值，同时维护数据的合规性和安全性，为组织的长期成功奠定基础。

微视频：
数据治理

6.5.1 数据治理框架

数据治理框架是一个综合性的体系，涵盖了组织在数据管理方面的政策、流程和技术。这个框架的构建需要从多个层面进行深入理解和实施，以应对数据治理的复杂挑战。通过建立一个结构化的数据治理框架，组织可以确保数据资产的有效管理和利用，支持业务目标的实现。这种框架不仅涉及技术解决方案，还包括组织文化和策略层面的考量，确保数据治理体系能够适应不断变化的业务环境，为数据管理提供坚实的基础。

1. 数据质量管理

数据质量管理是数据治理的核心组成部分，它确保数据的准确性、一致性和完整性。组织需要实施严格的数据质量监控机制，包括数据清洗、数据验证和数据审计，以确保数据在整个生命周期内的高质量。例如，通过自动化工具定期扫描数据集，识别并修正不一致或错误的数据记录。数据质量管理不仅提高了数据的可靠性，还增强了基于数据的决策的准确性。

2. 元数据管理

元数据管理涉及对数据的描述和定义，帮助组织理解数据的来源、用途和关系。通过有效的元数据管理，组织可以提高数据的可追溯性和透明度，支持数据的合规性和审计需求。元数据管理还包括建立数据字典和数据目录，以便数据的查找和使用。例如，一个大型零售商通过维护详细的元数据能够快速定位和分析销售数据，优化库存管理。元数据管理确保组织内的每个团队都能清晰理解数据的含义和用途，避免数据误解和误用。

3. 数据标准和政策

制定和实施统一的数据标准和政策是数据治理的基础。这些标准和政策明确了数据的定义、格式和使用规则，确保组织内各部门之间的数据一致性。例如，某跨国公司通过制定全球统一的数据标准消除了不同地区分公司之间的数据不一致性问题。数据标准和政策还包括对数据访问和使用的权限管理，以保护数据的安全性和隐私性。组织需要定期审查和更新这些标准和政策，从而适应不断变化的业务需求和技术环境。

4. 数据合规性管理

数据合规性管理确保组织的数据处理活动符合相关法律法规和行业标准。这包括遵守数据保护法规（如 GDPR、CCPA、PIPL）和行业特定的数据规范。组织需要定期进行合规性审计，以确保数据处理活动的合法性和透明度。例如，某科技公司通过定期的合规性审计，及时发现并修正了数据收集过程中的不合规问题，避免了潜在的法律风险。数据合规性管理还包括培训员工，确保他们了解并遵守相关的数据保护法规。

6.5.2　数据治理实践路径

数据治理的实施是一个系统化的过程，需要组织从战略、技术和文化等多个层面进行规划和执行。以下是数据治理实施的关键方法和最佳实践。

1. 建立数据治理团队

数据治理的成功实施依赖于一个跨职能的团队，该团队负责制定和执行数据治理策略。团队成员应包括数据所有者、数据管理员、业务分析师、IT 专家以及法律人员。

2. 制定数据治理路线图

制定清晰的数据治理路线图是实施数据治理的第一步。路线图应包括短期和长期目标、关键里程碑以及资源分配计划。

3. 采用数据治理技术工具

选择合适的数据治理技术工具可以显著提高治理效率。这些工具包括数据目录工具、数据质量监控工具、数据血缘分析工具和数据合规性审计工具。

4. 建立数据治理绩效指标

设定明确的数据治理绩效指标可以量化治理效果。常见的指标包括数据准确性提升率、数据合规性达标率和数据使用效率提升率。

通过这些综合性措施，数据治理框架为组织提供了一个全面的数据管理视角，确保数据资产的安全性、合规性和价值最大化。随着数据环境的不断变化，组织需要持续优化其数据治理策略，以应对新的挑战和机遇。数据治理不仅是技术问题，更是组织文化和管理策略的体现，它要求组织内的每个成员都参与到数据管理中，共同维护数据的质量和安全。

本章小结

本章围绕数据安全与治理展开，深入探讨了其在现代企业中的重要性及实践方法。首先，强调了数据质量的关键维度（准确性、完整性、一致性、可信度和时效性），并介绍了提升数据质量的策略。接着，详细讨论了数据安全的多层面组成，包括物理安全、网络安全、应用安全、终端安全、数据加密和身份认证等，并探讨了隐私保护的核心措施，如建立隐私政策、进行隐私影响评估和实施最小权限原则。此外，介绍了数据资产分类方法及其管理策略，强调了数据监视与审计在确保数据安全中的作用。数据工作流优化和跨部门协作也被提及作为提升数据利用效率的关键。最后，构建了数据治理框架，涵盖数据质量管理、元数据管理、数据标准与政策、数据合规性管理，为组织提供全面的数据管理视角，确保数据资产的安全性、合规性和价值最大化。通过这些内容，本章为读者提供了深入理解数据安全与治理的理论基础和实践指南。

习题

一、选择题

1. 数据安全的主要目标不包括以下哪一项？（　　　）

A. 保护数据的保密性 　　　　　　B. 确保数据的完整性

C. 增加数据的复杂性 　　　　　　D. 保证数据的可用性

2. 数据加密技术可以分为哪两种主要类型？（　　　）

A. 对称加密和非对称加密 　　　　B. 静态加密和动态加密

C. 私密加密和公开加密 　　　　　D. 单向加密和双向加密

3. 数据治理的主要目标是？（　　　）

A. 降低数据存储成本 　　　　　　B. 提高数据质量和合规性

C. 增加数据访问速度 　　　　　　D. 减少数据量

4. 在数据安全策略中，最重要的是确保数据的什么特性？（　　　）

A. 数据的冗余性 　　　　　　　　B. 数据的灵活性

C. 数据的保密性 　　　　　　　　D. 数据的可读性

5. 在数据治理框架中，哪个工具用于识别和修正数据中的错误？（　　　）

　　A. 数据库管理系统　　　　　　　　B. 数据清洗工具

　　C. 数据压缩工具　　　　　　　　　D. 数据备份系统

6. 在数据治理中，确保数据准确性和完整性的方法是？（　　　）

　　A. 数据加密　　　　　　　　　　　B. 数据清洗

　　C. 数据压缩　　　　　　　　　　　D. 数据复制

7. 在数据安全框架中，审计机制的主要作用是？（　　　）

　　A. 监控并记录数据访问和修改行为

　　B. 提高数据传输速度

　　C. 增加数据存储容量

　　D. 减少数据访问次数

8. 以下哪种技术用于保护静态数据？（　　　）

　　A. 数据加密　　　　　　　　　　　B. 数据备份

　　C. 数据压缩　　　　　　　　　　　D. 数据清洗

9. 在数据治理中，哪个过程用于确保数据在整个生命周期内的质量？
（　　　）

　　A. 数据清洗　　　　　　　　　　　B. 数据备份

　　C. 数据加密　　　　　　　　　　　D. 数据压缩

10. 在数据安全中，双因素认证的目的是？（　　　）

　　A. 增强数据存储效率　　　　　　　B. 增强用户身份验证的安全性

　　C. 提高数据传输速度　　　　　　　D. 增加数据访问量

二、思考题

1. 讨论在现代组织中数据治理对于数据安全的重要性。结合具体实例，说明如何通过数据治理策略来提高数据安全性和合规性。

2. 在数据安全与治理中，如何利用数据加密技术保护企业敏感信息？讨论数据加密的不同类型及其在实际应用中的优缺点。

第 7 章　数据综合应用案例分析

7.1　微博大数据存储

7.1.1　项目背景

微视频：
微博大数据存储

在当今社交媒体潮流中，微博作为主流平台之一，每日产生的海量数据中包含文本、图片、视频以及用户的互动信息（如评论、转发和点赞）等。这些数据的有效采集、处理和存储，对于揭示用户行为模式、趋势监测以及优化内容推荐系统至关重要。面对不断增长的数据量，如何建立一个既高效又可扩展的数据处理和存储系统，成为社交媒体平台面临的一大挑战。

针对这一挑战，本项目使用了 Hadoop 生态系统中的关键组件：Hadoop、Linux 和 VMware WorkStation。Hadoop 提供的分布式存储和计算能力能够有效地处理海量数据。Linux 操作系统可以构建稳定可靠的基础架构，为数据处理提供可靠的运行环境。在虚拟化环境方面，通过 VMware WorkStation 管理和部署整个系统，确保系统的灵活性和可管理性。

7.1.2　Hadoop 生态系统关键组件介绍

1. Hadoop

Hadoop 是一个开源的分布式存储和计算框架，旨在处理大规模数据集。它基于 Google 的 MapReduce 算法和 Google 文件系统（Google file system，GFS），提供了一个可靠、高效的解决方案，用于在集群中存储和处理海量数据。Hadoop 由两部分核心组件组成：Hadoop 分布式文件系统（HDFS）和 Hadoop MapReduce。HDFS 是 Hadoop 存储层的基础，用于将数据分布式存储在集群的各个节点上，保证数据的可靠性和容错性。Hadoop MapReduce 是 Hadoop 计算层的核心组件，用于并行处理存储在 HDFS 中的数据。这种并行化的处理方式能够有效地利用集群中的计算资源，加速了数据处理过程，适用于大规模数据的批处理任务。除了这两部分核心组件外，Hadoop 生态系统还包括各种相关工具和项目，如 Hive、HBase、Spark 等，用于提供更丰富的数据处理和分析功能。Hadoop 的开源特性使其成为处理大数据的首选解决方案之一，被广泛应用于互联网、金融、医疗等各个行业领域，为组织提供了可靠、高效的大数据处理解决方案。

2. Linux

Linux 是一种开源的类 UNIX 操作系统内核，广泛应用于各种计算机系统、服务器和嵌入式设备中，具有高度稳定性和可靠性，能够长时间运行而不需要频繁重启。其安全性得益于开放源代码的特性，多层次的安全机制可以有效保护系统免受恶意攻击和病毒感染。此外，Linux 具有灵活的定制性和可扩展性，用户可以根据需要自定义系统配置，并与其他系统进行集成和通信。Linux 拥有庞大的用户社区和开发者社区，可提供丰富的支持和帮助。综合而言，Linux 是一款稳定、安全、灵活和强大的操作系统，适用于各种场景和应用领域，包括服务器、工作站、嵌入式设备和个人电脑等。

3. VMware WorkStation

VMware WorkStation 是一款强大的虚拟化软件，可在单台物理计算机上创建、运行和管理多台虚拟机。用户可以选择在 Windows 或 Linux 操作系统上安装和运行该软件，轻松配置和管理虚拟机的硬件资源、网络连接和其他高级选项。该软件支持创建虚拟机的快照，允许用户在进行重大更改或实验时轻松回滚到指定的先前状态。此外，用户还可以在宿主操作系统和虚拟机之间共享文件和文件夹，以便数据传输和共享。通过优化虚拟机的性能和资源利用率，VMware WorkStation 提高了整个系统的运行效率，同时确保了虚拟机之间的隔离和安全性。综合而言，VMware WorkStation 为用户提供了灵活、高效的虚拟化解决方案，适用于不同领域的开发人员、测试人员、系统管理员和企业用户。

7.1.3 实现步骤

1. 环境准备

在微博大数据存储案例中，随着数据量的急速增长，设计一个有效、经济且可扩展的存储解决方案成为迫切的需求。为了解决这一问题，需要搭建大数据存储环境，并提前准备虚拟机环境(图 7-1)。

图 7-1 虚拟机开机界面

2. JDK 安装部署

大数据 Hadoop 框架需要运行在 Java 虚拟机环境上，所以首先需要搭建

JDK 环境。这需要借助 lrzsz 命令和 XShell 将 JDK 安装包上传到虚拟机环境中，并且解压到指定路径下（图 7-2）。之后需要实现环境变量的配置。

```
#/bin/bash
export JAVA_HOME=/opt/softwares/jdk1.8.0_181
export PATH=$PATH:$JAVA_HOME/bin
```

图 7-2　JDK 环境变量配置

在配置好环境变量配置文件后，通过 java-version 命令来验证是否能够正常查看 JDK 版本信息。如果能够查看到 JDK 的正确的版本信息。则表明 JDK 安装部署成功；否则，意味着 JDK 安装部署失败（图 7-3）。

```
[root@bds uploads]# java -version
java version "1.8.0_181"
Java(TM) SE Runtime Environment (build 1.8.0_181-b13)
Java HotSpot(TM) 64-Bit Server VM (build 25.181-b13, mixed mode)
[root@bds uploads]#
```

图 7-3　验证 JDK 环境变量配置

3. Hadoop 安装部署

将 Hadoop-3.1.3 的安装包上传至虚拟机系统指定的文件路径下，进行解压安装。然后为 Hadoop 的 bin 目录和 sbin 目录配置环境变量（图 7-4）。

```
#/bin/bash
export JAVA_HOME=/opt/softwares/jdk1.8.0_181
export HADOOP_HOME=/opt/softwares/hadoop-3.1.3
export PATH=$PATH:$JAVA_HOME/bin:$HADOOP_HOME/bin:$HADOOP_HOME/sbin
```

图 7-4　Hadoop 环境变量配置

配置好环境变量后需要通过 source 命令使得修改生效，并通过 hadoop version 命令判断能否正常查看 Hadoop 版本信息，进而确定 Hadoop 的安装部署是否成功（图 7-5）。

```
[root@bds uploads]# hadoop version
Hadoop 3.1.3
Source code repository https://gitbox.apache.org/repos/asf/hadoop.git -r ba631c436b806728f8ec2f54ab1e289526c90579
Compiled by ztang on 2019-09-12T02:47Z
Compiled with protoc 2.5.0
From source with checksum ec785077c385118ac91aadde5ec9799
This command was run using /opt/softwares/hadoop-3.1.3/share/hadoop/common/hadoop-common-3.1.3.jar
[root@bds uploads]#
```

图 7-5　验证 Hadoop 环境变量配置

4. 免密登录配置

免密登录可以帮助 Hadoop 在采用自带的启动脚本启动时避免可能出现的报错。首先需要安装 openssh-clients，再通过 ssh-keygen-trsa 命令在本地默认路径下生成 SSH 密钥文件，并通过 ssh-copy-id 命令将密钥分发给本机 root 用户，即可完成本机的免密登录（图 7-6）。

```
[root@bds uploads]# ssh bds
Last login: Thu Apr 18 20:15:01 2024
[root@bds ~]#
```

图 7-6　验证 SSH 免密登录

5. Hadoop 配置

在 core-site.xml 文件中需要添加如下配置项：

```xml
<configuration>
<! -- 指定 NameNode 的内部通信地址，这里推荐使用 8020 端口 -->
    <property>
        <name>fs.defaultFS</name>
        <value>hdfs://bds:8020</value>
    </property>
    <! -- 指定数据储存目录，默认是在 /tmp 路径 -->
    <property>
        <name>hadoop.tmp.dir</name>
        <value>/opt/softwares/hadoop-3.1.3/tmpDatas</value>
    </property>
    <! -- 指定 hdfs 网页登入的静态用户 -->
    <property>
        <name>hadoop.http.staticuser.user</name>
        <value>root</value>
    </property>
</configuration>
```

在 hdfs-site.xml 文件中需要添加如下配置项：

```xml
<configuration>
<! -- 设置文件副本为 1，从而节省磁盘，集群模式下默认为 3 -->
    <property>
        <name>dfs.replication</name>
        <value>1</value>
    </property>
    <! -- 指定 NameNode 的 web 访问地址 -->
    <property>
        <name>dfs.namenode.http-address</name>
        <value>bds:9870</value>
    </property>
    <! -- 2NN web 访问地址 -->
    <property>
        <name>dfs.namenode.secondary.http-address</name>
        <value>bds:9868</value>
    </property>
</configuration>
```

在 yarn-site.xml 文件中需要添加如下配置项：

```xml
<configuration>
<! -- Site specific YARN configuration properties -->
```

```
<! -- 指定 MR 走的 shuffle -->
    <property>
        <name>yarn.nodemanager.aux-services</name>
        <value>mapreduce_shuffle</value>
    </property>


    <! -- 指定 ResourceManger 的地址 -->
    <property>
        <name>yarn.resourcemanager.hostname</name>
        <value>bds</value>
    </property>


    <!-- 指定类路径, 这里配置的值可以通过命令 hadoop classpath 获取 -->
    <property>
        <name>yarn.application.classpath</name>
```

```
< value >/opt/softwares/hadoop - 3.1.3/etc/hadoop:/opt/softwares/
hadoop-3.1.3/share/hadoop/common/lib/* :/opt/softwares/hadoop-3.1.3/
share/hadoop/common/* :/opt/softwares/hadoop - 3.1.3/share/hadoop/
hdfs:/opt/softwares/hadoop - 3.1.3/share/hadoop/hdfs/lib/* :/opt/
softwares/hadoop - 3.1.3/share/hadoop/hdfs/* :/opt/softwares/hadoop -
3.1.3/share/hadoop/mapreduce/* :/opt/softwares/hadoop-3.1.3/share/ha
doop/yarn:/opt/softwares/hadoop-3.1.3/share/hadoop/yarn/lib/* :/opt
/softwares/hadoop-3.1.3/share/hadoop/yarn/* </value>    </property>
```

```
    <! -- 开启日志聚集功能 -->
    <property>
        <name>yarn.log-aggregation-enable</name>
        <value>true</value>
    </property>


    <! -- 日志聚集服务地址, 注入历史服务器 -->
    <property>
        <name>yarn.log.server.url</name>
        <value>http://bds:19888/jobhistory/logs</value>
    </property>


    <! -- 日志的保留天数 (单位秒) -->
    <property>
        <name>yarn.log-aggregation-seconds</name>
        <value>604800</value>
```

```
        </property>
    </configuration>
```

在 mapred-site. xml 文件中需要添加如下配置项：

```
<configuration>
<! -- 指定 MR 程序运行在 yarn 上 -->
    <property>
        <name>mapreduce. framework. name</name>
        <value>yarn</value>
    </property>

    <! -- 历史服务器内部地址 -->
    <property>
        <name>mapreduce. jobhistory. address</name>
        <value>bds:10020</value>
    </property>

    <! -- 历史服务器 web 地址 -->
    <property>
        <name>mapreduce. jobhistory. webapp. address</name>
        <value>bds:19888</value>
    </property>
</configuration>
```

6. 上传微博大数据文件到 HDFS

通过 ip：port 的方式即可访问到 HDFS 的 web 页面，在其提供的 web 页面（图 7-7）中可以完成文件目录的创建。

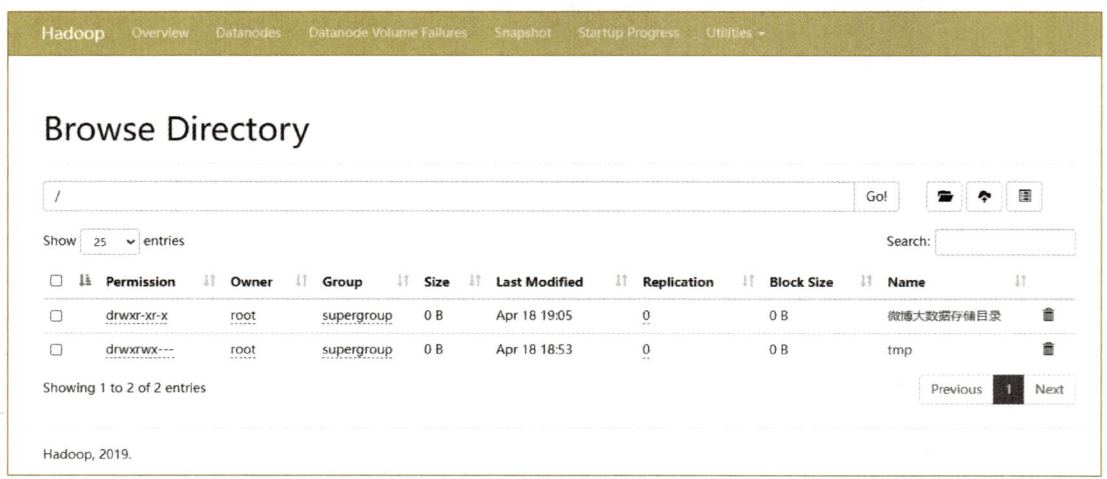

图 7-7　HDFS 的 web 页面

回到 XShell 中，通过"hdfs dfs-put ./微博大数据.zip /微博大数据存储目录"命令，将本地存储的微博大数据上传到 HDFS 的指定文件目录下（图 7-8 和图 7-9）。

图 7-8　上传数据

图 7-9　查看数据存储结果

7.1.4　项目总结

微博大数据存储项目利用 Hadoop、Linux 和 VMware WorkStation 构建了一个能够处理海量数据的存储系统。通过 Hadoop 提供的分布式存储和计算能力，以及在 Linux 操作系统上构建稳定可靠的基础架构，成功地应对了社交媒体海量数据的挑战。而 VMware WorkStation 作为虚拟化环境的选择，确保了系统的灵活性和可管理性。在实施过程中，进行了环境准备、安装部署 JDK 和 Hadoop、配置环境变量、免密登录配置等步骤，最终完成了整个项目的搭建和准备工作。这个项目的成功实施为类似的大数据存储和处理项目提供了有益的经验和启示。

7.2　航班大数据分析

7.2.1　项目背景

航班大数据分析在现代航空业中扮演着至关重要的角色。随着航空业的迅速发展，航班数据的规模和复杂性不断增加。这些数据包括航班的实时和历史信息以及航空公司的运营记录等。充分对这些数据进行分析和应用，不仅可以提高航空公司的运营效率，还可以优化乘客的飞行体验。航班大数据分析涉及多个关键步骤，包括数据集成、数据清洗和数据可视化等，这些步骤共同确保了航班数据分析的准确性和有效性。通过高级数据处理技术，航班大数据分析

微视频：
航班大数据分析

165

有助于揭示航班运营情况和改善乘客体验。随着技术的进步和分析方法的不断成熟，航班大数据分析的应用潜力将被进一步挖掘，推动航空服务和管理进入一个全新的发展阶段。

7.2.2　数据字段说明

本项目使用的数据字段说明如表 7-1 所示。

表 7-1　航班数据字段说明

字段名称	字段类型	字段解释	备注
Rank	数值	机场在相应年份中的排名	
Airport	字符串	机场名称	
City served	字符串	机场所在城市	
Country	字符串	机场所在国家	
Passengers	数值	某一年度机场的旅客数量	
Change（Year-Year）-Num	数值	某一年度与前一年度相比的旅客数量变化	可正可负，表示相应年份的旅客数量变化情况
Change（Year-Year）-%	字符串	某一年度与前一年度相比的旅客数量变化百分比	可正可负，表示相应年份的旅客数量变化百分比情况
Year	字符串	数据记录的年份	
Rank6YearTotal	字符串	机场在 6 年总排名中的排名	
Change6YearTotal-Num	数值	机场在 6 年总排名中与上一年相比的变化数量	可正可负，表示机场在 6 年总排名中的变化数量
Change6YearTotal-%	字符串	机场在 6 年总排名中与上一年相比的变化百分比	可正可负，表示机场在 6 年总排名中的变化百分比情况

7.2.3　数据集成

在航班大数据分析的过程中，数据集成过程将多个来源的海量数据聚合到一个统一的分析平台，以确保数据的完整性和一致性。本项目处理的数据涵盖了欧洲主要机场 2016~2021 年的航班信息，包括各个机场的乘客流量、排名以及增长率等重要信息。通过对这些数据进行整合和处理，构建了一个全面而准确的数据集，其中包括航班的基本信息、航空公司的运营等关键维度的信息。该数据集将成为开展航班延误预测、航空公司运营优化、乘客体验改善等工作的主要依据，为后续的数据分析和建模工作提供坚实的基础。通过对多个来源和多个时间段的数据进行整合，可以更好地理解航班运行的规律和趋势，为航空行业的发展和改进提供有力的支持。

1. 实现逻辑

本项目的核心环节是数据集成和清洗。这个过程不仅仅涉及技术应用，更需要深入理解航空行业的需求。从处理各种不同来源的海量数据开始，包括实时和历史的航班信息、乘客反馈、天气状况以及航空公司的运营记录等。首先需要将这些数据聚合到一个统一的处理平台，以确保数据的完整性和一致性。随后进行的数据清洗和规范化工作是确保数据准确性和分析可靠性的关键步骤。例如，选择 CSV 格式作为输出文件优化了数据的可读性和易用性，同时也方便了数据的分享和后续处理。此外，在数据集成阶段选择关键字段，如航班日期、航空公司、起降时间等，直接影响航班延误的可能性和预测的准确度，展示了数据处理的精细程度。这些精心设计的处理步骤不仅提高了数据处理的效率和分析的精确性，还确保了后续分析能够在最准确和全面的数据基础上进行。通过这一系列高效且精确的数据集成和清洗工作，为航班延误预测、运营优化提供了坚实的数据支撑，显著提升了航班调度的效率和乘客的整体体验，进而实现了运营效率的显著提升和服务质量的持续改进。

2. 关键代码

数据集成阶段的核心代码如下：

```python
def combine(self):
    # 读取每个 CSV 文件并进行预处理
    dfs01 = []

    # 读取并处理每个文件
    for year in range(2016, 2022):
        filename = f"E: \\ DevProjects \\ JetBrainsProjects \\
                    PycharmProjects \\ 欧洲最繁忙的机场数据集 \\
                    Busiest-European-Airports-{year}.csv"
        df = pd.read_csv(filename)

        # 添加年份列
        df['Year'] = year

        # 重命名带'-'的字段
        if 'Passengers-2018'in df.columns:
```

```
            df.columns = [col.replace (' Passengers - 2018 ',
                        'Passengers2018') for col in df.
                        columns]
        if 'Passengers-2019'in df.columns:
            df.columns = [col.replace (' Passengers - 2019 ',
                        'Passengers2019') for col in df.
                        columns]
        if 'Passengers-2020'in df.columns:
            df.columns = [col.replace (' Passengers - 2020 ',
                        ' Passengers2020 ') for col in df.
                        columns]
        if 'Passengers-2021'in df.columns:
            df.columns = [col.replace (' Passengers - 2021 ',
                        ' Passengers2021 ') for col in df.
                        columns]
        if 'Change-2020 - 2019-Num'in df.columns:
            df.columns = [col.replace ('Change-2020 - 2019-
                        Num', 'Change 2020 - 2019-Num') for
                        col in df.columns]
```

\# 合并 Rank 列

```
    rank_columns = [col for col in df.columns if col.
                    startswith('Rank')]
    df['Rank6YearTotal'] = df[rank_columns].apply
                        (lam-bda row: ''.join(str
                        (x) for x in row), axis=1)
    df.drop(columns=rank_columns, inplace=True)
```

\# 合并 Change xxx Num 列

```
    change_columns = [col for col in df.columns if col.
                    startswith('Change 20 ') and col.
                    endswith('Num')]
    df['Change6YearTotal-Num'] = df[change_columns].
                    apply(lambda row: ''.join(str(x)
                    for x in row), axis=1)
    df.drop(columns=change_columns, inplace=True)
```

\# 合并 Change xxx % 列

```
    change_columns = [col  for  col  in  df.columns  if
                    col.startswith (' Change 20 ')  and
                    col.endswith('% ')]
```

```
df['Change6YearTotal -% '] = df[change_columns]. ap-
                        ply(lambda row: ''.join(str(x)
                        for x in row), axis=1)
df.drop(columns=change_columns, inplace=True)


# 将 DataFrame 添加到列表中
dfs01.append(df)


# 合并所有 DataFrame
combined_df = pd.concat(dfs01, ignore_index=True)


return combined_df
```

本项目数据集成代码的运行结果如图 7-10 所示。

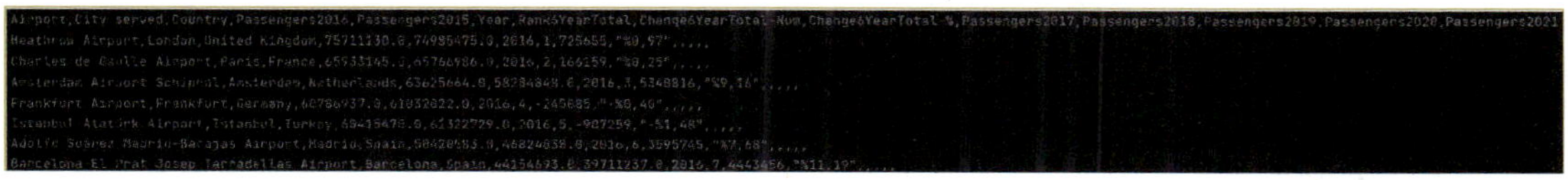

图 7-10　数据集成代码运行结果图

7.2.4　数据分析与可视化

本项目通过对航空数据的深入分析揭示其中的规律和趋势，为航空运输管理和决策提供可靠支持。通过关注不同年份的旅客流量数据观察机场客流量的变化趋势，揭示机场之间的竞争关系和发展趋势，为航空公司和机场管理者提供重要参考。通过对机场的客流量增长率进行排名分析评估各个机场的发展速度和潜力。此外，还分析了机场的热度排名，以评估机场的热度和受欢迎程度，为航空公司选择航线和乘客选择出行目的地提供了重要参考。通过可视化方式展示了 Top 10 机场每年的乘客流量差异，有助于管理者了解不同机场之间的客流量差异和变化趋势，从而制定相应的战略和政策，提升竞争力。

1. 分析需求

本项目将完成以下 4 个分析需求：

（1）年度旅客流量变化趋势分析

方式：通过比较不同年份的旅客流量数据，观察机场客流量的变化趋势。

目的：揭示不同机场之间的客流量变化情况，从而了解机场之间的竞争关系和发展趋势。

（2）机场客流量增长率排名分析

方式：对机场的客流量增长率进行排名分析，评估各个机场的发展速度和潜力。

目的：帮助航空公司和投资者更好地了解机场的发展前景，从而做出合理的决策和投资规划。

（3）机场热度排名分析

方式：分析机场的总乘客流量，评估机场的热度和受欢迎程度。

目的：为航空公司选择合适的航线和扩大市场份额，以及乘客选择合适的出行目的地和转机机场提供重要参考。

（4）每年增长率排名前十的机场乘客流量差异可视化分析

方式：通过可视化方式展示每年增长率排名前十的机场每年的乘客流量差异，直观展示不同机场之间的客流量差异和变化趋势。

目的：帮助航空业管理者更好地了解市场格局，制定相应的战略和政策，提升竞争力。

以上分析需求将通过深入了解欧洲主要机场的运行情况，为航空运输管理和决策提供可靠的数据支持和决策依据。

2. 实现思路

（1）年度旅客流量变化趋势分析

① 收集欧洲主要机场的年度旅客流量数据。

② 对每个机场的年度旅客流量数据进行可视化，比较不同年份的客流量变化情况。

③ 使用折线图或柱状图展示不同机场在不同年份的客流量，以便观察趋势和变化。

（2）机场客流量增长率排名分析

① 基于历年的客流量数据，计算每个机场的客流量增长率。

② 对机场按照客流量增长率进行排名，以评估各个机场的发展速度和潜力。

③ 利用条形图或热力图展示机场的客流量增长率排名，以便直观比较各个机场之间的发展情况。

（3）机场热度排名分析

① 收集每个机场的总乘客流量数据。

② 根据总乘客流量对机场进行排名，以评估机场的热度和受欢迎程度。

③ 使用条形图或排名表格展示机场的热度排名，为航空公司选择航线和乘客选择出行目的地提供参考依据。

（4）每年增长率排名前十的机场乘客流量差异可视化分析

① 筛选出每年增长率排名前十的客流量最高的机场。

② 对这些机场的年度乘客流量数据进行可视化，比较它们之间的客流量差异和变化趋势。

③ 利用三维散点图展示这些机场每年的乘客流量，以便直观展示它们之间的差异和趋势。

3. 关键代码

数据分析阶段的核心代码如下：

```
def visualize_top_airports(self):
    # 定义 Passengers 列名列表
    passengers_columns = [f'Passengers{year}' for year in range
                          (2016, 2022)]
    # 将 Passengers 列转换为数值类型
    for col in passengers_columns:
        combined_df[col] = pd.to_numeric(combined_df[col], errors=
                           'coerce')
    # 对 Passengers 列求和
    combined_df['Total_Passengers'] = combined_df[passengers_col-
                                      umns].sum(axis=1, numeric_
                                      only=True)
    # 按机场分组并求总旅客数
    grouped = combined_df.groupby('Airport')['Total_Passengers'].
              sum().reset_index()
    # 找出排名前 10 的机场
    top_10_airports = grouped.sort_values(
        by='Total_Passengers', ascending=False).head(10)['Airport']
        .tolist()
    plt.figure(figsize=(12, 8))
    # 遍历前 10 机场
    for airport in top_10_airports:
        airport_data = combined_df[combined_df['Airport'] == air-
                       port]
        yearly_passengers = []
        # 统计每年的旅客数量
        for year in range(2016, 2022):
            passengers_col = f'Passengers{year}'
            if passengers_col in airport_data.columns:
                yearly_passengers.append(airport_data[passengers_
                col].sum())
            else:
                yearly_passengers.append(0)
        # 绘制折线图
        plt.plot(range(2016, 2022), yearly_passengers, label=air-
                 port)
    # 添加标题和标签
    plt.title('Top 10 Airports Passenger Numbers from 2016 to 2021')
    plt.xlabel('Year')
    plt.ylabel('Passenger Numbers')
```

```
        plt.grid(True)
        # 添加图例
        plt.legend()
        # 显示图形
        plt.show()

    def visualize_growth_rate_barh(self, combined_df):
        # 创建空的 DataFrame 存储每个机场的客流量增长率
        growth_rate_df = pd.DataFrame(columns=["Airport", "Growth_
                    Rate"])
        # 遍历每个机场
        for airport in combined_df['Airport'].unique():
            # 提取该机场的数据
            airport_data = combined_df[combined_df['Airport'] == air-
                    port]
            # 计算每个机场的客流量增长率
            start_passengers = airport_data.iloc[0]['Passengers2016']
            end_passengers = airport_data.iloc[-1]['Passengers2021']
            growth_rate = (end_passengers - start_passengers) / start
                    _passengers
            # 将机场和增长率添加到 DataFrame 中
            growth_rate_df = pd.concat(
                        [growth_rate_df, pd.DataFrame({"Airport":
                        [airport], "Growth_Rate": [growth_rate]})],
                        ignore_index=True)
        # 去除异常值 (NaN)
        growth_rate_df = growth_rate_df.dropna()
        # 根据增长率降序排列
        growth_rate_df = growth_rate_df.sort_values(by='Growth_Rate',
                    ascending=False)
        # 保留小数点后三位
        growth_rate_df['Growth_Rate'] = growth_rate_df['Growth_Rate'].
                                    round(3)
        # 取增长率最高的前 5 名
        top_5_ranked_df = growth_rate_df.head(5)
        plt.figure(figsize=(12, 8))
        plt.barh(top_5_ranked_df['Airport'], top_5_ranked_df['Growth_
                Rate'], color='skyblue')
        plt.title('Top 5 Airports by Passenger Growth Rate')
        plt.xlabel('Growth Rate')
        plt.ylabel('Airport')
```

```python
        plt.grid(axis='x')
        for i, v in enumerate(top_5_ranked_df['Growth_Rate']):
            plt.text(v, i, f'{v: .2%}', va='center')
        plt.tight_layout()
        plt.show()
    def dataAnalysis03(self, combined_df):
        #需求三：机场热度排名
        #创建新的 DataFrame，以避免直接修改原始数据
        analysis_df = combined_df.copy()
        #计算每个机场的总热度(总乘客流量)
        passenger_cols = ['Passengers2016', 'Passengers2017', 'Passen-
                        gers2018', 'Passengers2019', 'Passengers2020',
                        'Passengers2021']
        analysis_df[passenger_cols] = analysis_df[passenger_cols].
            apply(pd.to_numeric, errors='coerce')
        analysis_df['Total_Passengers'] = analysis_df[passenger_cols].
            sum(axis=1)
        #找出每个机场的最热门航线
        max_route_per_airport_idx = analysis_df[passenger_cols].idxmax
                                (axis=1)
        max_route_per_airport_values = analysis_df.apply(lambda row:
            row[max_route_per_airport_idx[row.name]], axis=1)
        #构建结果 DataFrame，仅包含机场和总乘客流量两个字段
        result_df = pd.DataFrame({
            'Airport': analysis_df['Airport'], #使用原始 DataFrame 的
                'Airport' 列作为 Airport 列的值
            'Total_Passengers': analysis_df['Total_Passengers']
                #添加每个机场的总乘客流量
        })
        return result_df


def visualize_hot_routes(self, result_df):
    #仅保留前 20 个机场的数据
    top_20_airports = result_df.head(20)
    #获取机场名称和总乘客流量数据
    airports = top_20_airports['Airport']
    total_passengers = top_20_airports['Total_Passengers']
    #创建一个空白的热力图
    plt.figure(figsize=(12, 8))
```

```python
        # 将机场名称和总乘客流量数据转换为二维数组形式
        data = total_passengers.values.reshape(-1, 1)
        # 绘制热力图
        sns.heatmap(data, cmap='YlGnBu', annot=True, fmt='', xtickla-
            bels=False, yticklabels=airports.values)
        # 添加标题和标签
        plt.title('Heatmap of Total Passengers in Top 20 Airports')
        plt.xlabel('Total Passengers')
        plt.ylabel('Airports')
        # 显示图形
        plt.show()


def dataAnalysis04(self, combined_df):
    # 机场客流量增长率分析
    # 创建空的列表存储每个机场的客流量增长率
    growth_rate_data = []

    # 遍历每个机场
    for airport in combined_df['Airport'].unique():
        # 提取该机场的数据
        airport_data = combined_df[combined_df['Airport'] == air-
                port]
        # 初始化前一年的乘客流量
        previous_passengers = None
        # 遍历每年的数据
        for year in range(2016, 2022):    # 从 2016 年到 2021 年
            # 获取该年份的乘客流量并将其转换为浮点数
            current_passengers = airport_data[f'Passengers{year}'].
                    iloc[0]
            # 检查乘客流量数据是否是字符串类型
            if isinstance(current_passengers, str):
                current_passengers = float(current_passen-
                        gers.replace(', ', ''))
                            # 去除千位分隔符并转换为浮点数
            # 如果不是第一年, 则计算增长率
            if previous_passengers is not None:
                # 计算增长率
                growth_rate = ((current_passengers - previous_pas-
                        sengers) / previous_passengers) * 100
            # 将机场、年份和增长率添加到列表中
```

```
            gro wth_ rate _data.append ({ " Airport ": airport, "
                Year": year, "Growth_Rate": growth_rate})
        # 更新前一年的乘客流量
        previous_passengers = current_passengers
    # 将列表转换为 DataFrame
    growth_rate_df = pd. DataFrame(growth_rate_data)
    # 去除异常值(NaN)
    growth_rate_df = growth_rate_df.dropna()
    # 保留小数点后三位
    grow th_rate_df['Growth_Rate'] = growth_rate_df['Growth_Rate'].
        round(3)


    return growth_rate_df

def visualize_max_min_growth_rate(self, growth_rate_df):
    # 仅选择每年增长率排名前十的机场数据
    top10_ growth _ rate = growth _ rate _ df. groupby (' Year '). apply
        (lambda x: x.nlargest(10, 'Growth_Rate'))
    # 创建空列表存储数据点
    data = []
    # 遍历每个机场
    for airport in top10_growth_rate['Airport'].unique():
        # 提取该机场的数据
        airport_data = top10_growth_rate[top10_growth_rate
                    ['Airport'] == airport]


        # 添加数据点
        data. append (go. Scatter3d(
            x=airport_data['Year'],
            y=[airport] * len(airport_data),
            z=airport_data['Growth_Rate'],
            mode='lines+markers',
            name=airport,
            line=dict(color='blue'),
            marker=dict(size=4)
        ))
    # 设置布局
    layout = go. Layout(
        title='Top 10 Airports Growth Rate Over Years',
        scene=dict(
```

```
        xaxis = dict(title = 'Year', range = [2016, 2021], tickmode
                = 'linear', tick0 = 2016, dtick = 1),
        yaxis = dict(title = 'Airport'),
        zaxis = dict(title = 'Growth Rate (% )', range = [0, 30])
    )
)

# 创建图表并显示
fig = go.Figure(data = data, layout = layout)
fig.show()
```

　　在上述代码中实现了数据分析和可视化逻辑,对欧洲最繁忙的机场的数据进行了综合分析和可视化呈现。通过分析年度旅客流量变化趋势,了解各个机场在过往几年中的乘客流量增长情况,揭示各机场的发展趋势。通过计算机场的客流量增长率,评估不同机场的增长表现,确定增长最快的前五座机场。在可视化方面,利用折线图(图 7-11)展示了主要机场年度旅客流量的变化情况,通过条形图(图 7-12)呈现了机场客流量增长率的排名情况,借助热力图(图 7-13)展示了热门机场的总乘客流量,最后,通过三维散点图(图 7-14)展示了每年增长率排名前十的机场乘客流量的差异变化趋势。这些分析和可视化结果提供了全面的数据视角,有助于了解欧洲最繁忙的机场的发展状态,为航空业和旅行业的相关决策提供了有力的数据支持。

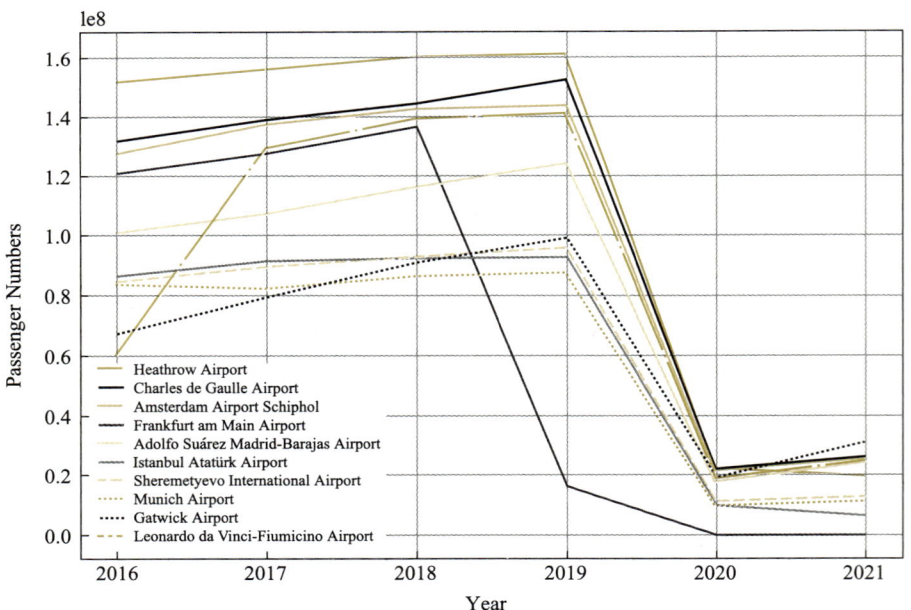

图 7-11　主要机场年度旅客流量变化折线图

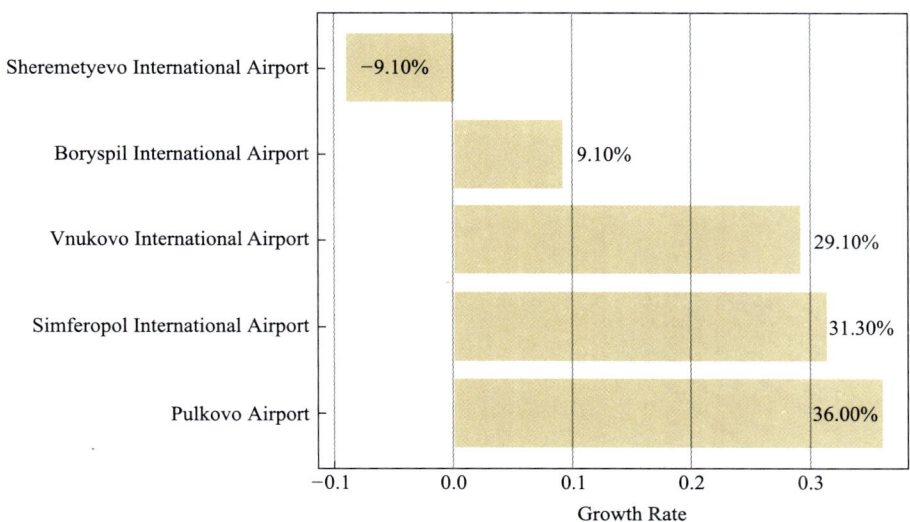

图 7-12 机场客流量增长率排名条形图

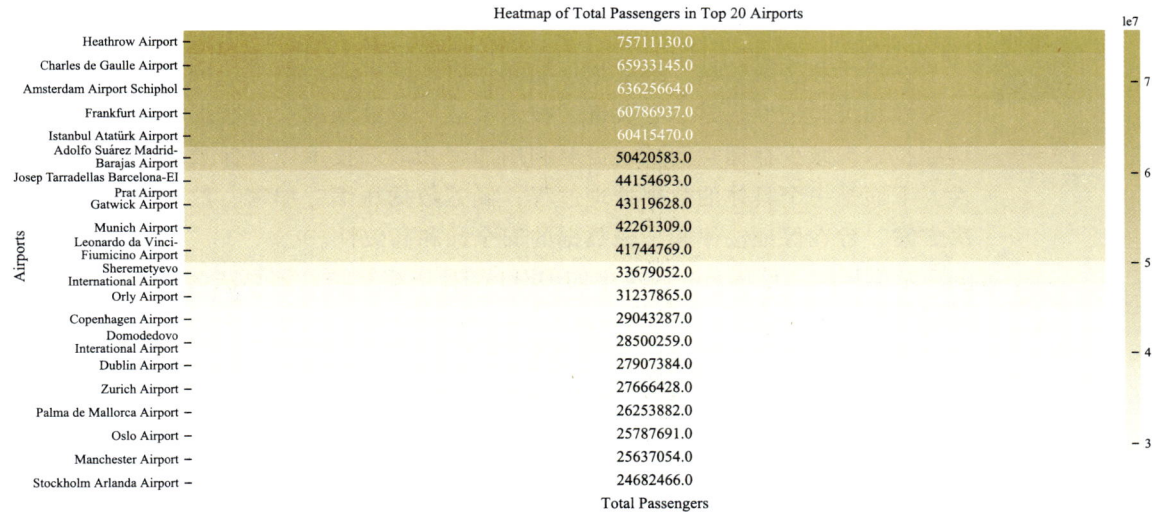

图 7-13 机场总乘客流量热力图

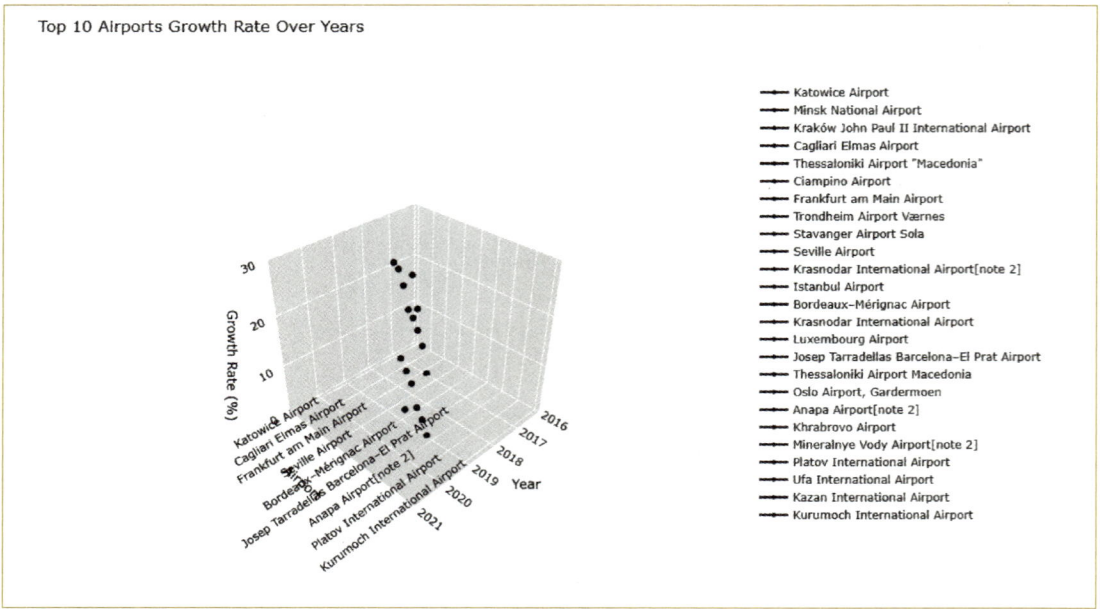

图 7-14　机场旅客增长率三维散点图

7.3　异构数据压缩存证

微视频：
异构数据存储
存证

7.3.1　项目背景

在法律和金融领域，高效地压缩并存储不同来源的数据，同时确保数据的完整性和可验证性，是一项关键的技术挑战。有效管理这些数据不仅要求使用压缩技术来减少存储空间，还需要利用加密和散列技术以确保数据安全和完整性。下面是一个具体的数据处理过程，涵盖数据压缩、加密、散列以及存储解决方案，旨在保证法律和金融数据的安全性和高效性。

数据压缩：使用 zlib 模块中的 DEFLATE 压缩算法，该算法为大规模数据提供了高效的压缩机制，提升了存储效率，同时保持了快速的压缩和解压效果。

数据加密：应用 AES-256 加密算法，这是一种广泛认可的加密标准，用于保护数据免受未授权的访问。

数据散列和完整性验证：利用 SHA-256 算法为数据生成一个唯一的散列值，用于未来验证数据的完整性和确保数据未被篡改。

存储解决方案：采用分布式文件系统（如 Hadoop HDFS）支持大数据集的存储，并提供数据冗余和故障恢复等功能。同时，结合 HBase 或其他 NoSQL 数据库实现快速数据访问和查询。核心代码如下：

```
import zlib
import hashlib
```

```
from Crypto.Cipher import AES
from Crypto.Random import get_random_bytes

# 假设有一个法律文档集合的 CSV 文件
file_path = "x公司法律文档.csv"

# 读取文件内容
with open(file_path, 'rb') as file:
data = file.read()

# 使用 zlib 对数据进行压缩
compressed_data = zlib.compress(data)

# 生成 SHA-256 散列值
hash_value = hashlib.sha256(compressed_data).hexdigest()

# 加密数据
key = get_random_bytes(32)    # 生成 AES 密钥
cipher = AES.new(key, AES.MODE_GCM)
ciphertext, tag = cipher.encrypt_and_digest(compressed_data)

print("处理完成，数据已压缩、加密，并生成散列值。")
```

在实际应用中，还需根据具体需求调整数据处理流程，包括选择适合的压缩级别、加密方式、存储方案等，以达到最佳的数据管理效率和安全性。

7.3.2 压缩技术应用

在处理异构数据存储时，选择合适的数据压缩技术是提高存储效率和降低成本的关键。数据压缩技术分为无损压缩和有损压缩两大类，每种技术都有其特定的适用场景。

1. 无损压缩技术

无损压缩技术允许数据在压缩和解压缩过程中保持完全不变，该项技术适用于文本、代码、表格数据等场景，其中数据的完整性至关重要。常见的无损压缩算法包括 DEFLATE（常用于 ZIP 格式）、GZIP、BZIP2 和 Zstandard（Zstd）。Zstd是一种非常有效的算法，可提供高压缩比和快速的压缩速度，非常适合大规模数据处理。与其他算法相比，Zstd 在速度和压缩比之间取得了良好的平衡，特别适合需要快速压缩和解压的场景。使用该算法进行文件压缩的核心代码如下：

```
import zstandard as zstd
import os
from collections import deque
```

```python
class FileCompressor:
    def __init__(self, source_dir, output_dir):
        self.source_dir = source_dir
        self.output_dir = output_dir

        # 确保输出目录存在
        if not os.path.exists(self.output_dir):
            os.makedirs(self.output_dir)

    def compress_file(self, file_path):
        # 读取文件内容
        with open(file_path, 'rb') as f:
            file_content = f.read()

        # 使用 Zstandard 压缩文件内容
        cctx = zstd.ZstdCompressor()
        compressed_file_content = cctx.compress(file_content)

        # 构造压缩后文件的路径
        compressed_file_path = os.path.join(self.output_dir,
            os.path.basename(file_path) + "_compressed.zst")

        # 存储压缩后的文件
        with open(compressed_file_path, "wb") as comp_file:
            comp_file.write(compressed_file_content)

        # 文件大小对比
        print(f"原始文件：{file_path}，大小：{os.path.getsize
            (file_path)} 字节")
        print(f"压缩后的文件：{compressed_file_path}，大小：{len
            (compressed_file_content)} 字节")

    def compress_all_files(self):
        # 使用队列实现广度优先搜索(BFS)算法
        queue = deque([self.source_dir])

        while queue:
            current_dir = queue.popleft()

            for file in os.listdir(current_dir):
```

```
                      file_path = os.path.join(current_dir, file)

                      if os.path.isfile(file_path):
                          self.compress_file(file_path)
                      elif os.path.isdir(file_path):
                          queue.append(file_path)


if __name__ == '__main__':
# 使用示例
file_compressor = FileCompressor(

source_dir=r"E:\DevProjects\JetBrainsProjects\PycharmProjects\
    Data",

output_dir = r"E: \ DevProjects \ JetBrainsProjects \ Pycharm-
    Projects \ pythonProject01 \ 数据分析 \ 教材 \ 异构数据存证案例 \
    Data_Compressed"
)
file_compressor.compress_all_files()
```

经过上述代码处理，可以将原本近 83 GB 的文件压缩成近 20 GB 的文件，而且不会损失、破坏数据的完整性(图 7-15)。

图 7-15　无损压缩前后对比图

2. 有损压缩技术

有损压缩技术适用于视频、音频和图片等媒体文件，其中一定程度的数据丢失对最终用户来说是可以接受的。有损压缩通过降低数据的精度来压缩文件，常见的有损压缩算法包括 JPEG(用于图像)、MP3(用于音频)和 MPEG(用于视频)。选择有损压缩技术时，需要权衡压缩率和数据质量，确保不会对用户体验产生负面影响。核心代码如下：

```python
from PIL import Image
import os

class ImageCompressor:
    def __init__(self, source_dir, output_dir, compression_qual-
        ity=50):
        self.source_dir = source_dir
        self.output_dir = output_dir
        self.compression_quality = compression_quality

        # 确保输出目录存在
        if not os.path.exists(self.output_dir):
            os.makedirs(self.output_dir)

    def compress_images(self):
        # 获取目录下所有 jpg 图片文件的路径
        jpg_files = [f for f in os.listdir(self.source_dir) if
            f.endswith('.jpg')]
        # 遍历所有图片文件并进行压缩
        for jpg_file in jpg_files:
            jpg_file_path = os.path.join(self.source_dir, jpg_file)
            self.compress_image(jpg_file_path)

    def compress_image(self, image_path):
        # 打开图像文件
        img = Image.open(image_path)

        # 构造压缩后文件的路径
        compressed_image_path = os.path.join(self.output_dir,
            os.path.basename(image_path) + "_compressed.jpg")

        # 压缩图像并保存为新的 JPEG 文件，此处的压缩是有损的
        img.save(compressed_image_path, 'JPEG', quality=
            self.compression_quality)
```

```
            # 输出压缩后图像的路径
            print(f"图像已保存到 {compressed_image_path}")

    if __name__ == '__main__':
        image_compressor = ImageCompressor(

source_dir = r"E:\DevProjects\JetBrainsProjects\PycharmProjects\
images",
output_dir = r"E:\DevProjects\JetBrainsProjects\PycharmProjects\
CompressedImages",
            compression_quality=50
            # 可根据需要调整压缩质量
        )
        image_compressor.compress_images()
```

上述代码示例展示了如何使用 PIL 库(Python Imaging Library)对图像进行有损压缩,并以较低的质量参数保存为新的 JPEG 文件。通过调整 compression_quality 参数,可以在压缩率和图像质量之间进行权衡。在金融和法律领域,如果图像数据(如扫描的合同附件或证据材料)不需要保持原始质量,而是用于档案或低分辨率的查看用途,那么有损压缩可以作为一种有效减少数据存储需求的手段(图 7-16)。然而,关键文档和图像应始终采用无损格式存储,以保留其原始内容和完整性。在应用有损压缩技术时,必须明确区分哪些数据可以接受有损处理,以避免影响数据的完整性和可用性。

在选择数据压缩技术时,特别是针对法律和金融等敏感领域,考虑因素应当更为细致和全面。数据的类型、预期的使用场景、压缩后的数据完整性要求,以及对压缩效率的具体需求,都是制定压缩策略时必须考虑的关键元素。无损压缩技术,如 ZIP 或 PNG(对于图像数据),是法律和金融领域的首选,因为它们在压缩数据以节省存储空间和提高传输效率的同时,保留了数据的原始信息,不会丢失任何细节。这一点对于合同、交易记录、审计日志等关键文档至关重要,这些文档的准确性、完整性对遵守法规、进行审计或在纠纷解决中起到了决定性作用。然而,在某些情况下,当数据的完整性要求不是绝对优先时,选择有损压缩技术,如 JPEG,可能会因为具有更高的压缩率而成为一个可行的选择。例如,非关键的监控录像或大量的公共信息发布,如果只用于初步审查或情况了解,那么可以考虑应用有损压缩以极大地减少数据存储需求。此外,数据的安全性和是否长期存储也是选择压缩技术时必须考虑的重要因素。对于需要长期保存的数据,选择一种能够随时间稳定且经过广泛测试的压缩格式,将有助于确保数据在未来仍能被准确地访问和解析。同时,采用加密措施对压缩数据进行保护以防止未授权访问,是在处理高度敏感数据时的标准做法。

图 7-16　有损压缩前后对比图

综上所述，在法律和金融等关键领域，选择合适的压缩技术需要在数据压缩率、完整性保证、安全性，以及未来可访问性之间做出平衡。正确的策略选择，将可以确保数据在满足业务需求的同时，还能遵守行业规范和法律要求。

7.3.3　区块链技术应用

在数字化时代，区块链技术因其独特的不可篡改性和透明度，成为提升数据存证安全性和信任度的关键技术。通过创建一个去中心化的、分布式的账本，区块链能够记录每一笔数据交易和变更历史，确保数据的原始性和完整性得到保护，同时也便于追踪和验证。此外，区块链的智能合约功能允许在无须第三方的情况下自动执行、控制和文档化法律行为和协议，这对于法律、金融等需要严格数据存证和合规性的领域尤为重要。

例如，使用以太坊（Ethereum）区块链平台，可以通过智能合约自动记录每次数据存储操作的时间戳和数据指纹（如哈希值），并将其不可逆地存储在区块链上。这不仅为数据的不可篡改性和溯源性提供了技术保障，还极大地增强了数据存证的安全性和信任度。核心代码如下：

```
import hashlib
import os
```

```
class ContractStorage:
    def calculate_file_hash(self, file_path):
        """计算文件的 SHA-256 哈希值。

        Args:
            file_path (str): 文件路径。

        Returns:
            str: 文件的哈希值。
        """
        with open(file_path, 'rb') as file:
            file_content = file.read()
            file_hash = hashlib.sha256(file_content).hexdigest()
            return file_hash

    def calculate_folder_hashes(self, folder_path):
        """计算文件夹中所有文件的哈希值。

        Args:
            folder_path (str): 文件夹路径。

        Returns:
            list: 包含文件哈希值的列表。
        """
        file_hashes = []
        for root, dirs, files in os.walk(folder_path):
            for file in files:
                file_path = os.path.join(root, file)
                file_hash = self.calculate_file_hash(file_path)
                file_hashes.append(file_hash)
        return file_hashes

    def process_contract_files(self, contract_folders):
        """处理合同文件，计算并打印文件的哈希值。

        Args:
            contract_folders (list): 包含合同文件夹名称的列表。
        """
        for folder in contract_folders:
            folder_path = os.path.join('E:\\DevProjects \\Jet-
BrainsProjects \\PycharmProjects \\full_contract_pdf', folder)
```

```
        file_hashes = self.calculate_folder_hashes(folder_path)
        for file_hash in file_hashes:
            print(f"Contract with hash {file_hash} has been
                recorded.")

if __name__ == '__main__':
    # 定义合同文件夹
    contract_folders = ['Part_I', 'Part_II', 'Part_III']

    # 创建合约存储对象并处理合同文件
    contract_storage = ContractStorage()
    contract_storage.process_contract_files(contract_folders)
```

上述代码通过生成证明文件（这里以 SHA-256 加密）并直接打印输出到控制台的方式，来演示区块链技术在合同文件的安全存储、数据完整性上的应用（图 7-17）。

图 7-17　区块链技术模拟代码运行结果图

通过这种方式，区块链技术不仅为数据提供了一个强有力的保护机制，还为数据的合法性、安全性和信任度提供了新的维度。在实际部署时，根据具体的业务需求和数据类型，可以进一步定制智能合约和区块链设置，以达到最佳的数据存证效果。

7.3.4　合规性考量

在设计数据存储和压缩方案时，合规性是一个不可或缺的考量，尤其是在法律、金融等敏感领域，数据处理必须遵循严格的法律法规和行业标准。这意味着任何数据存储、压缩及加密技术的应用都必须确保数据的完整性、保密性和可访问性不受损害，同时能够验证数据的真实性和未被篡改。

例如，根据欧盟通用数据保护条例（GDPR）和美国健康保险流通与责任法案（health insurance portability and accountability act/1996，简称 HIPAA），个人数据的处理必须确保数据主体的隐私权和数据的安全性。这就要求在数据压缩和存储过程中采取加密措施，如使用 AES 加密算法来加密存储在数据库或文件系统中的数据，确保只有授权用户可以访问。核心代码如下：

```python
from cryptography. hazmat.primitives.ciphers import Cipher,
    algorithms, modes
from cryptography.hazmat.backends import default_backend
import os
import hashlib
from cryptography.hazmat.primitives import padding


class ContractStorage:
    def __init__(self, encryption_key, initialization_vector):
        self.encryption_key = encryption_key
        self.initialization_vector = initialization_vector

    def calculate_file_hash(self, file_path):
        """计算文件的 SHA-256 哈希值。

        Args:
            file_path (str): 文件路径。

        Returns:
            str: 文件的哈希值。
        """
        with open(file_path, 'rb') as file:
            file_content = file.read()
            file_hash = hashlib.sha256(file_content).hexdigest()
            return file_hash

    def encrypt_data(self, data_to_encrypt):
        """使用 AES-256 位密钥和 CBC 模式加密数据。

        Args:
            data_to_encrypt (bytes): 待加密的数据。

        Returns:
            bytes: 加密后的数据。
        """
        padder = padding.PKCS7(algorithms.AES.block_size).pad-
                der()
        padded_data = padder.update(data_to_encrypt) + padder.
                finalize()
```

```python
        cipher = Cipher (algorithms. AES (self. encryption_key),
                modes. CBC(self. initialization_vector), backend
                =default_backend())
        encryptor = cipher. encryptor()
        encrypted_data = encryptor. update(padded_data) + encryp-
                tor. finalize()
        return encrypted_data

    def store_encrypted_contract(self, contract_folders):
        """加密存储合同文件，并打印加密后的哈希值。

        Args:
            contract_folders (list): 合同文件夹路径列表。
        """
        for folder in contract_folders:
            folder_path = os. path. join ('E: \\DevProjects \\Jet-
                BrainsProjects \\pycharmprojects full_contract_
                pdf', folder)
            for root, dirs, files in os. walk(folder_path):
                for file in files:
                    file_path = os. path. join(root, file)
                    encrypted_file_path = file_path + '. encrypted'
                    with open(file_path, 'rb') as original_file:
                        original_data = original_file. read()
                    encrypted_data = self. encrypt_data(original_
                        data)
                    with open(encrypted_file_path, 'wb') as encr-
                        ypted_file:
                        encrypted_file. write(encrypted_data)
                    encrypted_hash = self. calculate_file_hash(en-
                        crypted_file_path)
                    print (f"Encrypted contract file '{file_path}'
                        stored with hash: {encrypted_hash}")
if __name__ == '__main__':
    # 定义加密密钥和初始化向量
    encryption_key = os. urandom(32)    # AES-256 位密钥
    initialization_vector = os. urandom(16)
    # AES 块大小为 128 位，所以 IV 为 16 字节

    # 定义合同文件夹列表
```

```
contract_folders = ['Part_I', 'Part_II', 'Part_III']

# 创建合约存储对象并加密存储合同文件
contract_storage = ContractStorage(encryption_key, ini-
    tialization_vector)
contract_storage.store_encrypted_contract(contract_folders)
```

上述代码演示了如何使用 AES-256 位密钥和 CBC 模式来加密合同数据，并将加密后的文件存储到本地。代码计算并打印加密文件的哈希值，从而满足数据存储的安全性和合规性要求（图 7-18）。在实际应用中，加密密钥和初始化向量的管理非常重要，应确保其安全性并遵循最佳实践。

图 7-18　AES-256 模拟代码运行结果图

确保数据处理方案的合规性不仅需要技术措施，如加密和安全的数据管理，也需要深入了解并遵守适用的法律法规和行业标准。在这一过程中，建议与法律专家和信息安全专家紧密合作，确保数据处理活动符合所有相关的合规性要求。

7.4　互联网舆情分析系统

7.4.1　项目背景

构建互联网舆情分析系统是当今信息化社会中的一项重要任务，它能够帮助组织实时监控和分析公众情绪，从而为决策提供重要支持。这种系统的开发和应用，需要紧密遵循社会主义核心价值观，同时也要体现爱国、敬业、诚信、友善的价值导向。在技术层面，舆情分析系统通常依赖于数据挖掘和自然语言处理技术，以自动收集和分析来自互联网的大量文本数据。系统需要能够处理来自不同渠道的数据，如社交媒体帖子、新闻评论和论坛讨论，从中提取有价值的信息，并通过情绪分析等技术识别公众对特定话题或事件的情绪倾向。

微视频：
互联网舆情分析
系统

为了实现这一目的，构建舆情分析系统应该遵循以下几个关键步骤：

① 数据预处理：对收集到的数据进行清洗和预处理，去除无关信息，如广告和垃圾信息，以确保数据质量。在处理个人信息时，应严格遵守隐私保护和数据安全的相关规定，以体现对用户隐私的尊重。

② 情感分析：采用自然语言处理技术对文本数据进行情绪倾向性分析，区

分出正面、负面或中性情绪。在此过程中，应确保分析结果的准确性和客观性，避免误导性解读。

③ 趋势分析和可视化：通过数据分析识别出热点话题和舆情趋势，利用数据可视化技术呈现分析结果，使决策者能够快速理解公众情绪的变化。在解读和传播分析结果时，应坚持事实真相，避免煽动和扭曲。

④ 决策支持：将舆情分析结果转化为可操作的建议，为组织提供策略和决策支持。在提供建议时，应考虑社会责任和公共利益，促进社会和谐与公平正义。

在整个舆情分析系统的构建和运营过程中，必须不断强调和践行社会主义核心价值观，确保技术应用符合社会伦理和价值导向，为建设和谐社会贡献力量。通过这样的系统，不仅可以加强社会管理和公共服务，还可以促进公众参与和社会主义文化建设，进一步营造积极、健康的网络环境。

7.4.2　案例步骤

1. 技术选型（表 7-2）

表 7-2　技 术 选 型

软件/框架	版本
Mysql	Mysql 8.0.25
Echarts	Echarts 5.4.1
Python	Python 3.8.8

2. 数据预处理

本文采用 Python 中的 Pandas、Harvesttext 库进行数据预处理，数据预处理的设计旨在确保数据的质量和可用性。首先，通过 Pandas 读取数据并去除重复值以及删除不必要的字段。然后，利用 Harvesttext 工具对文本内容进行清洗，包括去除无关信息（如网址、表情符号等），并将繁体字转换为简体字。最后，过滤掉清洗后文本长度过短的记录，确保数据的完整性和一致性。整个流程为后续的情感分析和可视化提供了高质量的数据支持。核心代码如下：

```python
from snownlp import SnowNLP
    from pandas import read_csv
    from harvesttext import HarvestText
    import re


# 文本处理工具库 HarvestText 通常用于文本数据的预处理、特征提取等任务
ht = HarvestText()


def clear_data(content=''):
```

```
          #去除网址、email、@ 相关文本、表情符号、##包围的文本，繁体字转简体字
          content = ht.clean_text(content, emoji=True, t2s=True)
          return content

def data_preprocessing(file_path):
    # 读取数据
    df = read_csv(file_path)
    # 去掉重复值
    df = df.drop_duplicates(keep='last')
    # 敏感字段，待删除的字段，包括文章 id、网名、性别、ip 地址
        drop_field = ['articleId', 'authorName', 'authorGender',
            'authorAddress']
        if df is not None:
            # 去除敏感字段
            df = df.drop(columns=drop_field)
            # 数据清洗
            df['content'] = df['content'].apply(clear_data)
            # 删除清洗后文本过短的数据
            df = df[df['content'].str.len() >= 3]
        # 返回预处理后的数据
        return df
```

3. 舆情文本分析处理

本文采用 Python 中的 SnowNLP 库进行舆情文本分析。SnowNLP 库使用自行实现的分词工具进行分词，它能够将文本按照词语的语义进行切分。通过分词，可以将长篇的舆情文本拆分为离散的词语，将文本转化为更小的语义单元，方便后续的文本情感分析。分词后 SnowNLP 库使用停用词过滤的方式将标点符号、数字和英文字母去除，这样做可以减少对后续文本处理和分析的干扰，提取出更加有意义的关键词语，以避免对文本情感分析产生影响。SnowNLP 库安装后会自带一个停用词库，位于库根目录下的 normal 文件夹中；也会自带一个训练好的情感分析模型，位于库根目录下的 sentiment 文件夹中。SnowNLP 库在 Sentiment 类中的 handle 方法实现分词和停用词过滤，核心代码如下：

```
def handle(self, doc):
    words = seg.seg(doc)
    words = normal.filter_stop(words)
    return words
```

在文本情感分析方面，SnowNLP 库在 Sentiment 类中实现了一个基于朴素贝叶斯算法的文本分类器。Sentiment 类包含了初始化分类器、保存模型、载入模型、文本处理、训练模型、获取文本情感得分等方法。核心代码如下：

```python
# 定义一个名为 Sentiment 的类，用于情感分析
class Sentiment(object):
    def __init__(self):
        # 初始化 Sentiment 对象，并创建一个 Bayes 分类器
        self.classifier = Bayes()

    # 将训练好的分类器保存到指定文件中
    def save(self, fname, iszip=True):
        self.classifier.save(fname, iszip)

    # 从指定文件加载已训练的分类器
    def load(self, fname=data_path, iszip=True):
        self.classifier.load(fname, iszip)

    # 处理输入文档，进行分词和停用词过滤
    def handle(self, doc):
    # 对文档进行分词
    words = seg.seg(doc)
    # 过滤停用词
    words = normal.filter_stop(words)
    return words

    # 使用负面和正面文档训练分类器
    def train(self, neg_docs, pos_docs):
        data = []
        for sent in neg_docs:
            data.append([self.handle(sent), 'neg'])
        for sent in pos_docs:
            data.append([self.handle(sent), 'pos'])
        # 使用数据训练分类器
        self.classifier.train(data)

    # 对输入句子进行分类，返回正面或负面的概率
    def classify(self, sent):
        ret, prob = self.classifier.classify(self.handle(sent))
        if ret == 'pos':
            return prob
        return 1-prob
```

在获取文本情感得分时，本文采用了文本分类器的 classify 方法。该方法根据情感词库将文本进行分类，并返回文本的情感得分。情感得分的取值范围为

[0，1]，其中小于 0.3 表示负面情感，大于 0.7 表示正面情感，其他值表示中性情感。通过训练模型，将舆情文本分类为不同的情感类别，例如正面、负面或中性。核心代码如下：

```
# 文本情感分析
def classify(text):
    s = SnowNLP(text)
    sentiment_score = s.sentiments
    if sentiment_score > 0.7:
        return 1    # 正面情感
    elif sentiment_score < 0.3:
        return 0    # 负面情感
    else:
        return 2    # 中性情感
```

最后，将统计结果插入 Mysql 数据库，以便进一步的数据分析和可视化展示，提供实时的统计报告和趋势分析。

4. 舆情数据表

舆情数据表字段及含义如表 7-3 所示。

表 7-3　舆情数据表

字段名	实际含义
id	标识
publishTime	发文时间
mediaType	媒体类型
publishLocation	发文地区
commentCount	评论数
likeCount	点赞数
repostCount	转发数
emotionWordsCount	舆情量

5. 数据可视化展示

最后使用 Echarts 工具在监控大屏上显示监控预警，用于监控图表中指标的异常变化。

本章小结

本章围绕综合案例展开，深入探讨了数据科学相关技术在不同领域的应用实践及其技术实现路径。首先，通过对微博平台海量数据的处理，展示了如何利用 Hadoop 生态系统中的分布式存储和计算能力，结合 Linux 操作系统和虚拟化技术构建高效、可扩展的数据处理系统，以揭示用户行为模式和优化内容推荐。接着，以航班大数据分析为例，阐述了数据集成、数据清洗、机器学习和可视化等关键步骤如何共同提升航空公司运营效率和乘客体验。随后，针对法律和金融领域的数据安全需求，介绍了通过压缩、加密、散列和分布式存储技术实现数据高效管理与安全保障的完整流程。最终，通过互联网舆情分析系统的构建，强调了数据挖掘和自然语言处理技术在情绪分析、趋势识别和决策支持中的重要作用，同时突出了技术应用需遵循社会伦理和价值导向的必要性。本章通过这些案例，展示了数据科学相关技术在优化业务流程、提升效率和保障数据安全方面的广泛应用，为读者提供了从技术实现到实际应用的全面视角。

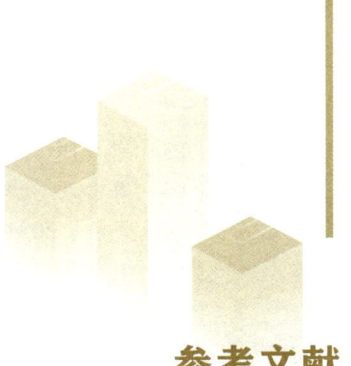

参考文献

［1］ PROVOST F, FAWCETT T. Data science for business：what you need to know about data mining and data-analytic thinking［M］. O'Reilly Media, 2013.

［2］ HAN J, KAMBER M, PEI J. Data mining：concepts and techniques［M］. 3rd ed. Morgan Kaufmann, 2012.

［3］ GODSEY B. Think like a data scientist：tackle the data science process step-by-step［M］. Manning Publications, 2017.

［4］ O'NEILL C, SCHUTT R. Doing data science：straight talk from the Frontline［M］. O'Reilly Media, 2013.

［5］ KIMBALL R, ROSS M. The data warehouse toolkit：the definitive guide to dimensional modeling［M］. 3rd ed. Wiley, 2013.

［6］ WICKHAM H, GROLEMUND G. R for data science：import, tidy, transform, visualize, and model data［M］. O'Reilly Media, 2016.

［7］ AGGARWAL C C. Data mining：the textbook［M］. Springer, 2015.

［8］ CAO J, CUI H, SHI H. Big data：a parallel particle swarm optimization-back-propagation neural network algorithm based on MapReduce［J/OL］. PLoS ONE, 2016, 11(6), e0157551. DOI：10. 1371/journal. pone. 0157551.

［9］ LEKSCHAS F, PETERSON B, HAEHN D, et al. PEAX：interactive visual pattern search in sequential data using unsupervised deep representation learning［J］. Computer Graphics Forum：Journal of the European Association for Computer Graphics, 2020, 39(3)：167-179.

［10］ YOO K H, LEUNG C K, NASRIDINOV A. Big data analysis and visualization：challenges and solutions［J］. Applied Sciences, 2022, 12(16)：PN PAG-N. PAG.

［11］ 李庆旭. 分布式系统设计实践［M］. 北京：人民邮电出版社, 2019.

［12］ 崔皓. 分布式架构原理与实践［M］. 北京：人民邮电出版社, 2021.

［13］ 林子雨. 大数据技术原理与应用［M］. 3版. 北京：人民邮电出版社, 2021.

［14］ 谢文辉. 分布式应用系统架构设计与实践［M］. 北京：人民邮电出版社, 2022.

［15］陈东明．分布式系统与一致性［M］．北京：电子工业出版社，2021．

［16］周志明．凤凰架构：构建可靠的大型分布式系统［M］．北京：机械工业出版社，2021．

［17］王雪迎．Hadoop 构建数据仓库实践［M］．北京：清华大学出版社，2017．

［18］杨曦．HBase 不睡觉书［M］．北京：清华大学出版社，2018．

［19］胡争，范欣欣．HBase 原理与实践［M］．北京：机械工业出版社，2019．

［20］彭渊．大规模分布式系统架构与设计实战［M］．北京：机械工业出版社，2014．

［21］李林昊．数据科学与大数据技术：数据引领未来［J］．考试与招生，2024，（Z1）：84-85．

［22］廖方宇，胡良霖，王健，等．科学数据安全标准研究与工作建议［J］．科学通报，2024，69（09）：1142-1148．

［23］程学旗，靳小龙，王元卓，等．大数据系统和分析技术综述［J］．软件学报，2014，25（09）：1889-1908．DOI：10.13328/j.cnki.jos.004674．

［24］黄升民，刘珊．"大数据"背景下营销体系的解构与重构［J］．现代传播（中国传媒大学学报），2012，34（11）：13-20．

郑重声明

　　高等教育出版社依法对本书享有专有出版权。任何未经许可的复制、销售行为均违反《中华人民共和国著作权法》，其行为人将承担相应的民事责任和行政责任；构成犯罪的，将被依法追究刑事责任。为了维护市场秩序，保护读者的合法权益，避免读者误用盗版书造成不良后果，我社将配合行政执法部门和司法机关对违法犯罪的单位和个人进行严厉打击。社会各界人士如发现上述侵权行为，希望及时举报，我社将奖励举报有功人员。

　　反盗版举报电话　（010）58581999　58582371

　　反盗版举报邮箱　dd@ hep. com. cn

　　通信地址　北京市西城区德外大街 4 号

　　　　　　　高等教育出版社知识产权与法律事务部

　　邮政编码　100120

　　防伪查询说明

　　用户购书后刮开封底防伪涂层，使用手机微信等软件扫描二维码，会跳转至防伪查询网页，获得所购图书详细信息。

　　防伪客服电话　（010）58582300